21世纪高等院校公共课精品教材

创业基础

Foundations of Entrepreneurship

王桂秋 孙敏 车丽 主编

仲海洋 马银华 周丹 副主编

东北财经大学出版社 大连
Dongbei University of Finance & Economics Press

图书在版编目（CIP）数据

创业基础/王桂秋，孙敏，车丽主编．—大连：东北财经大学出版社，2025.2．—（21世纪高等院校公共课精品教材）．—ISBN 978-7-5654-5532-2

Ⅰ.F241.4

中国国家版本馆CIP数据核字第2025AL1785号

东北财经大学出版社出版

（大连市黑石礁尖山街217号　邮政编码　116025）

网　　址：http://www.dufep.cn

读者信箱：dufep@dufe.edu.cn

大连图腾彩色印刷有限公司印刷　东北财经大学出版社发行

幅面尺寸：185mm×260mm　　字数：318千字　　印张：14.25

2025年2月第1版　　　　　　2025年2月第1次印刷

责任编辑：蔡　丽　刘东威　　　　　　责任校对：刘贤恩

封面设计：原　皓　　　　　　　　　　版式设计：原　皓

定价：45.00元

编写委员会

主　任：

王桂秋

副主任：

仲海洋

成　员（排名不分先后）：

孙　敏　车　丽　马银华　周　丹

王时萱　李　磊　王丽娜　刘大军

王耀川　薛晓红　唐志强

前 言

创业，作为创业者个人或团队实现梦想、创造价值、推动社会进步的重要途径，已经成为当今世界最为活跃的经济活动之一。在快速发展和变化的市场环境中，创业者需要具备全面的知识结构、敏锐的市场洞察力以及灵活应对挑战的能力。本教材旨在为有志于创业的大学生及社会人士提供一个全面、系统的创业知识框架，帮助他们从零开始，逐步构建起自己的创业蓝图。

本教材共分为8章，内容涵盖了创业的各个方面。第1章"走近创业"，介绍了创业的背景与意义、创业须做好的准备、创业者需要具备的素质、创业成功的关键因素分析、创业须避免的致命错误以及创业永远不会太晚。第2章"创业时机的识别与评估"，介绍了创业时机的重要性、创业时机的分类、创业时机的来源、创业时机的识别、创业时机的评价以及创业要顺势而为。第3章"创业团队与执行力"，介绍了创业者的基本素质、创业团队的组成与激励机制以及团队的执行力。第4章"创业的创意理念"，介绍了创意理念、创新在创业中的重要性、创意与知识产权以及创新成果的商业化。第5章"商业模式"，介绍了商业模式的意义与构成要素、B2B商业模式、B2C商业模式、B2T商业模式以及O2O商业模式。第6章"创业资源的取得与利用"，介绍了如何合理获得创业资源、创业资金的来源与获取渠道、融资的时机与金额、股权及股权分配以及选择合适的投资者。第7章"创业计划书"，介绍了创业计划书的目的和用途、创业计划书的基本样式和核心内容以及创业计划书的撰写原则和技巧。第8章"创业名家'面对面'"，介绍了创业名家谈创业、创业名家的创业观以及企业家精神。每章设置了学习目标、素养园地、本章小结、基础训练（含在线测试题）。我们力求将理论与实践相结合，通过阅读资料、名家分享等多种形式，让读者更加直观地理解和掌握创业过程中的关键点。

本教材具有以下主要特色：

第一，本教材注重思政引领，融入党的二十大精神。党的二十大报告指出："用社会主义核心价值观铸魂育人，完善思想政治工作体系，推进大中小学思想政治教育一体化建设。"本教材在部分章通过"素养园地"栏目的形式，结合党的二十大报告内容，引导学生深入社会实践，关注现实问题，使他们加强对专业知识的消化吸收与灵活应用，坚定中国特色社会主义道路自信、理论自信、制度自信、文化自信，努力践行习近平新时代中国特色社会主义思想，达到价值塑造、知识传授、能力培养三位一体的立德树人之效。本教材依托课程，以影响创业因素为主线进行编写，并升华到创业观和企业家精神，不仅能够增加学生的创业知识、培养学生的创业能力，还能培养学生的创业思想和创业动机，树立成为有价值的企业家、为社会创造价值的创业理想和自强不息的企业家精神。

第二，引入数字资源。本教材在正文中穿插了二维码形式的"拓展阅读"栏目；在章后"基础训练"中设置了二维码形式的在线测试题，即时出测评结果，巩固基础知识。

本教材由王桂秋、孙敏、车丽担任主编，仲海洋、马银华、周丹担任副主编，具体的编写分工如下：第1章由王桂秋、周丹、王丽娜编写；第2章由王桂秋、王时萱、刘大军编写；第3章由马银华、仲海洋、李磊编写；第4章由马银华、薛晓红、王耀川编写；第5章由孙敏、仲海洋、唐志强编写；第6章由王桂秋、车丽、王时萱编写；第7章由马银华、仲海洋编写；第8章由王桂秋、仲海洋编写。

我们希望读者通过本教材的学习，能够明确学习目标，树立正确的创业观念。创业并非一蹴而就，它需要长期积累、不懈努力和持续学习。同时，创业是复杂的、充满风险的，需要创业者具备一定的风险意识和应对策略。我们鼓励读者在学习过程中不断反思和总结，将所学知识与自身实际情况相结合，形成适合自己的创业路径。

本教材内容深入浅出、语言通俗易懂、案例丰富生动，特别适合零基础的大学生学习参考。本教材不仅可以作为课堂教学用书，也可以作为工具书，为创业者提供理论和实践的参考。

《创业基础》不仅是一本教材，更是一份创业者的行动指南。我们相信，通过本教材的学习，每一位读者都能在创业的道路上迈出坚实的步伐，最终实现自己的创业梦想。

编　者
2024年12月

目　录

第1章　走近创业

学习目标

　　通过本章学习，学生能认识到创业的背景和意义，明确创业须做好的准备和须避免的致命错误，重点掌握创业成功的关键因素，为自己能够成为一名成功的创业者做好准备。

1.1　创业的背景与意义

　　创业的背景和意义在很大程度上和社会、经济发展、市场需求、创新以及个人追求有关。创业作为一种社会行为，其含义有广义和狭义之分。广义的创业是指创造一番事业，狭义的创业则是指创办一家企业。就其社会意义而言，创业能够推动社会进步和个人的发展。一方面，创业成功可以为社会创造价值，提升社会创新能力，增加社会财富，减轻社会就业压力。另一方面，创业者作为创业的主体，在实现商业价值的同时也能够实现个人的社会价值和人生目标。个人通过创业，可以培养创新精神、提升创新能力，通过将个人兴趣与创业紧密结合，最大限度地发挥个人才能。如果创业者是大学生群体，由于大学生思想活跃、思维变通能力强，通过创业能增强社会适应能力，有助于塑造正确的世界观和人生观。①

1.2　创业须做好的准备

　　当前高校毕业人数持续增加，青年就业形势严峻。根据国家统计局公布的数据，我

---

　　①　[1] 冀学锋. 大学生求职择业指导 [M]. 长沙：湖南师范大学出版社，2008.［2］佚名. 什么是创业？[EB/OL].（2020-09-06）[2024-12-13]. https://xxgk.nwu.edu.cn/info/1075/1162.htm.

国青年劳动力失业率自2023年2月以来连续升高，6月青年劳动力失业率升至21.3%。[①]就业是民生之本，也是社会经济发展的基础与前提，而创业是更高层次、更具拉动力的就业路径。研究表明，大学生创业呈增长趋势。以福建省莆田市北岸经济开发区为例，2018—2023年，在申报的近100个创业项目中，大学生创业占比最高，达40%。此外，相对于退役士兵和其他农村创业者，大学生的创业成功率明显较高，达到68%。[②]

创业并非一件容易的事情，要想创业成功，除了对创业有客观、清晰的认识和了解，还要在多个方面做足准备。接下来，我们就谈一谈创业需要做哪些方面的准备。

1.2.1　创业心理上的准备

很大一部分创业者是迷迷糊糊上路的，他们在开始创业之前，其实并不清楚创业是怎么回事，也不清楚创业将给他们的生活和人生带来什么样的改变，仅仅是凭着满腔的热情以及一个浪漫而美好的想象就开始了，带着一群未知的人去一个未知的地方干一件未知的事，从此踏上一个漫长的、充满变数、迷茫、经常感到无助的长征之路。当然，万事万物都是在不断发展变化的，再有能力的创业者也无法在出发之前就想清楚所有的事情，复杂的创业过程更是如此。绝大多数公司成功时的方向和最初设想的方向都大相径庭。因此，创业者需要在前进的过程中根据市场的情况以及消费者的反应，甚至是竞争对手的动态来随机应变。创业的这种特性决定了创业之路开始容易，过程艰难，收场更难，煎熬是创业的典型状态，创业路上，最常见的不是成功和失败，而是长时间的苦苦挣扎。因此，在创业开始之前要对创业做足心理方面的准备。

1.2.2　创业机会成本上的准备

机会成本是指企业为从事某项经营活动而放弃另一项经营活动的机会，或利用一定资源获得某种收入时所放弃的另一种收入。另一种收入为正在从事的经营活动的机会成本。机会成本泛指在作出选择后其中一个最大的损失。机会成本会随着付出的代价改变而作出改变，如被舍弃掉的选项之喜爱程度或价值作出改变时，而得到之价值是不会令机会成本改变的。如果企业（个人）在选择中放弃选择最高价值的选项（首选），那么其机会成本会是首选。作出选择时，企业（个人）应该要选择最高价值的选项（机会成本最低的选项），而放弃选择机会成本最高的选项，即失去越少越明智。机会成本的原理可以帮助企业（个人）在面临多方案择一决策时，依据实际收益必须大于机会成本的原则，正确选择经营项目，从而使有限的资源得到最佳配置。[③]

创业的机会成本很高，因此在开始创业之前，首先要测算一下自己的机会成本。大凡想创业的人，一般都是同辈中的佼佼者，然而越优秀的人选择创业时放弃的东西就越多。如果以创业的劲头去打工，很多人可能迅速成为出色的员工甚至中高层管理者，但一旦选择了创业，就会陷入一场持久的苦战，从最低点开始爬坡，单打独斗，当然一旦

①　王萍萍. 读懂中国经济半年报［N］. 经济日报，2023-07-18（11）.
②　林华芬. 关于提高大学生创业成功率的探究［J］. 现代企业文化，2023（23）：157-160.
③　梅清豪，林新法，陈洁光. 市场营销学原理［M］. 北京：电子工业出版社，2001.

创业成功，你获得的成就感和物质及精神方面的收获也是其他的工作方式难以企及的。

1.2.3 创业承担责任上的准备

创业不是创业者一个人的事，一旦选择创业，不但创业者自身会进入一场竭尽全力的战斗，也必然会将其周边的全部资源卷进去，涉及的将不仅仅是自己，还有创业者的家人、股东、员工以及上下游伙伴和客户等。为了解决问题，创业者会竭尽全力进行全方位的投入。

在创业过程中，创业者要承担的更多。作为创业者，每件事情都需要作决策，每个决策都可能影响公司的生死存亡。可是很多时候，创业者不能和下属商量，不能和股东商量，必须自己作决策。作为创业者，你必须给下属以信心，越是艰难时刻下属越寄希望于你，很多时候你不能显示自己的软弱和无助，你甚至必须随时表现出信心满满的样子来为下属鼓劲儿。由于创业者是整个团队的核心，时刻要保持清晰的头脑，对创业过程中面临的挑战作出判断和决策，这样的判断和决策不仅仅会影响个人的发展，也会影响整个公司的走向，因此创业者要在承担责任方面做好准备。

1.3 创业者需要具备的素质

创业是一个复杂而充满挑战的过程，有极高的失败率。并不是所有的人都适合创业。有人将创业者分为两种类型：一种是个人型也称为侠客型，即喜欢单打独斗。另一种是团队型，即该类型的创业者适合在一个团队中工作。在团队型创业者中，约1%的人是领袖型，9%左右是干部型，适合追随领袖共同领导团队，而另外90%的人只适合做群众。领袖型和干部型的人都适合创业，但是创业的领军人物必须是领袖型的人。

人们普遍认为，创业者需要具备一定的素质：

一是事业心。一个成功的创业者，如果没有强大的事业心是无法把创业进行下去的。有的企业家把创业当成生命去完成。有人曾经说过："如果明天生命终止，今天你还想创业吗？"如果你的答案是肯定的，那你就是天生为创业而生的人，你就应该去创业。

二是眼光和境界。创业者要比别人想得多，比别人看得远，具备一种比别人更高的境界和眼光，目标高远往往能够更有利于企业的未来发展。

三是心理素质要过硬，心胸开阔，能够百折不挠、处变不惊。

四是学习能力。创业者要在创业中不断学习，以学习为生活方式，爱学习而且会学习。此外，作为一个创业领军人物，舍小我为大家的胸怀也非常重要。[①]

---

① 孙陶然. 创业36条军规 [M]. 2版. 北京：中信出版社，2015.

1.4　创业成功的关键因素分析

创业是一个复杂的过程，创业是否能够成功和诸多因素有关，在本节将就创业成功的关键因素进行简单分析梳理，并在后续的章节中进行重点介绍，以便提升创业者创业的成功率。

1.4.1　创业时机的重要性

时机（timing）是决定创业成功与否的最关键因素。创业的时机很大程度上是对社会发展而言的。社会在发展的过程中，往往会出现很多的创业机会，这些机会与社会需求、创新、市场供需和国家政策等多方面因素相关。我们通常听到的诸如"顺势而为""风口"等说法，都和创业的时机有关。要想创业成功首先需要关注的就是时机。

时机要求创业者具备敏锐的市场洞察力，把握时代的趋势和国家的政策方向，紧跟行业的发展步伐，关注行业动态，了解消费者需求，准确地判断并抓住市场和行业的风口，利用市场空白，创新产品或服务，满足消费者的潜在需求，以此来提高创业成功的概率。这意味着创业者需要密切关注国家的政策、行业的走向，以及大方向的变化，以便及时调整自己的战略和业务方向。把握时机不仅是一种战略选择，也是一种智慧和能力的体现。它要求创业者不仅对市场和行业有深入的了解和分析，而且有快速反应和适应变化的能力。不仅仅企业的发展需要合适的时机，国家和个人的发展何尝不需要考虑时机呢？时代的变迁，创造了大量的时机，准备好了的人顺势而为，对时机迅速作出反应，成为时代的弄潮儿，成为时代的英雄和标杆。因此，无论是创业还是国家和个人发展，都要抓住时机，否则就会被时代所抛弃。[①]

1.4.2　创业团队及其执行力

创业团队（team）及其执行力（execution）是决定创业成功与否的另一个关键因素。据统计，该因素占创业成功的32%，是创业成功的第二大因素。一个成功的创业项目离不开一支优秀的创业团队。由于创业的核心是人，因此创业团队和执行力直接决定创业能否进行下去。在起步阶段，创业者需要积极寻找志同道合的伙伴，共同为创业目标努力。团队成员应具备不同的专业背景和技能，以便在项目中发挥各自的优势。此外，建立良好的沟通机制和团队文化，有助于提升团队凝聚力和执行力。执行力是创业成功的关键。创业者需要将创业计划和目标转化为具体的行动，迅速响应市场变化，不断优化产品和服务。在执行过程中，创业者要关注细节，严格把控质量，确保项目按照既定目标稳步推进。同时，创业者还要具备强大的心理素质，勇敢面对创业过程中的挑战和困难。

---

① LESLIE M. 经济不景气为何是创业好时机 [J]. 赵嘉怡，编译. 中外管理，2016（4）：18.

衡量执行力的标准，对个人而言是按时保质保量地完成自己的工作任务，对团队而言就是在预定的时间内完成企业的战略目标。执行力不仅仅是"干"的能力。深入研究发现，对于一家企业，尤其是一个希望做大做强、可持续发展的企业，并不提倡"先干起来再说"这种做法。因为任何行动都是由工作目标来决定的，一个人的工作绩效始终与目标紧密相联，目标混乱就意味着工作计划的混乱，因为执行过程中容易出现分道扬镳、半途而废的情况。而目标的缺失更是会导致工作的盲目无序，最终也决定了工作的价值含量非常低，甚至是无价值的。由于目标、策略的不明确，不仅效率低、成本高，最后还可能创业失败。

执行力是否到位既反映了企业的整体素质，也反映出管理者的角色定位。管理者的角色不仅仅是制定战略和下达命令，更重要的是必须具备执行力。执行力的关键在于透过企业文化影响员工的行为，因此管理者很重要的角色定位就是营造执行力文化。

执行力建设包含人力资源管理，但是更需要人与组织内外的资源高效组合。培训是执行力建设的重要内容，但如果只有培训，执行力也建设不起来。执行力建设是一把手工程，是一个长期的工程。需要一把手持续投入资源、投入时间，还需要一把手改变作风，不断超越自我。执行力建设要求个人目标服从组织目标，个人受组织约束，包括一把手，再伟大的一把手也应该如此。如果能人和一把手都不受组织约束，团队就没有执行力。所以，一把手不改变作风，不自我批判，就无法建立执行力。华为的执行力强，很重要的一点是，任正非为此投入了大量的资源和时间，任正非的自我超越，是大部分企业一把手达不到的。执行力建设涉及机制与制度建设，但很多管理者容易过度关注制度、文件，满足于体系建设，认为制度健全了，大家都按章办事，执行力就提高了。执行力建设是一个系统工程，不是一把手的权威，也不是员工能力的简单相加。执行力是"人"和"系统"的有机结合。执行力只是一种结果，而要获得这种结果则有一个复杂的过程。组织不仅需要进行机制与制度建设，还需要有科学的管理架构，更需要组织有共同的价值观、使命和愿景，形成劲往一处使的命运共同体。

1.4.3 创业的创意理念

创业的创意理念（idea）是决定创业成功与否的另一个关键因素。创业的创意理念不仅关乎产品，还包括思维方式和市场策略的创新等方面。在这个日新月异的时代，创意理念已成为推动社会进步的重要动力。每一个优秀的创业项目都源于一个独特的创意理念。而当我们把这些创意理念转化为具体的项目时，就仿佛点燃了一团火焰，照亮了创业的道路。无论是互联网领域的创新应用，还是传统行业的转型升级，都需要有源源不断的创意理念支持。在创业过程中，创意理念能够引导创业者发现新的商机，开发新的产品或服务，从而在竞争激烈的市场中脱颖而出。此外，创意理念也是创业成功的关键，它要求创业者不断探索、尝试新的方法和策略，以适应不断变化的市场环境。因此，具备创新理念和精神的创业者更有可能在创业过程中取得成功。

如果一个创业者的业务创意具备了以下四个要素，我们就可以说这个创意是有发展前景的：明确的客户价值、可观的市场规模、足够的创新程度、可行性和盈利性。

1）明确的客户价值

在市场上取得成功的关键是满足客户的需要，而不仅仅提供出色的产品。客户希望用自己辛辛苦苦挣回来的钱满足他们的需求或者解决他们的问题。因此，发展一个成功的业务创意的首要原则就是能明确地表明它能满足什么样的需求，并且是以什么方式满足。

最初的时候，许多创业者在谈到他们的方案的时候，脑子里已经对产品、产品设计以及生产技术的细节有清楚的认识和解决的方法。而投资者首先考虑的不是这些。他们首先是从市场的角度来观察这一创意的。对投资者而言，客户价值才是排在第一位的，而其他所有的事都是次要的。区别在什么地方呢？如果创业者说"我们的新设备可以每分钟运行200次"或者"我们的新设备节约了25%的零部件"，他们所注重的就是产品本身。相反，从客户的角度考虑，就应当说"我们的新设备将为客户节省1/4的时间，从而降低20%的成本"或者"我们的新方案能够将生产效率提高25%"。产品只是为客户提供价值的一种手段而已。当把一种产品或者服务与竞争对手的产品或服务或其他方案进行比较时，该产品或者服务的客户价值能够说明它的新颖独到之处。因此，客户价值在区分你的产品与其他产品方面起到了关键的作用，而且在后面我们也会学到，这种区分在营销中占据着最核心的地位。

同时，客户价值是创业理念在市场上获得成功的基础。在可能的情况下，你还应该尝试用具体的数据说明客户价值。营销理论认为，应当把客户价值纳入一个独特的销售定位（USP）。这意味着两件事：

第一，你的创业理念必须以一种客户能够理解的方式提出（销售定位）。如果你不能使客户了解到使用这一产品或者服务能够带来的好处，他们就不会购买这种产品或者服务，许多新开办的公司就是因此而失败的。

第二，你的产品必须是独特的。消费者不应该选择市场上的其他产品或者服务，他们应该选择你的。你必须让他们相信，你的产品能够提供更多的利益或者更多的附加价值。只有这样，客户才会购买你的产品或服务。在描述创业理念时，你不需要详细阐述你的销售定位，但是，一定要让潜在投资者或多或少地对其有所了解。

2）可观的市场规模

只有当一个业务创意在市场上获得成功的时候，它才具有经济价值。一个成功创意的第二个原则是它要能说明所提供的产品的市场有多大，产品定位在哪个或者哪些客户群，以及它与其他产品的区别有多大。此时还不需要对市场进行详细的分析，只根据可靠的基本数据进行估算就足够了。数据的来源可以包括官方数据、各协会的信息、行业出版物以及互联网。基于这些基本数据，你完全有可能得出有关目标市场规模的合理判断。在业务创意报告中，对这一调查结果进行简要介绍就足够了。同一方法也适用于你的目标客户。你只需要粗略地界定一下他们可能是哪些人，讲述一下为什么你的业务创意能为这一特定群体提供特殊价值，以及从资金的角度考虑，你为什么会对这一群体感兴趣。你会一直面临竞争，这些竞争包括来自同类或者类似产品的直接竞争和来自同样能满足客户需求的替代产品的间接竞争。一个面食生产商不仅与其他的面食生产商之间存在竞争关系，也与大米生产商和土豆生产商存在竞争关系。你的业务创意应当表明你知道有哪些竞争对手，说出他们的名字，并说明你的业务创意为什么能独占鳌头，以及你将如何击败竞争对手。

3）足够的创新程度

业务创意可以从产品/服务和业务体系这两个层面进行分类。在每一种分类中，你都可以产生一些新的创意或者使一些已有的创意资本化。简单地说，业务体系就是一种了解如何对某种产品/服务进行开发、生产和销售的方法。"创新"这个词通常用来描述新产品，这些新产品通常是采用传统的生产方法制作，并通过已有的分销渠道交付给顾客的。例如，微软公司在开发DOS操作系统后，利用IBM公司的销售组织结构对其进行市场推广。相比之下，业务体系中的创新没有那么显而易见，但是也很重要。戴尔电脑公司能够大幅度地削减成本，主要归功于新的直销模式和新的生产流程。在这个新的流程中，只有接到订单后，公司才会尽可能在最短的时间内组织生产。在开发新产品时，改善层次繁杂的客户价值是当务之急。在业务体系中，创新被界定为成本的降低、生产流程的加快以及资金的节约，这种节约给消费者带来的好处就是低价。在创立一个全新的行业时，把产品和业务体系两方面结合起来的情况是很少的。网景公司通过允许用户免费使用其新推出的浏览器，为互联网的成功作出了巨大的贡献。网景公司这样做的结果是牺牲了最初的销售收入，但是访问其站点的人数的增加成功地增加了其广告收入。

4）可行性和盈利性

要真正创建一家新公司，就必须对业务创意的可行性进行评估。除了评估可能导致该项目不可行的具体因素之外（如法规方面的考虑或产品的标准等），还要评估完成该项目需要的时间和资源。例如，在月球上盖一座酒店在技术上是可行的，但是其成本效益比却是不合理的。盈利性与可行性密切相关。一家公司必须能够创造长期利润。因此，成功的业务创意的第四个要素是说明盈利的多少和盈利的途径。计算一项业务利润的传统方式如下：公司购买原材料或服务，因此产生了成本。同时它向顾客销售产品或服务，因此获取了收入。如果你的业务遵循了这一模式，在阐述你的创意时，就无须在这方面多费唇舌。但是，一定要对预计的费用和利润进行大致的估算。对于不断壮大的公司来说，一个很重要的经验是，启动阶段所创造的毛利（收入减去产品的直接成本）应在40%~50%之间。但是，许多业务不是按照这一传统模式运作的。例如，麦当劳是通过向特许经营店收取许可证费用盈利的。餐厅的老板使用麦当劳的品牌，采用其经营方式，须向麦当劳付费。如果你的业务创意是基于这种创新性的盈利方式，那么你应当在业务创意中详细说明。

1.4.4 创业的商业模式

创业的商业模式（business model）是决定创业成功与否的又一个关键因素。

1）商业模式的概念

从企业战略视角来看，商业模式被视为企业战略的核心反映，并被看作改善企业价值链的战略管理工具或作为战略管理的中介机制。商业模式是通过支持企业的战略创新流程、产品和服务营销，改变市场竞争过程中的主要盈利条件来获取竞争优势的。商业模式是移动互联与大数据背景下企业创新的焦点，也是近年来学术研究的热点。拥抱移动互联、大数据、人工智能、区块链等新一代信息技术，拥抱业务模式和管理体系创新，构建智慧企业运营体系，已成为企业转型升级并获取高阶竞争优势的关键举措。

2）商业模式的构成要素

任何一个商业模式都是由客户价值、企业资源和能力、盈利方式构成的三维立体模式。由哈佛大学教授马克·约翰逊（Mark Johnson）、克莱顿·克里斯坦森（Clayton Christensen）和SAP公司的CEO孔翰宁（Henning Kagermann）共同撰写的《商业模式创新白皮书》把这三个要素概括为：

第一，客户价值主张，是指在一个既定价格上企业向其客户或消费者提供产品或服务时所需要完成的任务。

第二，资源和生产过程，即支持客户价值主张和盈利模式的具体经营模式。

第三，盈利方式，即企业用以为股东实现经济价值的过程。

3）成功商业模式的特点

长期从事商业模式研究和咨询的公司认为，成功的商业模式具有三个特点：

第一，成功的商业模式要能提供独特价值。有时候这个独特的价值可能是新的思想；而更多的时候，它往往是产品和服务独特性的组合。这种组合要么可以向客户提供额外的价值；要么使得客户能用更低的价格获得同样的利益，或者用同样的价格获得更多的利益。

第二，商业模式是难以模仿的。企业通过确立自己的与众不同，如对客户的悉心照顾、无与伦比的实施能力等，来提高行业的进入门槛，从而保证利润来源不受侵犯。比如，直销模式（仅凭"直销"一点，还不能称其为一个商业模式），人人都知道其如何运作，也都知道戴尔公司是直销的标杆，但很难复制戴尔的模式，原因在于"直销"的背后，是一整套完整的、极难复制的资源和生产流程。

第三，成功的商业模式是脚踏实地的。企业要做到量入为出、收支平衡。这个看似不言而喻的道理，要想年复一年、日复一日地做到，却并不容易。现实当中的很多企业，不管是传统企业还是新兴企业，对于自己的钱从何处赚来，为什么客户看中自己企业的产品和服务，乃至有多少客户实际上不能为企业带来利润、反而在侵蚀企业的收入等关键问题，都不甚了解。①

---

① 肖红军，阳镇. 可持续性商业模式创新：研究回顾与展望［J］. 外国经济与管理，2020，42（9）：3-18.

1.4.5 创业的资金

创业的资金（funding）是决定创业成功与否的又一个关键因素。在创业的道路上，资金是不可或缺的重要元素。那么，创业究竟需要哪些资金呢？接下来将就创业资金的构成进行简单解析。

1）初始启动资金

初始启动资金是创业过程中需要最先考虑的部分，主要包括注册公司、租赁办公场地、购置办公设备等基本开支。这些费用因行业和项目而异，但通常需要一定的资金储备来应对。在筹集初始启动资金时，创业者可以通过自筹资金、天使投资、风险投资等途径进行。

2）运营资金

运营资金是企业在日常运营过程中所需的资金，包括员工工资、水电费、市场推广费用等。这些费用是企业持续运营所必需的，因此需要合理规划和管理。在运营资金的筹集上，创业者可以通过银行贷款、融资租赁、与合作伙伴共同出资等方式筹集。

3）研发资金

对于科技创新型企业而言，研发资金是至关重要的。研发资金主要用于新技术、新产品的研究和开发，以及知识产权的申请和维护。研发资金的投入对于企业的核心竞争力具有决定性作用，因此创业者需要充分重视并合理规划研发投入的资金。

4）市场拓展资金

随着企业规模的扩大和市场的不断拓展，企业对市场拓展资金的需求也会逐渐增加。市场拓展资金主要用于企业产品推广、渠道建设、品牌建设等方面。通过合理投入市场拓展资金，企业可以提高品牌知名度，拓展市场份额，从而实现企业的快速发展。

除了以上提到的资金需求，资金的获得还有其他途径，如申请银行贷款、典当贷款、加入孵化计划/赢取创业基金、向投资人"要钱"、使用自己的积蓄、向家人和朋友借钱、合伙经营、利用政府提供的创业基金等。

总之，创业需要哪些资金是一个复杂而多元的问题。在创业的道路上，创业者需要充分了解并合理规划各种资金需求，以便更好地抓住财富增长的新机遇。同时，创业者还需要关注市场动态和政策变化，不断提升自身的创业能力和竞争力。

综上所述，创业过程涉及多个关键要素，在这个充满机遇和挑战的时代，创业已经成为越来越多人的选择。通过关注上述创业成功的五大因素，创业者可以顺利度过创业初期的困难阶段，实现企业的快速发展和盈利。在这个过程中，创业者还需要保持敏锐的洞察力和创新精神，不断寻找新的市场机会和发展空间。

1.5 创业须避免的致命错误

分析完创业成功的重要因素，接下来我们再来考虑一下创业须避免的致命错误。毕竟每年在倒下的数不清的创业公司中，仔细梳理各种失败的原因，往往比较相似，因此在创业中避免犯致命的错误就显得十分必要。经验告诉我们，如果一个人总是重复犯下相同的错误而没有学会避免，那么就很难成功。创业上如果能够避免一些致命的错误，那么从发展的角度来看，公司就很有可能活下去并且能够盈利。下面我们就来详细阐述一下创业须避免的致命错误。①

1.5.1 没有做好准备

创业是人生中的一件大事，需要做好多方面的准备。如果没有做足准备就轻易开启一段事业，那么成功的概率也会大打折扣。在前面我们已经提到创业需要做的准备工作，其中不仅仅需要确保创业者拥有一个健康的体魄来为之后的工作打好基础，更需要创业者在心理、机会成本和承担责任等方面做好准备。比如，在创业之前需要和自己的家人进行一次彻底的沟通，把可能存在和发生的事情分析一下，最好能够得到家人的支持，即使真的创业失败也比较容易面对来自家庭的压力，因为如果没有一次坦诚的沟通，未来遇到困难极易产生家庭矛盾，给家人带来影响，不仅仅是个人生活方面，甚至还会影响公司的业务发展。

1.5.2 混淆了产品和业务

业务就是各行业中需要处理的事务，但通常偏向指销售的事务，因为任何公司单位最终仍然是以销售产品、销售服务、销售技术等为主。业务最终的目的是售出产品，换取利润。很多人都将产品和业务混为一谈，其实两者的区别还是非常明显的。

业务是进行或处理商业上相关的活动，是个人或某个机构的本行业本职工作。产品是指被人们使用和消费，并能满足人们某种需求的任何东西，包括有形的物品、无形的服务、组织、观念或它们的组合。产品一般可以分为五个层次：核心产品、基本产品、期望产品、附加产品、潜在产品。核心产品是指整体产品提供给购买者的直接利益和效用。基本产品即是核心产品的宏观化。期望产品是指顾客在购买产品时，一般会期望得到的一组特性或条件。附加产品是指超过顾客期望的产品。潜在产品是指产品或开发物在未来可能产生的改进和变革。

简单来说，产品是为了满足个体的需求，但是业务是一种可以给你带来持续不断的新客户以及大量回头客的生意。

---

① ANDRUSS P. 创业公司须避免10个致命错误［J］. 赵嘉怡，编译. 中外管理，2016（4）：18.

1.5.3　没有为专业知识付费

知识付费，顾名思义，就是为知识资源付费。创业须避免的错误之一就是没有为专业知识付费。因为专业知识往往需要经过较长时间的学习才能获得，所以创业中即使资金有限，也要尽可能将专业的事情交给专业人士去做，尤其是像税务和法律之类的棘手问题。

据悉，目前为知识付费已经逐渐形成了共识，并正在形成巨大的市场。艾媒咨询（iiMedia Research）发布的《2023年中国知识付费行业现况及发展前景报告》显示，2022年，中国知识付费市场规模达1 126.5亿元，较2015年增长约70倍，预计2025年市场规模达2 808.8亿元。

我们熟悉的很多大企业即使在创业之初资金不太宽裕的情况下也不惜重金引入世界上知名企业优秀的管理体系，是为日后的发展打下良好的基础；相反，没有为专业知识付费往往会让企业在发展中遇到瓶颈，甚至导致创业的失败。

1.5.4　忽略数据的重要性

在当今数字化时代，数据已成为企业持续发展的关键因素。忽略数据的重要性，往往会导致创业的失败。

无论是来自内部运营（财务、人力资源、客户信息等）的数据，还是来自外部市场（经济、行业、竞争对手等）的数据，它们都对企业的决策和运营具有重要意义。以下我们将从几个方面详细阐述数据在企业管理中的应用。

1）战略规划方面

在战略规划方面，数据在企业的战略规划中起着至关重要的作用。通过对市场环境、行业趋势、竞争对手等渠道数据的分析，企业可以制定更加科学、合理的战略规划。例如，通过对历年销售数据的趋势分析，可以帮助企业预测未来的市场需求，从而制订更为精准的生产计划。此外，财务数据（如收入、利润、成本等）也可以帮助企业评估自身的经济状况，以便制定更为稳健的财务策略。

2）运营管理方面

在运营管理方面，数据对于企业的运营管理同样具有重要意义。通过对生产、供应链、人力资源等各个环节的数据进行实时监控和分析，可以帮助企业提高效率、降低成本。例如，通过分析生产过程中出现的问题，可以及时调整生产工艺，提高生产效率；通过分析供应链数据，可以预测未来的市场需求，提前进行库存管理，降低库存成本；通过分析员工绩效数据，可以建立更为合理的员工培训计划和激励机制，提高员工的满意度和工作效率。

3）市场营销方面

在市场营销方面，数据可以帮助企业更好地了解客户需求，制定更为精准的营销策略。例如，通过分析客户购买行为、浏览记录等数据，可以了解客户的兴趣爱好和消费习惯，从而制定更为个性化的产品推荐和营销策略；通过分析竞争对手的营销策略和效果数据，可以了解其优势和不足，从而制订更为合理的营销方案。

4）风险管理方面

在风险管理方面，数据是企业管理中另一个重要的应用领域。通过对企业内外部数据的监测和分析，可以及时发现潜在的风险和问题，并采取相应的措施进行防范和应对。例如，通过分析宏观经济数据，可以帮助企业预测未来的经济走势，提前做好风险预警和应对措施；通过分析企业内部的财务数据，可以发现可能存在的财务风险和舞弊行为，从而采取相应的措施进行防范和应对。

为了更好地利用数据进行优化决策，企业需要建立完善的数据治理体系，包括数据收集、整理、分析和存储等方面。同时，还需要培养一支高素质的数据分析团队，提高数据分析的准确性和效率。此外，还需要制定合理的数据安全和隐私保护政策，确保数据的安全性和合规性。企业在发展过程中要重视数据的重要性，通过数据更好地进行战略规划、运营管理、市场营销和风险管理等工作，如果忽略数据对企业发展的重要性，往往会导致企业走向失败的不归路。

1.5.5　扩张速度太快

约有70%以上的高成长公司死于业务扩张太快。为什么业务扩张太快成为创业失败的致命错误呢？下面我们就来分析一下企业业务扩张太快可能带来的一系列弊端。

首先，业务扩张太快极易造成资源的紧张。如果企业业务迅速扩张，则可能面临资金、人力和物力等资源紧张的问题。这可能导致运营效率下降，甚至影响到企业的正常运营。花钱的时候要确保你会有新的业务带来更多的现金流；否则，等到你真正建立具备竞争力的业务时，没有资金将是一件非常可惜的事情。

其次，业务扩张太快往往使管理难度增加。随着企业规模的扩大，管理难度也会相应增加。如果企业管理层无法及时适应这种变化，可能导致企业陷入混乱状态。

最后，业务扩张太快还会引发企业面临更多的市场风险。快速扩张可能导致企业忽视市场风险，从而陷入困境。在市场竞争激烈的环境下，过于冒进的扩张策略可能使企业陷入危机。

但在快速发展的过程中，企业仍有机会捕捉创业机会。通过精准定位、优化资源配置和强化内部管理等措施，企业可以在扩张过程中保持稳定的发展态势，实现可持续发展。在扩张过程中，企业应明确自己的市场定位，确保在目标市场中具备竞争力。通过深入了解消费者需求和市场趋势，企业可以抓住市场机遇，实现快速发展。企业应合理分配资源，确保在关键领域投入足够的资金、人力和物力。通过提高资源配置效率，企业可以在扩张过程中保持稳定的运营状态。随着企业规模的扩大，企业应建立完善的内部管理体系，提高管理效率。通过加强团队建设、完善激励机制和优化管理流程等措施，企业可以提高员工的积极性和工作效率，为捕捉创业机会提供有力支持。

1.5.6　坚持错误的想法

坚持错误的想法，往往是创业须避免的又一致命错误。这一点普遍发生在初次创业的创业者身上。坚持错误的想法在企业运营中可能带来多方面的风险，这些风险不仅影响企业的短期业绩，还可能对其长期发展造成深远影响。下面我们来分析一下可能引起的风险。

1）市场错失风险

如果企业坚持错误的想法，比如对市场需求、消费者偏好或行业趋势的误判，可能导致其产品或服务与市场需求脱节。这将使企业错失市场机会，甚至可能被竞争对手超越，失去市场份额。

2）财务损失风险

错误的决策往往伴随着高昂的成本。例如，投资于不盈利的项目、生产不受欢迎的产品或采用低效的生产方式，都会直接导致企业资金的浪费和财务损失。长期而言，错误的决策可能会削弱企业的财务健康状况，限制其进一步发展的能力。

3）品牌声誉受损风险

如果企业坚持错误的想法并导致产品质量问题、服务不佳或违反社会道德和法律规范，将严重损害其品牌形象和声誉。在社交媒体和互联网高度发达的今天，负面信息可以迅速传播，给企业带来难以挽回的损失。

4）人才流失风险

员工是企业最宝贵的资源之一。如果企业坚持错误的想法并导致工作环境恶化、职业发展机会受限或企业文化扭曲，可能使员工感到不满和失望，进而引发人才流失。这不仅会削弱企业的竞争力，还可能影响企业的创新能力和持续发展能力。

5）战略方向迷失风险

错误的想法可能导致企业战略方向的迷失。如果企业长期被错误观念所主导，可能忽视市场变化、技术革新或消费者需求的变化，从而无法及时调整战略以适应外部环境的变化。这将使企业陷入被动局面，难以在激烈的市场竞争中立足。

6）法律合规风险

在某些情况下，坚持错误的想法可能使企业违反相关法律法规或政策要求。例如，企业在环境保护、数据安全或消费者权益保护等方面存在违规行为，将面临法律诉讼、罚款甚至被吊销营业执照等严重后果。

因此，企业在运营过程中应保持开放的心态和敏锐的洞察力，及时识别并纠正错误的想法和决策。同时，建立健全的决策机制和风险管理体系也是降低风险、保障企业持续发展的重要手段。我们的建议就是，不要相信直觉，要相信证据。企业应随时保持对市场反馈的观察，并且及时作出调整。

1.5.7 没有放权

这恐怕是管理中最经典的问题，希望一切事情都在自己的控制之中，却不知道应该把权力下放。真正的企业家关注的是战略而不是细节。没有放权会给企业带来风险，主要体现在如下几个方面：

1）影响团队士气和效率

当管理者没有足够的权力，如财务审批权和人事决策权时，会导致员工感到不被重视，进而影响团队的士气和工作效率。这种情况下，员工可能感到晋升无望，不愿意承担责任，导致团队的目标感下降，忠诚度降低，最终影响企业的整体绩效。

2）阻碍企业创新和发展

私企老板不愿意放权，是因为担心失去对企业的控制权和决策权，而过度集中权力会导致企业决策缓慢、效率低下，甚至停滞不前。长期发展需要不断引进新鲜血液和管理经验，放权可以让企业变得更加灵活和敢于创新。

3）员工能力下降和不被信任

不放权也会导致员工没有机会培养能力，进而影响员工的工作意愿和能力提升。这形成了一个恶性循环：员工没有能力，老板就不放心授权；老板不授权，员工更没有做事的意愿，也无法提升能力。

4）增加管理者的负担

如果管理者不懂得放权，就会自己承担过多的工作，导致自己越来越忙，而团队成员则越来越闲。在这种情况下，管理者可能感到压力巨大，而团队成员则缺乏责任感和成就感。

5）导致被边缘化

领导如果选择放弃某个员工，不是通过公开的负面行为，而是采取一些隐性举动，如安排其做"边缘人"工作，这会导致员工逐渐被团队边缘化，失去对团队的认同感和归属感。

综上所述，不放权不仅会影响团队的士气和效率，还会阻碍企业的创新和发展，使员工的能力下降和不被信任，增加管理者的负担，甚至导致员工被边缘化。因此，适度放权是企业管理中不可或缺的一部分，有助于激发团队的潜力和创造力，促进企业的持续发展。

1.5.8 以为钱可以解决所有问题

很多创业者总认为，只要筹集到新一轮的资金就能解决眼下的难题。以为钱能解决一切会给企业带来资金风险、道德风险和长期发展风险。

1）资金风险

企业过于依赖资金来解决所有问题，可能导致扩张过快、坏账增多或内部管理出现问题。例如，企业可能因为追求规模而过度举债开拓新市场，导致资金链断裂的风险增加。此外，如果企业采用赊销方式扩大销售额，可能产生大量应收账款，若不能及时收回，就会形成坏账，侵蚀利润，增加资金成本。

2）道德风险

如果企业一切向钱看，而忽视了道德和信仰的培养，可能导致企业内部出现不诚信、欺诈等行为。例如，为了快速赚钱，企业可能不重视长期技术壁垒的构建，或者与不良商家合作，压榨供应商和员工，这种行为最终会导致企业失去社会信任和声誉，影响企业的长期发展。

3）长期发展风险

过度依赖资金而忽视长期发展策略，可能导致企业在面对市场变化时缺乏应对能力。例如，建筑行业的企业如果过度依赖短期资金支持，而忽视了对供应链的管理和优化，可能导致现金流严重依赖外部融资，一旦融资环境发生变化，企业将面临巨大的生存压力。

综上所述，企业如果认为钱能解决一切问题，可能存在短视的行为，忽视长期发展和道德建设，最终导致资金风险、道德风险和长期发展风险的增加，从而创业失败。

1.5.9 错误预估市场

很多企业死于一开始过分乐观地估计市场，导致后来未能稳步发展。错误地预估市场会给企业带来多种风险，主要包括生产计划的调整困难、库存管理困难、采购成本增加、客户满意度下降、资产和资金准备不足、资产周转率下降等。

第一，生产计划调整困难。当销售预测不准确时，生产计划与实际需求不相符，可能导致生产计划的调整带来高成本，影响企业的正常运营。

第二，库存管理困难。销售预测失误率高会导致库存管理不当，可能出现过多的库存积压，造成企业资金紧张。

第三，采购成本增加。销售预测失误会导致采购计划不准确，采购成本也会增加，进而影响企业的利润。

第四，客户满意度下降。销售预测失误率高，可能导致客户订单无法及时满足，客户可能失去信心，选择其他供应商，影响企业的声誉和客户满意度。

第五，资产和资金准备不足。如果市场销售的预测结果不准确，出现低于实际销售的情况，企业可能出现资产和资金准备不足的问题。

第六，资产周转率下降。错误的销售预测可能导致企业资产周转率下降，影响企业的财务健康和运营效率。

此外，市场预测失误还可能受到人为因素的影响，如分析师的主观判断和偏见可能影响评估结果的客观性和准确性。行为金融学也指出，人们往往因为过度自信、确认偏误、集体迷思、锚定效应和情绪波动等原因，导致市场预测是错误的。这些因素都增加了市场预测的难度和风险。

1.5.10 害怕失败

害怕失败会给企业带来多种风险，包括创新不足、员工不敢尝试新想法，项目启动困难，资源浪费，市场竞争力下降等。

首先，害怕失败的文化会导致企业创新不足，员工不敢尝试新想法。在这种文化下，员工因为担心失败而不敢尝试新的想法或项目，导致企业无法适应快速变化的市场环境，错失发展机会。

其次，害怕失败还会导致项目启动困难。由于担心失败带来的负面影响，企业可能不愿意启动新的项目，即使这些项目可能带来长期的收益。这导致企业无法进行必要的创新和改进，从而抑制了企业的发展。

再次，害怕失败还可能导致资源浪费。企业可能因为过度分析而永远无法开始新的项目，这样既浪费了时间也浪费了资源，最终可能导致企业无法跟上市场发展的步伐。

最后，害怕失败还会使企业的市场竞争力下降。由于缺乏创新和改进，企业的产品或服务可能无法满足市场的需求，导致市场竞争力下降。

综上所述，害怕失败的文化和心态对企业的长期发展构成了重大威胁，包括创新能力下降、项目启动困难、资源浪费以及市场竞争力下降等。因此，企业需要鼓励创新文化，建立容错机制，以促进企业的持续发展和市场竞争力提升。

1.6 创业永远不会太晚

创业什么时候最合适？40岁之后创业，甚至退休后创业是不是太晚了。其实答案不能一概而论，只要是身体能够承受，符合个人意愿，条件合适，什么时候创业都不会太晚。接下来，我们就讨论一下，年长创业者和年轻创业者相比，创业有何不同。

年长创业者的优势在于有更多的经验、阅历、人脉、资源等，但是在时间、机会成本、家庭责任、个人精力、外界压力等方面存在不小的隐患和挑战。相比年轻创业者，年长创业者的创业机遇普遍只有1.5~2次。也就是说，年长者创业，容错率更低，最多允许失败一次，然后还有0.5~1次创业机会。而年轻创业者失败的次数可以更高，同时失败后，年轻创业者更容易调整和恢复，开始新一轮的创业。

拓展阅读1-1 年长创业者

对于各个年龄的企业家，都有很多可利用的资源，只要你想改变一下现状并有所行动，即使你已经到了退休的年龄也可以成为企业家。对于这些勇敢的年长者，当同龄人退休的时候他们才正式入行，然后将所有这些跨行业、跨地区、跨国家的人联合起来，创建一家公司。小企业管理局数据显示，在美国，约有64%的私企提供的新岗位是由这样的小企业创造的。所以，年长者，除了退休后的休闲生活之外，可能还有一种选择就是成为创业者，并能够为全球市场贡献自己的一份力量。随着全球人口老龄化的加剧，美国的人口普查显示，到2050年，美国会有8 400万的老年人。这个数据如果换到中国，60岁以上的老人将达到4.8亿人，这个数字相当惊人。虽然提到老年人，我们更多想到的是他们可能遭遇身体方面的病痛以及生活方面的艰难，甚至考虑更多的是他们给社会造成的负担。然而如果有一定比例的老年人勇敢地加入创业队伍，将会形成不同的社会风尚，并给社会带来更多的创新与活力。就像谈论年轻的创业者具有冒险精神一样，对于这些敢于创业的年长者，我们同样要给予更多的鼓励。从创造的社会价值和意义上说，一个年长的创业者创造的价值和年轻人一样具有意义。社会应该给予年长创业者更多的关注和帮助，政府也应该提供更多的机会和尊重，因为他们所做的工作同样有意义。

素养园地

积极就业，大胆创业

就业是民生之本，创业是就业之源。积极就业、大胆创业是保证社会稳定发展的最重要措施。要坚持在发展中保障和改善民生，把推动高质量发展放在首位，为人民提高受教育程度、增强发展能力创造更加普惠公平的条件，提升全社会人力资本和专业技能，提高就业创业能力，更多地掌握致富的本领。

支持中小微企业发展，发挥其就业主渠道作用。要吸取一些发达国家经济"脱实向虚"的教训，不断壮大实体经济，创造更多高质量就业岗位。要加大人力资本投入，提升教育质量，加强职业教育和技能培训，提高劳动者素质，更好地适应高质量发展需要，切实防范规模性失业风险。要提高人民群众的生活品质，落实就业优先战略和积极就业政策，做好高校毕业生、退役军人、农民工和城镇困难人员等重点群体就业工作。要完善多渠道灵活就业的社会保障制度，要把稳就业工作摆在更加突出的位置，不断提高劳动者收入水平，构建多层次社会保障体系，改善劳动安全卫生条件，使广大劳动者共建共享改革发展成果，以更有效的举措不断推进共同富裕。要适应新技术、新业态、新模式的迅猛发展，采取多种手段，维护好就业群体的合法权益。

另外，在传统企业承受较大压力的情况下，新经济、新职业还是就业的蓝海。要敢于创新、敢于打破原有的模式，发展新的就业和创业机会。随着经济转型和消费升级，用户需求的细分催生了大批新的职业机会。我国海量的市场和巨大的经济总量，也支撑人们有更多的职业选择可能性，同时为创业提供有利的条件。

创业要实，就是要脚踏实地、真抓实干，敢于担当责任，勇于直面矛盾，善于解决问题，努力创造经得起实践、人民、历史检验的实绩。敢于担当是我党的优良传统，是创业要实的核心和关键，是共产党员的鲜明品格和必备素质。当前，改革发展稳定任务更加艰巨，遇到的困难、挑战和风险更加严峻，加强敢于担当意识迫在眉睫。树立敢于担当的意识，就要在政治上有定力、有坚守，把坚定理想信念作为终身必修课，要在理论学习上加强紧迫感，增强学习的自觉性，把系统掌握马克思主义基本理论作为看家本领；要拥有天下兴亡、匹夫有责的广阔胸怀，一心为公，坦荡做人。

【价值塑造】我们结合党和国家在创业就业方面的政策，以积极就业、大胆创业为主题，重点阐述了党和国家在青年人创业就业方面提供的支持和关注。

资料来源：[1] 杨勤. 就业优先 夯实民生之本——2022年就业工作述评 [N]. 中国劳动保障报，2022-12-24（1）. [2] 赖德胜. 更好发挥教育在推动共同富裕中的作用 [N]. 光明日报，2023-05-02（7）. [3] 习近平. 正确认识和把握我国发展重大理论和实践问题 [J]. 求是，2022（10）：4-9. [4] 李心萍，常钦，邱超奕，等. 聚力稳就业 扎实惠民生 [N]. 人民日报，2022-03-07（7）. [5] 吴大华. 创业要实，脚踏实地真抓实干 [N]. 光明日报，2015-07-08（13）.

本章小结

本章主要讲述了创业的背景和意义，创业须做好的准备，创业者需要具备的素质，创业成功的关键因素分析，创业永远不会太晚等内容。本章重点是创业成功的关键因素分析。在决定创业是否成功的诸多因素中，有五大基本因素是至关重要的，分别是创业的时机、创业的团队和执行力、创业的创意理念、商业模式和创业的资金。

基础训练

❖ 单选题

第1章单选题

1. 以下不属于创业意义的是＿＿＿＿＿＿＿。

　　A. 为社会创造价值　　　　B. 提升社会创新能力　　　　C. 不能实现个人价值

2. 创业与诸多因素有关，最重要的因素是＿＿＿＿＿＿＿。

A.时机（timing） B.商业模式（business model）

C.创意理念（idea）

3.从一家全球知名的大企业、行业中的绝对霸主到最后被淹没在历史的长河中，柯达的兴衰都在向人们揭示_____对企业发展的重要性。

A.时机 B.商业模式 C.资金

4.创业成功最重要的五个因素包括时机、团队和执行力、创意理念、_____和资金。

A.融资 B.商业模式 C.并购

5.如果一个创业的业务创意具备了以下四个要素，我们就可以说它是有发展前途的。这四个要素分别是明确的客户价值、_____、足够的创新程度、可行性和盈利性。

A.足够多的资金支持 B.足够好的评价 C.可观的市场规模

6.中国大学生创业比例和发达国家相比，_____发达国家大学生创业比例。

A.低于 B.约等于 C.高于

7.很多人混淆了产品、业务和服务，其中_____是进行或处理商业上相关的活动，是个人或某个机构的本行业本职工作。

A.业务 B.产品 C.服务

8.产品一般可以分为五个层次，即_____、基本产品、期望产品、附加产品、潜在产品。

A.高效产品 B.核心产品 C.刚需产品

9.早在1975年，_____的工程师史蒂夫·萨松开发出世界上第一台数码相机，它是以磁带作为存储介质的。尽管这台相机体型大、拍照时间长、画质感也差，但它的出现彻底颠覆了之前摄影的物理本质。

A.佳能 B.索尼 C.柯达

10.早在2004年_____公司就已经开发出触控技术，但他们认为这个是小众市场并没有大力开发。

A.三星 B.诺基亚 C.苹果

❖ 简答题

1.要想创业成功，需要做哪些方面的准备？

2.阐述创业成功的五大关键因素。

❖ 阅读资料

创业成功最大的因素就是时机。我们以柯达的落幕与诺基亚的兴衰为例，具体谈一谈时机的重要性。

资料一 柯达的落幕

"柯达时刻"大家应该并不陌生，从一家全球知名的大企业，行业中的绝对霸主到最后淹没在历史的长河中，柯达的兴衰都在向人们揭示时机对企业发展的重要性。

1880年，伊斯曼在美国纽约州的罗切斯特成立了伊斯曼干板制造公司，利用自己研制的乳剂配方制作照相机用的干板胶片。那个时代的照相设备现在看起来极为笨重，比如需要黑色的帐幕以及装有玻璃感光板的大容器，同时操作也需要专业人员，这引起了伊斯曼的注意，伊斯曼考虑是否可以将照相设备简化。在最初的十多年时间里，公司不断改进干片和卷式感光胶卷，推出了感光度高且便于携带的照相胶卷，给感光业界带来一场划时代的革命。随后它又进军电影胶片领域和 X 光影像行业，成为世界胶片行业的领军者。

1888 年，公司推出了第一部傻瓜型胶卷相机"柯达"，它的上市将拍照变得相对简单，用户只需要按下快门，就可以捕捉到想要的画面，即使是业余摄影者，也可以拍出质量上乘的照片。这部相机大获成功，公司也因此更名为"柯达"。

1900 年，公司又开发出勃朗宁相机，售价 1 美元。勃朗宁相机功能简单且价格低廉，一下子改变了人们对照相机昂贵而庞大的固有印象，柯达相机的廉价带动了其胶卷的热销，并使公司获得了空前的市场回报。

从 19 世纪末开始，柯达开始进军世界市场，在德国、法国、意大利等多个国家设立了销售机构。此后的柯达不断推陈出新，成为胶片相机时代无可争议的霸主。可以说 20 世纪八九十年代的柯达，选对了时机，成为当时成功的典范。

然而，柯达没能一直成为时代的宠儿，随着时代的变迁，时机已经悄然溜走。数码时代的来临，让柯达遭遇了前所未有的挑战。新的科学技术的发展，使照相不再依赖底片成为可能。其实早在 1975 年，柯达的工程师史蒂夫·萨松就开发出了世界上第一台数码相机，它是以磁带作为存储介质的。尽管这台相机体型大、拍照时间长、画质感也差，但它的出现彻底颠覆了之前摄影的物理本质。然而，当时柯达的管理层却反对继续投资此项技术。因为数字成像技术的发展必然意味着柯达将丧失胶卷业务带来的丰厚利润。短视的目光，让柯达丧失了从胶卷时代向数码时代转型的最好时机。后来的种种决策失误，让柯达这个曾经的胶卷巨人丢掉了最重要的时机，最后以破产重组的方式来寻求企业的发展之路。

柯达的落幕是一个时代的结束。它经历了如日中天的黄金时期，抓住胶卷时代的时机，却淹没在数码时代的发展长河中。因此，我们看到时机对于一家企业的发展的重要性，创建企业的时候要选对时机，只有时机合适才能抓住成功的机会。

资料来源：张志前，等. 柯达兴衰启示录 [M]. 北京：社会科学文献出版社，2012.

资料二　　　　　　　　　　诺基亚的兴衰

如果说柯达抓住了胶卷相机的时机，丢掉了数码时代的时机，那么诺基亚就是抓住了传统手机的时机，丢掉了智能手机的时机。有关诺基亚的兴衰史也是说明创业时机重要性的一个典型案例。

诺基亚是芬兰小镇上的一条河流的名字。1865 年，一个名为弗雷德里克·艾德斯坦的工程师在河边开启了自己的创业旅程，他给公司起的名字就是诺基亚。从纸浆生产、橡胶加工到制造电缆，诺基亚每一次的自我改变，无不借助创新的驱动力和灵敏的市场嗅觉。1979 年，涉足移动通信领域的诺基亚，看准了这片潜在而巨大的市场。10 年后，诺基亚作了一个大胆的决定，舍弃所有传统业务，只留下手机业务。一度作为绝对的行业领袖，从 1996 年开始诺基亚的手机份额曾连续 14 年蝉联世界第一。伴随着

"科技以人为本"的广告语和个性化的外观设计，诺基亚成功地使其铃声响遍全球的每一个角落。今天，决定移动电话产业的几个质量标准都是由诺基亚制定的，如大型图文信号和电池指示器，彩色外壳和个性化铃声提示等。其对产品质量也是精益求精。就在诺基亚傲视全球竞争者的时候，2007年一家从未涉足过手机业务的公司苹果发布了iPhone。凭借着全屏触控和基于应用程序的系统，iPhone重新定义了智能手机。作为全球最大的手机制造商，诺基亚并没有把这家来自硅谷的公司放在眼里。在2009年的一次采访中，诺基亚的首席战略官提出，iPhone将会一直是小众市场，而就在说这句话的时候，诺基亚的生命时钟已经被调快了。两年后，保持了14年的桂冠落下帷幕，与诺基亚同时代的巨头们，那些曾经抓住时机被时代造就的企业，逐渐退场，一个时代就此终结。

与柯达如出一辙，早在2004年诺基亚内部就已经开发出触控技术，比苹果公司早3年。但其错误地认为这个是小众市场。由于诺基亚舍弃触控风潮只是因为它的高成本风险，不愿早点放弃早已落后的塞班系统，也因它曾在市场占有高达80%份额的成功纪录。最后，高效率成本控制思维杀死了诺基亚该有的创新。昔日曾经被投资者追捧的"皇冠上的珍珠"、华尔街的宠儿，却被自建的高墙困住。

时机在企业创建中的作用往往容易被忽视，但它却是决定企业是否成功的第一大因素。我们通过柯达和诺基亚这两大企业的兴衰作为案例进行分析，其目的在于说明时机的重要性。要想企业逃离生老病死的规律，始终站在历史舞台上，就必须拥抱时代的变化，抓住时机才有可能。

资料来源：[1] 佚名. 诺基亚品牌兴衰小史 [J]. 市场观察，2011（8）：34. [2] 佚名. 诺基亚兴衰史 [J]. 经营与管理，2014（2）：7.

第2章 创业时机的识别与评估

学习目标

通过本章学习，学生能认识到创业时机在整个创业过程中的重要性，明确创业时机的来源与分类，重点掌握识别和评价创业时机的技巧和方法，学会合理把握创业时机。

2.1 创业时机的重要性

时机是决定创业成功与否的最关键因素，正确理解时机的重要性是创业过程中不可或缺的一步。创业时机通常基于一系列内外部因素的综合考量，创业者应该借助有利时机来开创自己的事业。选择正确的时机，可以获得市场份额、获得资源支持、降低竞争压力，并且为创业者的个人成长和发展提供良好的平台。

2.1.1 什么是创业时机

在整个创业过程中，创业时机是决定创业成功与否的最关键因素。创业时机在通常意义上是指创业者识别出的并决定把握的，有利于创业项目启动、发展或取得成功的特定时间点或时间段。来自经济学、管理学等不同领域的学者从不同角度对创业时机进行了阐述。著名经济学家约瑟夫·熊彼特（Joseph Schumpeter）从创新视角出发，认为创业时机是创业者将资源创造性地结合起来从而实现价值传递的一种可能性。[①]他强调创业机会的创新性，即创业者通过引入新产品、新服务、新材料或新的组织方式，来满足市场需求并创造价值。伊斯雷尔·柯兹纳（Israel M. Kirzner）则认为，创业机会是市场中未被充分满足的需求。[②]他强调创业者需要具备敏锐的洞察力，去发现那些被市场忽略或未被充分利用的商机，并通过创新的方式来满足这些需求。还有一些学者则进一步指出，创业机会是在未来情境下，创业者利用市场的不完善性来追逐利益的一种可能

---

① 熊彼特. 经济发展理论［M］. 孔伟艳，朱攀峰，娄季芳，译. 北京：北京出版社，2008.
② 柯兹纳. 竞争与企业家精神［M］. 刘业进，译. 杭州：浙江大学出版社，2013.

性。这包括两种情况：一种是创业者通过创新来为市场提供不断创新的产品服务、原材料或组织方式；另一种是在未饱和市场中提供模仿性的产品服务、原材料或组织方式。

不同领域的学者对创业时机的定义各有侧重，但相互补充，均强调了创新性、市场需求满足、经济价值以及创业者的能力等因素。这些因素共同构成了判断一个创业时机是否合适的重要标准。

2.1.2 创业时机的性质

1）普遍性

创业时机普遍存在于各种市场环境和经营过程之中。只要有市场、有经营活动的地方，都客观存在创业时机。这种普遍性使得创业者能够在不同领域、不同行业寻找和把握适合自己的创业机会。

2）偶然性

创业时机的出现往往带有一定的偶然性。它可能源于市场需求的变化、技术的突破、政策的调整等多种因素。这种偶然性要求创业者保持敏锐的市场洞察力和高度的警觉性，能够随时捕捉到潜在的创业机会。

3）消逝性

创业时机存在于一定的时空范围之内，具有明显的消逝性。一旦错过最佳时机，创业机会就可能转瞬即逝。这要求创业者迅速行动，在有限的时间内作出决策并付诸实施，以免错失良机。

4）风险性

创业时机往往伴随着一定的风险。这些风险可能来源于市场竞争、技术难题、资金短缺等多个方面。创业者需要对潜在的风险进行全面的评估和分析，并制定相应的风险应对措施，以降低创业失败的风险。

5）动态性

创业时机是不断变化的。随着市场环境、技术条件、政策法规等因素的变化，原本看似不利的时机也可能转变为有利的时机。因此，创业者需要保持对外部环境的敏感性和适应性，随时调整自己的创业策略和方向。

6）匹配性

创业时机需要与创业者的资源、能力、经验等方面具有良好的匹配性。只有当创业者能够充分利用自身的优势资源、发挥自身的能力并总结成功和失败的经验时，才能更好地把握创业时机并取得成功。

这些特征要求创业者在寻找和把握创业时机时，具备敏锐的洞察力、高度的警觉性、快速的行动力、全面的风险评估能力、良好的适应性和匹配性等多方面的素质和能力。

2.1.3   创业时机的特征

杰弗里·蒂蒙斯（Jeffry A. Timmons）作为创业学领域的先驱，对于创业时机的特征有着深入的理解。他提出的创业时机特征主要包括如下几个方面：①

1）吸引顾客

一个优秀的创业机会首先应当吸引顾客。这意味着该机会所对应的产品或服务具有独特的价值主张，能够满足消费者的某种需求或解决某个问题，从而激发消费者的购买欲望。

2）商业可行性

创业机会还必须在商业环境中行得通。这包括对市场环境的充分分析，如市场规模、增长潜力、竞争格局等，以及对商业模式、盈利模式、成本控制等方面的可行性评估。只有当创业机会能够在商业上实现盈利并持续运营时，才具备实施的价值。

3）时机之窗

创业机会还必须在"机会之窗"存在的期间被实施。机会之窗指的是商业想法被推广到市场上所花费的时间，也就是从识别机会到实际行动的最佳时间段。在这段时间里，市场环境、技术条件、消费者需求等因素都处于较为有利的状态，有利于创业项目的成功。一旦错过这个时机，市场可能已经发生变化，创业机会也将失去其原有的价值。

4）资源与技能支持

创业者还需要评估自身是否具备实施该创业机会所需的资源和技能。这包括人力、财力、物力、信息、时间等方面的资源，以及技术、管理、市场等方面的技能。只有当创业者能够充分利用自身的资源和技能，或者通过合作、融资等方式获得必要的支持时，才能有效地把握创业时机。

2.2   创业时机的分类

创业时机也被视为商业时机或市场机会，作为创业领域的核心，创业时机一直都是学者和创业者们关心的重点，而创业时机的分类并不是一个固定或标准化的概念，因为创业时机的选择往往受多种因素的影响，包括市场需求型机会、技术发展创新型机会及其他类型机会等。我们可从以下几个角度来探讨和归纳创业时机的分类。

2.2.1   市场需求型机会

1）新兴市场需求

新兴市场需求是指随着技术进步、社会变迁或消费者偏好的变化而新出现的需求领

---

① 蒂蒙斯. 战略与商业机会［M］. 周伟民，译. 北京：华夏出版社，2002.

域。这些需求往往具有前瞻性、创新性和高增长潜力。

当某个新兴市场需求初现端倪时，创业者应敏锐地捕捉到这一变化，迅速评估其可行性和市场规模，抓住先入的优势，并迅速投入资源进行产品研发和市场推广。通过提供独特的产品或服务来满足市场需求，从而开辟新的市场空间，抢占市场先机。例如，随着互联网的普及和移动设备的广泛应用，电子商务、在线教育、远程办公等新兴市场需求迅速崛起，为众多创业者提供了广阔的发展空间。

2）市场需求升级

在某些情况下，市场需求会发生结构性的变化，消费者对现有产品或服务的需求会从基本满足向获得更高层次、更高品质体验转变。这种变化通常伴随着消费者收入水平的提高和消费观念的升级。

在消费者需求升级换代的背景下，创业者应关注消费者需求的变化趋势，通过技术创新、品质提升或服务优化等方式来满足消费者更高层次的需求。例如，在汽车行业，随着消费者对环保、智能和安全性的要求不断提高，新能源汽车、智能驾驶等成为新的创业热点。

3）市场需求缺口

需求缺口填补是指市场上存在但尚未被充分满足的需求领域。这些需求可能由于技术限制、信息不对称或市场空白等原因而未被现有企业所覆盖。

当发现市场上的需求缺口时，创业者可以通过提供针对性的产品或服务来填补这一空白。这种创业方式通常具有较低的进入壁垒和较高的市场潜力。例如，在偏远地区或特定人群中，可能存在对特定商品或服务的迫切需求，创业者可以通过建立供应链、提供定制化服务等方式来满足这些需求。

4）市场需求细分

市场需求细分是指将整体市场划分为具有不同需求特征的细分市场的过程。这种划分有助于企业更精准地定位目标客户群体，并制定相应的营销策略。

在市场需求细分的背景下，创业者可以针对特定细分市场进行深入研究，了解该市场的独特需求和消费习惯，从而开发出更具针对性的产品或服务。例如，在美妆行业，针对不同肤质、年龄和性别的消费者群体，可以推出差异化的护肤和彩妆产品。

5）市场需求复苏

市场需求复苏是指在经济周期波动或行业调整过程中，某些曾经低迷的市场需求重新焕发生机的现象。这种复苏可能源于经济环境的改善、政策支持力度的加强或消费者信心的恢复。

当市场需求出现复苏迹象时，创业者应迅速调整战略方向，抓住市场回暖的机遇。通过优化产品结构、提升服务质量或拓展市场渠道等方式，来抢占市场份额并实现快速增长。例如，旅游行业在受到疫情冲击后，随着疫情得到控制，旅游市场需求逐渐复苏，为旅游相关行业的创业者带来了新的机遇。

6）市场需求融合

市场需求融合是指不同领域或行业之间的市场需求相互渗透、相互融合的现象。这种融合可能源于技术进步、消费者需求的变化或市场环境的变迁。

在市场需求融合的背景下，创业者应关注不同领域或行业之间的交叉点和创新点，通过跨界合作或创新整合等方式来满足消费者多元化的需求。例如，医疗健康领域与信息技术的融合诞生了远程医疗、智能穿戴设备等新兴业态；文化与科技的融合则催生了数字文化、虚拟现实等新兴领域。这些领域的融合为创业者提供了丰富的创业机会和创新空间。

综上，创业时机基于市场需求变化的分类涵盖了新兴市场需求、需求升级换代、需求缺口填补、市场需求细分、市场需求复苏以及市场需求融合等多个方面。创业者应密切关注市场需求的变化趋势，灵活调整战略方向，以抓住市场机遇并实现企业的快速发展。

2.2.2　技术创新型机会

1）突破型创新

突破型创新是指那些能够颠覆现有行业格局、创造全新市场或彻底改变产品性能与功能的技术创新。这类创新通常出现在技术前沿领域，并往往伴随着高风险与高回报，能够开辟出全新的商业领域。当这些领域出现重大技术突破时，是创业者进入并抢占市场的最佳时机。创业者可以基于新技术开发新产品或服务，如人工智能、大数据、区块链等新兴技术的快速发展为众多智能家居、金融科技等领域的创业公司提供了技术支撑和市场空间。

值得注意的是，虽然突破型创新为创业者提供了前所未有的市场机遇，但是这种类型的创新适用于具备较强研发实力和创新能力的高科技企业。创业者需要具备丰富的专业知识、敏锐的市场洞察力和足够的资金支持，以应对高风险和高投入的挑战。创业者需要注重研发投入和人才培养，建立完善的创新体系，确保技术创新的持续性和竞争力。

2）改进型创新

改进型创新是在现有技术或产品基础上进行的局部优化与改进，旨在提升服务或产品性能、降低成本或增强用户体验。此类型的创新广泛存在于各个行业，尤其是在传统产业转型升级的过程中，当企业发现现有技术存在不足或市场需求发生变化时，是开展技术改进型创新的良好时机。

在成熟行业中，随着市场竞争的加剧和消费者需求的多样化，改进型创新成为创业者寻找差异化竞争优势的重要途径。当市场上存在大量同质化产品时，通过技术创新对产品进行微创新或迭代升级，可以满足消费者的细分需求，从而创造出新的市场机会。

3）模仿型创新

模仿型创新作为一种重要且实用的策略，为众多企业提供了快速进入市场、缩短与领先者差距的有效途径。模仿型创新并不意味着简单的复制粘贴，而是在深入分析和理解现有先进技术或成功商业模式的基础上，进行适应性改进和创新，以满足市场需求或创造新的竞争优势。此类型的创新适用于技术实力相对较弱的企业。当市场上出现具有竞争力的产品或服务时，企业可以通过模仿创新快速跟进并提升自身实力。

比如在产品创新中，创业者可以通过借鉴市场上成功产品的设计理念、功能特性或外观形态，结合本地市场需求和自身技术优势，进行差异化产品开发，推出具有竞争力的新产品。这种创新方式能够有效降低研发风险和市场接受的不确定性，同时快速响应市场变化。创业者需要注重技术引进和消化吸收过程中的知识产权保护问题，避免侵犯他人专利权等法律风险。同时，创业者应积极探索与高校、科研机构等合作伙伴的产权共享和利益分配机制，推动技术成果的转化和应用。

4）融合型创新

融合型创新通过整合不同领域、不同行业的技术、资源、商业模式等要素，使各要素之间互补匹配，从而使技术创新产品的整体功能发生质的飞跃，形成独特的不可复制、不可超越的创新能力和核心竞争力。在创业领域，融合型创新作为一种新兴且强大的驱动力，正引领着众多企业突破传统边界，探索新领域，开辟新市场。

比如将电池技术、驱动电机技术、智能控制技术等不同领域的技术进行融合创新，成功推动了新能源汽车产业的发展。新能源汽车不仅满足了环保节能的需求，还带来了全新的驾驶体验和商业模式创新。融合型技术创新涉及多个领域的技术和知识，要求创业者具备跨领域的学习能力和资源整合能力。

创业时机按技术创新的分类可以从不同角度为创业者提供有益的参考和指导。创业者应根据自身条件和市场环境选择适合的技术创新类型和时机进入市场以取得成功。企业或个人在进行技术创新时也要考虑绿色创新。在全球环保意识不断提升的21世纪，通过研发环保技术、推广绿色产品，创业者不仅可以满足消费者对环保产品的需求，还能够减少环境负担、提高资源利用效率，在激烈的市场竞争中树立企业的绿色形象，实现可持续发展。

2.2.3 其他类型

1）政策驱动型机会

政府为了促进经济发展或解决特定社会问题，会出台一系列鼓励创业的政策措施，为创业者提供了有利的外部条件，降低了创业成本和风险。例如，国家对高新技术企业、小微企业等的税收减免、资金扶持等政策，以及对创新创业园区的建设和发展支持，都为创业者提供了良好的创业时机。

2）环境变化型机会

社会环境、经济环境或文化环境的变化，或当某个行业面临变革或转型时，能够为创业者提供新的创业机会。例如，人口老龄化趋势带来了养老服务市场的增长；随着城市化进程的加快和消费的升级，消费者对休闲娱乐、文化体验等方面的需求不断增加，为文化娱乐、旅游休闲等行业的创业者提供了广阔的市场空间。

3）产业链延伸型机会

产业链延伸是指将一条既已存在的产业链尽可能地向上下游拓展延伸，或者通过跨领域整合形成新的产业链环节。这种延伸可以基于技术、市场、资源等多方面的考量，旨在增强产业链的整体竞争力和附加值。这种机会可能来自产业链上下游之间的协同效应、资源整合或产业升级等方面。向上游环节拓展，如原材料供应、技术研发等；向下游环节拓展，如市场、品牌建设、售后服务等。创业者可以通过对产业链的深入分析和理解，发现潜在的创业机会。

2.3 创业时机的来源

市场稳步运行之际，创业时机难觅其踪，因为机遇往往孕育于变化之中。唯有稳定状态被打破，方出现创业所需的"契机"。著名管理学家德鲁克提出了创业时机的七个主要来源。①

2.3.1 意外事件

意外事件通常包括意外的成功、意外的失败以及意外的外部事件。例如，自然灾害、技术突破、政治动荡等都属于意外事件的范畴。这些事件具有突发性和不可预测性，但它们往往能够引发一系列连锁反应，为企业带来创新的契机。德鲁克认为这是最容易利用、成本最低的创业时机。

很多意外事件往往能够打破常规，改变原有的市场格局和商业模式，为企业创造新的市场空间和竞争优势。例如，互联网的出现彻底改变了人们的交流和信息获取方式，也为无数企业创造了新的商业机会。一些意外事件也能揭示出市场中的潜在需求，如果能够敏锐地捕捉到这些需求，就有可能开发出新的产品或服务。例如，万豪酒店最初做餐饮连锁店时，发现开在华盛顿州的一家分店异常火爆，原因是这家餐厅恰巧开在了机场对面，而当时飞机上并不提供餐饮服务，很多乘客便来购买快餐带上飞机。万豪酒店因此意外发现了新机会，开始与航空公司合作，并成功转型为航空餐厅的服务商。

意外事件可遇不可求，作为创业者，需要保持敏锐的观察力，时刻关注外部环境的变化和行业动态的发展趋势，深入分析原因并灵活应对挑战，以便及时发现和利用这些意外事件带来的商机。

2.3.2 不协调现象

不协调现象是管理学中的一个重要概念，是指现状与事实"理应如此"之间，或客观现实与个人主观想象之间的差异。这种差异可能源于我们对事物的认知偏差、外部环境的变化、内部管理的失效等多种因素。不协调现象在创业市场中可以表现为多种形

---

① 德鲁克. 创新与企业家精神［M］. 魏江，陈侠飞，译. 北京：机械工业出版社，2023.

式，如供需失衡、技术与需求脱节、管理制度与市场环境不符等。这些现象反映了现状与理想状态之间的差距，这种不一致性往往蕴藏着巨大的变革潜力和创新空间，提供了创业的可能性和动力。德鲁克认为不协调现象是创业机会的重要来源之一。

以集装箱的发明为例，在 20 世纪 50 年代之前，航运业一直致力于降低航运途中的成本，大多数公司都认为只有拥有优秀船员和好货船，才可以提高航运销量，但成本仍居高不下。后来人们才发现，轮船在港口闲置、等待装货再卸货的时间成本才是影响航运成本的最主要原因。于是，集装箱这种新的运输方式的出现，解决了航运成本与航运效率之间不协调的问题，使得航运总成本大幅下降，航运业也因此焕发了新的生机。

因此，在创业过程中，面临市场、技术和内部管理等方面的不协调现象时，我们应该将其视为一种信号，及时重新审视和调整策略，并将其视为新的机遇，通过持续的创新和改进，不断提升自身的竞争力和市场地位。

2.3.3　流程需求

流程需求主要关注的是企业内部的具体运营过程。当企业发现现有流程中存在不完善、效率低下或无法满足客户需求等问题时，就会产生优化或创新流程的需求。这些需求可能涉及生产、物流、销售、客户服务等多个环节。

比如，巴西的阿苏尔航空公司机票价格很低，但乘客却不多。后来该公司发现，这是因为乘客到机场很不方便，坐出租车很昂贵，而坐公交车或者地铁出行又没有合适的线路。也就是说，"从家到机场"是顾客出行流程的一部分，但没有得到有效的满足。于是，阿苏尔航空公司开通了到机场的免费大巴，生意一下就好了，成为巴西成长最快的航空公司。

我们可以通过深入分析现有流程、收集用户反馈意见和观察行业趋势等方法来识别流程需求，重点寻找流程中的薄弱环节，并通过流程优化、技术创新和组织变革等途径来满足这些需求。

2.3.4　产业和市场结构变化

产业和市场结构变化是常态化的现象，它们受到多种因素的影响，包括技术进步、消费者需求变化、政策调整等。这些变化可能导致市场细分、产业重组、竞争格局重构等结果，从而为企业创造新的市场机会。

判断产业或市场结构变化可以依靠以下四个指标：

第一，快速增长的产业。当某个产业的增长速度明显高于经济或人口的增长速度时，可以预测产业结构将会发生重大的变化。例如，20 世纪初汽车工业的快速增长，为后来的汽车生产商提供了巨大的创新空间。

第二，产量迅速增加。当某个产业的产量迅速增加到过去的两倍时，说明之前的认知方式和服务市场的方式有可能不再合时宜。这种变化可能源于顾客偏好和价值期望的变化，导致新的市场细分和机会出现。

第三，科技整合。原本被视为彼此独立的科技整合在一起，形成了一个新的企业或行业。这种整合不仅拓展了市场领域，也为创业者提供了新的商业模式和创新方向。

第四，运营方式改变。如果一个产业的运营方式正在发生迅速改变，那么意味着该产业在基本结构上的变化时机也已经成熟。例如，医生从独自行医到加入健康维护组织或医院团体行医的转变，就为医疗服务行业的创业者提供了新的服务模式和商业模式。

2.3.5　人口统计特征变化

人口统计特征通常包括人口数量、人口规模、年龄结构、人口组合、就业情况、受教育状况以及收入情况等，这些变化能够揭示社会需求、市场趋势和潜在机会，为创业者提供宝贵的洞见和指引。

人口统计特征的变化能够揭示社会中的需求和问题。例如，随着我国老龄化趋势的加剧，养老服务便成为一个巨大的市场。创业者可以针对老年人的需求开发各种养老服务产品，如智能养老设备、居家养老服务、老年旅游等。人口统计特征的变化也有助于创业者进行市场细分和目标定位。通过对不同年龄、性别、收入等群体的分析，创业者可以更准确地了解目标市场的需求和偏好，从而制定更有针对性的产品营销策略和规划。人口统计特征的变化更能够预示市场趋势和容量。例如，随着年轻人口比例的提高，他们对科技、娱乐、时尚等领域的消费能力将逐渐增强，这为相关行业的创业者提供了广阔的发展空间。

2.3.6　认知的变化

顾名思义，认知变化是指人们对某一事物、现象或观念的看法和理解发生了转变。这种变化可能源于科技进步、社会变迁、文化演进等多种因素，导致人们对事物的意义、价值有了新的认识。

当人们的认知发生变化时，他们的需求也会随之调整。这种需求的变化为创业者提供了开发新产品、新服务的机会。例如，随着人们对健康饮食的日益重视，健康食品、有机食品等市场需求快速增长，为相关行业的创业者带来了巨大商机。认知变化还可能促使传统商业模式的变革和创新。当人们对某一行业的认知发生改变时，传统的商业模式可能不再适应新的市场环境，需要创业者通过创新思维来探索新的商业模式。这种创新可能涉及产品交付方式、客户关系管理、营销策略等多个方面。随着认知的拓展和深化，一些原本未被重视或未被发现的新兴领域可能逐渐涌现出来。这些新兴领域往往蕴含着巨大的市场潜力和创业机会。例如，随着人们对环保和可持续发展的日益重视，环保技术、绿色能源等新兴领域迎来了快速发展期。

2.3.7　新知识的产生

新知识通常指的是在科学、技术、管理、市场等领域中新出现或新发现的信息、理论、方法或技能。这些新知识来源广泛，可能来自科学研究的新成果、技术创新的突破、市场趋势的变化、消费者行为的分析等多个方面。

新知识的出现往往伴随着技术的革新，从而引发不同领域和行业技术的融合创新，产生大量的创业机会。5G技术的商用部署极大地推动了数字娱乐与媒体行业的变革。高速度、低延迟、大容量的5G网络为高清视频、虚拟现实（VR）、增强现实（AR）等应用提供了强有力的支持。这些技术的发展不仅丰富了用户的娱乐体验，也为创业者提供了创新内容的制作、分发和盈利模式。例如，基于 5G 的云游戏、VR 直播等新兴业态正逐渐兴起，为创业者提供了新的创业方向。

2.4 创业时机的识别

识别创业时机是创业过程的起点，这是一个反复权衡机会价值的过程。在这个过程中，创业者也会受到不同因素的影响。对于创业者而言，掌握创业时机的基本特征，培养对创业时机识别的技能，是走好创业之路的第一步。

2.4.1 影响时机识别的因素

1）创业者的个人因素

时机的客观性与创业者的个人特性可谓是相辅相成，从一定程度上看，创业时机的识别具有较强的主观性。面对同一机会，不同的创业者会作出不同的判断，以下因素导致一些人更善于识别出有价值的创业时机。

（1）创业愿望与动机

创业者首先要有一个强烈的创业愿望，这是创业的原动力。强烈的创业愿望能够促使创业者更积极地寻找和识别市场机会。

创业者的动机也会影响其对创业时机的敏感度和识别能力。例如，有些创业者可能因为追求自由、挑战自我或实现个人价值而选择创业，这种内在驱动力会增强他们识别创业时机的能力。

（2）认知能力与经验

创业者的认知能力，包括洞察能力、信息获取与市场分析能力等，对创业时机的识别至关重要。这些能力使创业者能够敏锐地捕捉到市场变化、技术进展或政策导向中的潜在机会，准确地评估创业项目的可行性和前景。

而认知能力在很大程度上基于先前经验所得。在之前所从事的行业中，创业者的经历越是丰富、知识储备量越多，则越能够深入地了解行业规律、市场需求和竞争格局，从而更容易发现并利用创业机会。成功经验越多，创业者的心态越积极，敢想敢做，更能识别选择到适合自己的创业机会。反之，若失败经验过多，创业者面对相同的条件时可能比较消极，难以作为。这类创业者更适合加入一些正在起步的创业团队，提供一些提前规避风险的方法。

（3）创造思维

创业的本质就是创造。创造思维使创业者能够跳出传统框架，突破常规思维，提出新颖、独特、有效的解决方案。通过创造性思维，创业者能够将现有的资源、技术和知识重新组合，创造出具有独特价值的产品、服务或商业模式，从新的角度审视市场和行业问题，从而识别隐藏的创业机会。

创造思维虽然有明显的个体差异性，但可以培养和提升。创业者不断学习新知识、新技术和新思维方法，积累丰富的知识储备，有助于拓宽视野，激发创新思维。创业者可通过参与实践活动、解决实际问题来锻炼自己的创造能力，实践是检验创造思维的最好方式。同时，要保持对未知事物的好奇心和求知欲，激发探索精神和创新动力。

2）社会关系与资源

社会关系承载着有价值的创业信息和资源，深刻影响着创业者对创业时机的识别。

社会关系包括建立在家人或亲密朋友之间的强关系，也包括同事、一般朋友之间的弱关系。研究显示，强关系中的信任基础为创业者提供了稳定的情感支持和资源保障，有利于降低创业风险。但是，由于强关系中的成员具有相似价值观和成长环境，往往不利于创造思维的产生和资源的整合利用。而弱关系中的个体通常具有不同的背景和经历，连接着不同的社交圈子和行业领域，因此拥有不同的资源和能力，也能够为创业者带来更为广泛和多样化的信息，创业者因此拓宽视野，并发现潜在的创业机会。

创业者应该积极建立和维护多元化的社交网络，以便及时获得更多市场情报，得到丰富的资金资源、人才资源和技术资源。同时，创业者还应该注重培养自己的沟通能力和人际关系管理能力，以便在社会关系中建立起信任基础，在识别创业时机后更快地获得合作伙伴、投资者和消费者的认可和支持。

2.4.2 创业时机识别的原则

创业时机识别的原则涉及多个方面，这些原则有助于创业者更准确地判断何时是进入市场或启动项目的最佳时机。

1）市场需求原则

市场需求是创业成功的基石。创业者应关注市场需求的迫切程度，即潜在客户对产品或服务的渴求度。当市场需求即将大幅增长或存在明显未被满足的需求时，往往是进入市场的最佳时机。没有足够的需求，即使产品或服务再好也难以持久。创业者通过市场调研、用户访谈等方式，深入了解目标市场的需求和痛点，可确保产品或服务精准对接市场需求。

2）盈利性原则

盈利是创业的最终目的。创业者应关注创业项目的盈利潜力和商业模式，确保项目能够在未来实现盈利。在创业初期，创业者就应对项目的盈利模式进行深入研究，制订可行的盈利计划，评估创业项目的盈利潜力和回报周期，确保项目能够在合理的时间内实现盈利，并为企业带来持续的经济增长。

3）资源与能力匹配原则

创业机会的成功实现往往依赖资源的有效匹配。创业者应评估自身资源（如资金、技术、人才、经验等）和能力（如管理能力、市场营销能力等）与创业机会之间的匹配程度。只有当资源和能力能够满足机会的需求时，创业项目才更有可能成功。确保创业者具备足够的资源和能力来实施和推动项目。

4）可持续性原则

创业者考虑创业项目的可持续性，包括项目的长期发展潜力、市场前景、竞争态势等因素，以及业务模式、盈利模式等方面的可持续性，确保项目在未来能够持续产生价值并保持良好的发展势头。

5）系统性原则

创业时机识别是一个系统工程，创业者要从整体和全局的角度出发，综合考虑各种因素之间的相互关系和影响。创业者应建立系统的分析框架，收集和分析市场信息、技术动态、政策法规等方面的数据，对创业机会进行全面、客观的评估。创业者应制订详细的创业计划，明确目标、策略、步骤和风险评估等内容，确保创业活动的有序进行。

2.4.3　创业时机识别的技巧

优秀创业者的可贵之处在于发现其他人看不到的机会并迅速行动。很多人认为识别创业机会靠的是个人天赋，难以学习和模仿，但一些技巧往往能为识别创业时机提供思路和指导。

1）调查

调查是获取市场信息最直观、最真实的渠道，很多具有潜力的创业时机都蕴藏在市场规律中。

（1）问卷调查

问卷调查在设计上要明确目标人群，内容应涵盖消费者偏好、购买意愿、支付能力等多个方面，形式上可以通过线上小程序、打电话，或线下直接分发问卷等方式进行，收集潜在客户信息。

（2）访谈调研

访谈调研是指与现有客户、潜在客户、行业专家等进行面对面或电话访谈。访谈过程中创业者要注意倾听和记录，记录过程要理性、客观，以便后续分析。

（3）观察法

观察法是指创业者亲自到目标市场进行实地考察，观察消费者的购买行为、产品使用情况等，通过观察法收集信息得到的结果更为直接有效。比如，创业者想要了解某商品的两种容量设计哪一种更受消费者青睐时，可将其同时安排在货架上销售，观察顾客行为。这种方法往往能够直接获取一手资料，为创业决策提供有力支持。

（4）数据查询

创业者通过查询政府统计数据、行业协会数据、市场研究机构数据等公开数据源，或购买专业的行业研究报告，分析市场状况和需求变化。这些数据可以为创业者提供客观、全面的市场视图。通过大数据分析技术，创业者可对社交媒体、电商平台等海量数据进行挖掘和分析，发现潜在的市场需求和消费者行为模式。

2）系统分析

系统分析是一种全面且深入的科学研究方法，具有全面性和前瞻性，创业者可从宏观环境和微观环境的变化中获取创业时机。

（1）宏观环境分析（政治、经济、技术、人口）

创业者应分析政策导向、法律法规等政治因素对创业项目的影响；评估经济增长率、通货膨胀率、失业率等宏观经济指标，以及目标市场的经济状况和消费者购买力；分析新技术的发展动态、技术成熟度、技术壁垒等，以判断技术发展趋势对创业项目的潜在影响；研究人口统计资料的变化趋势，如人口结构、教育水平、消费习惯等，以及社会文化对创业项目的影响。

（2）微观环境分析（行业、竞争对手）

创业者应了解行业所处的阶段（初创期、发展期、成熟期、衰退期），选择处于成长期或尚未进入衰退期的行业进行创业。分析竞争对手的市场份额、产品特点、营销策略等，识别市场空白点和差异化优势，评估市场潜力。

3）要素匹配

创业者如果发现有价值的商机，还需要分析各种要素之间的匹配程度，以此来识别某种创业机会是否适合自己。这主要包括市场需求与创业机会的匹配、创业实施与资源能力的匹配。

在要素匹配中，首要的便是市场需求与创业机会的匹配，我们反复强调市场需求，没有市场需求谈何创业，这也是识别创业时机的最主要原则。一定要确保所识别的创业机会能够精准地解决市场需求中的痛点或空白点，从而形成有价值的商业模式。

我们所拥有的资源能力包括但不限于技术实力、团队能力和财务资源。评估自身的技术研发能力、产品创新能力等，确保在竞争中拥有技术优势；分析团队成员的专业背景、经验和专长等，确保团队成员具备团队协作能力和实现创业目标所需的综合素质；拥有充分的预算，提早评估出所需要的初始投资、运营成本、资金流动性等财务状况，考虑财务资源能否支持项目的长期发展。保证自身拥有的资源和能力能平稳实施创业计划，既不过度依赖外部资源，也不过度超出团队的实际能力范围。

4）陷阱识别

马克·吐温在回顾自己创业失败的经历时说："我极少能够发现机会，往往在我发现的时候，它已经不是机会了。"而及早发现"不是机会"的本领对创业者十分重要，机会与陷阱之间往往只有一步之遥。

识别创业时机切不可盲目，在发现一个看起来很合适的商机后，多进行一些反向思考。想想所要进行的创业项目所在的行业是否有实力雄厚、占绝对优势的行业领袖存在，如果有，他们为什么不做该项目？是他们认为"盘子"太小，不值得做，还是项目太麻烦，不容易做，再或者没有发现其中的价值。

2.5　创业时机的评价

尽管发现了合适的创业机会，也并不代表一定能进行创业活动。在利用创业时机之前，创业者需要对创业机会进行合理筛选，降低失败风险，科学地分析与评价后再作决定。

2.5.1　评价方法

1）定性评价

（1）蒂蒙斯的创业时机的评价指标体系

蒂蒙斯提出的创业时机的评价指标体系是一套全面且系统的框架，用于评估创业机会的可行性和价值性，是目前较为全面的代表性评价体系。[①]该体系几乎涵盖其他理论所涉及的有关内容，包括行业和市场、经济因素、收获条件、竞争优势、管理团队、致命缺陷问题、个人标准以及理想与现实的战略差异八大类，共计53项具体指标。表2-1是对这八大类评价指标的归纳。

该评价体系主要适用于具有行业经验的投资人或资深创业者对创业企业的整体评价。评价时，评价者需要运用创业机会评价的定性与定量方法，通过对每个指标的详细分析，得出创业机会的可行性及不同创业机会间的优劣排序。在实际运用过程中，该指标体系可作为参考选项库，结合使用对象、创业机会所属行业特征及机会自身属性等进行重新分类、梳理简化，以提高使用效能。

蒂蒙斯提出的创业时机评价指标体系为创业者和投资人提供了一个全面、系统的评估框架，有助于更科学、理性地评价创业机会的可行性和价值性。然而，该评价体系存在一定的局限性。首先，评价主体要求较高，要求使用者具备敏锐的创业嗅觉、清晰的商业认知、丰富的管理经验和系统的行业信息。其次，评价维度交叉重叠，可能影响评价效果。最后，该体系定性与定量混合，使用时较难做到对每个方面指标进行准确量化并设置科学权重。因此，在实际应用中，还需根据具体情况进行灵活调整和优化。

（2）斯蒂文森的创业时机评价方法

斯蒂文森提出评价创业时机主要考虑以下五个方面：

第一，机会的大小与成长性。首先考虑创业机会的市场规模和潜力，以及它随时间成长的速度和趋势。这有助于评估机会的市场吸引力和长期发展的可能性。

第二，收益与投资回报。分析创业机会的预期利润和投资回报率，确保它能够弥补资本、时间和机会成本的投资，并带来令人满意的收益。

第三，市场适应性与竞争优势。考虑创业机会在市场竞争中的独特性和适应性，确保它能够在竞争激烈的市场环境中脱颖而出，并保持持久的竞争优势。

---

① 蒂蒙斯，斯皮内利．创业学——21世纪的创业精神［M］．英文版．北京：人民邮电出版社，2014.

表2-1　　　　　　　　　　　　　对八大类评价指标的归纳

行业和市场	行业吸引力	包括市场规模、市场增长率、市场竞争程度等
	市场需求	产品或服务是否能满足市场需求，用户是否愿意为此付费
	市场趋势	市场未来的发展方向和潜力
经济因素	财务指标	如盈亏平衡点、投资回报率、现金流等
	资金需求	项目对资金的需求程度及融资能力
	成本控制	固定成本和可变成本的控制能力
收获条件	附加价值	项目带来的附加价值及其战略意义
	退出机制	项目是否存在已有的或可预见的退出方式
	资本市场环境	资本市场对项目的接受程度和融资环境
竞争优势	成本优势	固定成本和可变成本低，成本控制能力强
	专利保护	项目是否已取得或能够取得对专利的所有权保护
	网络关系	项目是否拥有发展良好的网络关系，易于取得合作协议
管理团队	团队能力	团队成员的能力和经验水平，特别是行业和技术经验
	团队结构	团队的构成和协作能力
	道德水平	管理团队的道德水准和职业操守
致命缺陷问题	法律法规	项目是否存在违反法律法规的风险
	技术缺陷	项目是否具备实现项目所需的关键技术
	资源匹配	创业者是否拥有与该创业机会匹配的基本资源
个人标准	个人目标	创业者的个人目标是否与创业活动相符
	风险承受力	创业者是否能在有限风险下实现成功
	生活方式	创业者是否渴望创业这种生活方式，而不只是为了赚钱
理想与现实的战略差异	战略吻合度	理想和现实情况的吻合程度
	适应能力	团队是否具备灵活的适应能力，能快速进行取舍
	市场定位	项目所采取的技术和市场定位是否具有前瞻性

第四，创业者与机会的匹配度。评估创业者是否具备成功实施该创业机会所需的知识、技能、经验和资源，以确保机会与创业者之间的相互匹配和协同作用。

第五，潜在障碍与应对策略。识别并评估可能阻碍创业成功的潜在障碍和挑战，并制定相应的策略和预案，以降低创业过程中的风险和不确定性。

这些问题共同构成了斯蒂文森提出的评价创业时机的综合框架，帮助创业者和投资者在决策过程中既全面系统又有重点地考虑各种因素，从而作出更加明智和合理的选择。

（3）斯卡泊莱和齐曼拉的创业机会评价流程

诺曼·斯卡泊莱（Norman M. Scarborough）和托马斯·齐曼拉（Tomas W. Zimmerer）提出的创业评价方法条理清晰，更具科学性和可控性。该评价方法的步骤如下：[①]

第一，判断价值创造。首先评估产品或服务如何为顾客创造价值，包括识别潜在的市场需求以及产品或服务如何满足这些需求。

第二，分析市场风险。接着分析在目标市场投放产品或服务时可能面临的技术风险、财务风险及竞争环境等，以评估市场接纳度和潜在挑战。

第三，评估生产能力。考虑在生产过程中是否能保证足够的生产数量和可接受的生产质量，以确保产品或服务的稳定供应和品质。

第四，估算初始投资。估算新产品或项目所需的初始投资额，并考虑合适的融资渠道，以确保资金流的充足和可持续性。

第五，风险管理规划。全面考虑可能遇到的各种风险，并制定有效的风险控制和管理策略，以降低创业过程中的不确定性和潜在损失。

总之，定性评价方法更能全面展示创业时机需要考量的各种因素，较大的企业可以对选择的创业机会进行全面评估，但对于初级创业者来说较难掌握，创业者应根据自己的实际情况灵活选用。

2）定量评价[②]

（1）标准打分矩阵法

标准打分矩阵首先选择设定一系列对创业成功有重要影响的关键因素或评价指标，如市场接受性、投资回报、追加资本的能力、成长的潜力等，然后由专家小组对每一个因素进行等级打分，最终得出对创业机会的综合评价。打分通常分为很好（3分）、好（2分）、一般（1分）3个等级。计算方法为求出每个因素在各个创业机会下的加权平均分（见表2-2，包括但不限于表中提到的因素），便于在不同的创业机会之间进行比较。

（2）普坦辛米特法

该方法通过创业者预先设定权值的选项式问卷方式，来快捷地得到创业机会成功潜力的指标。具体方式为：设定一系列与创业机会成功相关的因素和选项，不同选项的得分范围从-2分到+2分，创业者根据实际情况，为每个因素选择合适的选项，并累加所有因素的得分，最终得到一个总分。根据普坦辛米特法的评分标准，15分为基础得分，只有那些最后得分高于15分的创业机会才值得创业者进行下一步的策划和投入，低于15分的创业机会则被认为潜力较小，可能面临较大的风险，建议放弃。

例如，设定因素：税前投资回报率。选项一，大于35%，+2分；选项二，25%~35%，+1分；选项三，20%~25%，-1分；选项四，小于20%，-2分。

---

① 斯卡泊莱，齐曼拉. 小企业的有效管理：创业实务［M］. 楼尊，译. 北京：清华大学出版社，2006.

② 刘沁玲，陈文华. 创业学［M］. 2版. 北京：北京大学出版社，2019.

表2-2　　　　　　　　　　　　每个因素在各个创业机会下的加权平均分

参考标准	评分			
	很好（3分）	好（2分）	一般（1分）	加权平均分
市场接受性				
追加资本的能力				
投资回报				
易操作性				
质量和易维护性				
专利权状况				
市场大小				
制造的简单性				
口碑传播潜力				
成长的潜力				

在使用普坦辛米特法时，需要注意以下几个方面：

第一，因素选择。应确保所选择的评价因素全面、客观，具有代表性。

第二，权重设定。不同因素对创业机会成功的影响程度可能不同，因此需要合理设定各因素的权重。

第三，主观性。普坦辛米特法虽然是一种量化评估方法，但在实际应用中仍存在一定的主观性。因此，在评分过程中应尽量保持客观公正。

普坦辛米特法简便易行、量化直观。通过合理的因素选择和权重设定，以及客观公正的评分过程，创业者可以快速地对多个创业机会进行评估。

（3）西屋法

其由美国西屋电器公司制定，通过计算技术成功概率、商业成功概率、年均毛利润、投资生命周期、成本及价格等相关值，对可供选择的创业机会进行评分。计算公式如下：

机会优先级=技术成功概率×商业成功概率×年均毛利润×投资生命周期/总成本

利用此公式，将技术成功率和商业成功率以百分比表示；年均毛利润指年均销售量与单个商品的利润之积；投资生命周期指可以预期的年均销售数保持不变的年限，也就是投资回报期内的总时间；总成本包括研究、设计、制造和营销等所有环节投入的成本之和。通过计算得出每个机会的优先级来对创业机会进行评价，优先级越高，创业机会成功的概率就越高。这种方法为创业者提供了一个相对客观、可量化的评估工具。

（4）选择因素法

选择因素法是创业机会评价中常用的一种定量方法。该方法设定了11个具体的评估因素，对创业机会进行全面、深入的考察。这些因素涵盖了项目的市场潜力、成本效益、竞争优势、行业环境等多个方面，对每个问题只需要回答"是"或"否"（见表2-3）。回答完后，若结果满足7个或7个以上"是"，则该机会有较大的成功希望，值得考虑；若结果只有6个或6个以下"是"，则该机会风险较大，需要谨慎考虑。此外，如果存在"致命缺陷"（如法律法规禁止、关键技术不具备等），则应一票否决该项目。

表2-3　　　　　　　　　　　　　选择因素法评价表

选择因素	是	否
该项目机会在现阶段是否只由你一个人发现		
初始的产品生产成本是否在可接受范围内		
初始的市场开发成本是否在可接受范围内		
产品是否具有高利润回报的潜力		
产品投放市场后，达到盈亏平衡点的时间是否可预期		
潜在的市场是否足够大，是否能够支撑项目的长期发展		
产品能否成为一个高速成长的产品家族中的第一个成员		
产品是否已经拥有一些现成的初始用户		
产品是否可以预期产品的开发成本和开发周期		
项目是否处在一个成长中的行业		
投资者是否能够理解你的产品和顾客		

选择因素法为创业者提供了一种科学、具体的决策依据，非常适合个人或中小型团队创业者。

每种评价方法都有独特的评估角度和适用范围。在实际应用中，创业者可以根据具体情况选择适合的评价方法，或者将多种方法综合起来使用，以提高评价的准确性和可靠性。

由于创业活动的复杂性和不确定性，任何评价方法都无法完全准确地预测未来。因此，在评价创业时机时，还需要结合创业者的实际情况和主观判断，进行综合考量。

2.5.2　个人与创业时机的融合度

评价创业时机时，不仅要运用科学的方法客观分析，更要遵从创业者的主观意愿。因此，创业者个人与创业时机的融合度也是评价创业时机优劣的关键。

1）个人兴趣

"兴趣是最好的老师。"个人兴趣是驱动个体追求某个目标或事业的根本动力。当一个人对自己所从事的领域充满兴趣和热情时，他往往会更加专注于这一领域，对相关知识和技能的学习也更加高效。当创业方向与个人的兴趣和热情相吻合时，创业者会更愿意投入时间、精力和资源去探索和实践。这种内在的驱动力有助于在创业初期克服种种不确定性和困难，保持对事业的持久热情和坚定信念，使创业者更有韧性。志同道合的人可能成为创业者的合作伙伴、投资人或重要客户，有助于创业者构建起强大的社交网络和人脉资源。

2）机会成本

机会成本指的是为了得到某种东西而要放弃另一些东西的最大价值。在创业过程中，个人需要考虑因选择某个创业机会而放弃的其他价值。

从时间上来看，创业通常需要投入大量的时间和精力，每个人的黄金岁月大概只有30年，创业者应考虑年龄和身体条件是否适合创业，能否放弃稳定的工作、休闲时光等所带来的满足感。

除了直接的时间和经济成本外，机会成本还包括放弃的其他潜在收益。例如，如果选择创业而不是继续深造或从事其他职业，也可能错过在专业技能、职业地位或社会地位等方面的提升机会。

面对创业机会时，自己需要放弃什么？可以从中得到什么？是否得不偿失？每个创业者都应仔细思考自己所要付出的机会成本，判断是否值得自己付出。

3）风险承受度与负荷承受度

创业中充满了未知变数，风险承受度和负荷承受度直接关联到创业者是否能够在不确定的创业路途中保持稳定。风险承受度适中及负荷承受度高的创业者更能在创业机会中取得成功。

风险承受度很高或很低都不利于创业。风险承受度很高的创业者更愿意投资于高风险但潜在回报也高的创业机会，这种类型的创业者心理素质和抗压能力强，敢于冒险，有时容易因一时的冲动使企业陷入危险；而风险承受度很低的创业者则可能更倾向于选择相对稳健的创业机会，他们的决策和行动往往因过度担忧而过于保守，相对不利于创业项目的发展。

负荷承受度涉及创业者的时间管理、工作效率以及身体健康等多个方面。创业初期需要投入大量的精力，负荷承受度较高的创业者能够更好地平衡工作与生活的关系，头脑灵活，身体健康，拥有较高的工作效率。

2.6　创业要顺势而为

顺势是一种智慧、一种策略，更是一种对环境的深刻理解和有效利用。它意味着敏锐地察觉并积极利用外部的强势资源、条件或趋势，以此为依托，借力打力，为自己获取可观的效益和成长动力。在商业领域中，顺势而为尤为重要，这意味着企业或个人能够精准地把握市场动态、行业发展趋势以及社会文化变迁等有利时机，通过有效整合内外部资源，实现自身价值最大化。

2.6.1 "冬虫夏草"的智慧

拓展阅读2-1 冬虫夏草

在创业的征途上，每位创业者都是那渺小而坚韧的蝙蝠蛾，怀揣着无数梦想与希望，将创意的种子深深植入市场的土壤。正如蝙蝠蛾产卵于土，创业者需精准定位市场缺口，将创业理念根植于需求的沃土之中。随着项目的孵化，这些创意如同幼虫般，在市场的滋养下悄然成长，不断探索与吸收，以行业趋势为指引，逐步构建起自己的业务体系。

在这个过程中，创业者需具备"真菌"般的智慧与策略，敏锐地察觉到环境中可以利用的资源与机遇，即那些能够加速成长的"强势"。这些"强势"可能是政策红利、技术革新、市场需求的变化，或是行业内某一环节的薄弱点。创业者应如真菌般，巧妙地依附于这些"幼虫"（即项目或业务核心）之上，不仅从中汲取养分，更通过自身的创新与努力，促进"幼虫"的快速成长，实现共生共荣。

随着市场的回暖与项目的成熟，创业者应适时展现出"冬虫夏草"般的独特价值——在逆境中坚韧生存，在顺境中迅速崛起。通过优化商业模式、提升产品质量、拓展市场份额等方式，让项目在市场上绽放异彩，如同虫草菌座般引人注目，成为行业内的佼佼者。

2.6.2 巧借"香格里拉"

拓展阅读2-2 香格里拉在哪里？

自然界中，河流总是选择阻力最小的路径流淌，最终汇入大海。在创业的征途中，我们也应学会像河流一样，顺应时代的潮流，寻找最适合自己的发展方向。曾经的中甸县，是个默默无闻的贫困之地，正是因为抓住了《消失的地平线》所带来的文化热潮，顺势而为，才摇身一变成为世人向往的香格里拉。这不仅仅是地名的改变，更是发展理念的飞跃，是顺应时代趋势、勇于创新的生动写照。

随着全球化的不断深入和科技的飞速发展，我们面临着更多的机遇和挑战。作为创业者，我们应该保持敏锐的市场洞察力，勇于抓住时代赋予的机遇，也要不断学习和创新，以适应不断变化的市场环境。"创业要顺势而为"是一种智慧、一种策略、一种行动指南。让我们从香格里拉的蜕变中汲取智慧，勇敢地迈出创业的步伐，在时代的浪潮中乘风破浪、勇往直前！

素养园地

如何准确把握创业时机

在浩瀚的商业海洋中，每一位创业者都是一位勇敢的航海家，驾驶着自己的小舟，奔向名为"成功"的彼岸。然而，海面并非总是风平浪静，机遇与挑战并存，如何准确把握创业时机，成为每一位航海家必须面对的重要课题。

一、洞察市场，预测未来

创业的第一步始于对市场的深刻洞察。市场，这个无形却强大的存在，孕育着无数的机会与可能。创业者需如侦探般敏锐，穿梭于消费者需求的缝隙间，寻找那些尚未被充分满足的渴望。通过细致的市场调研，分析消费者的行为习惯、竞争对手的优劣势以及行业的未来趋势，我们得以窥见市场的真实面貌，从而捕捉到那些稍纵即逝的创业机遇。

二、智者同行，借力扬帆

独行快，众行远。在创业的征途中，与行业专家和成功创业者的交流，无疑是获取智慧与力量的重要途径。"站在巨人们的肩膀上"，能够让我们看得更远。通过参加行业会议、论坛，我们得以近距离聆听行业领袖的声音，了解行业的最新动态与前沿趋势。社交媒体与专业网络平台的兴起，更为我们搭建了与全球创业者交流的桥梁。在这些交流中，我们不仅能够汲取宝贵的经验与教训，更能激发创新的灵感，为创业之路注入新的活力。

三、引领创新，开辟蓝海

创新，是创业的灵魂，是永恒的驱动力。在这个日新月异的时代，唯有不断创新，才能在激烈的市场竞争中脱颖而出。我们要敢于打破常规，通过跨界融合或技术创新，改进现有产品或服务，引领全新的商业模式。用创新的思维解决市场中的痛点问题，从而创造出新的市场需求和增长点。正如哥伦布发现新大陆一般，创业者也须具备探索未知的勇气与决心，开辟属于自己的蓝海市场。

四、拥抱技术，驾驭未来

技术是推动社会进步的重要力量，也是驱动创业的重要源泉。在科技飞速发展的今天，人工智能、区块链、虚拟现实等新兴技术正以前所未有的速度改变着我们的生活。我们需紧跟时代步伐，积极拥抱这些新技术，将其融入自己的创业项目中，提升产品竞争力，开拓新的市场空间。技术与人文的结合也是不可忽视的趋势，它通过设计更加人性化、智能化的产品和服务，提升用户体验，满足人们日益增长的美好生活的需要。

五、勇于冒险，果断行动

创业之路充满未知与挑战，但正是这些未知与挑战铸就了创业者的辉煌。面对机遇与风险并存的创业环境，创业者须具备勇于冒险的精神和果断行动的能力。敢于迈出舒适区，勇于尝试新领域，在关键时刻能够迅速作出决策并付诸实践。在瞬息万变的商业世界中抓住稍纵即逝的创业时机，实现自己的创业梦想。

把握创业时机是一项系统工程，需要创业者具备敏锐的市场洞察力、广泛的交流能力、持续的创新精神、前瞻的技术视野以及勇于冒险的行动力。只有这些要素相互融合、相互促进，才能让创业者在时代的浪潮中扬帆起航，驶向成功的彼岸。

【价值塑造】该材料是关于准确把握创业时机的重要行动指南，强调了创业者在寻找创业机遇时需要具备市场洞察力、交流能力、创新精神、技术视野和冒险精神，指导创业者通过洞察市场预测未来趋势，通过与行业专家和成功创业者交流获得智慧与力量，通过激发创新能力开辟蓝海市场，为创业者提供了宝贵的建议和启示，助力创业者更好地把握时机，获得成功。

资料来源：[1] 创业蜂.电商创业：从零到一的七步曲 [EB/OL]．（2024-04-02）[2024-12-26]．https://zhuanlan.zhihu.com/p/690450370.[2] 蒂蒙斯. 战略与商业机会 [M]．周伟民，译．北京：华夏出版社，2002.

本章小结

本章主要围绕创业时机讲述了其重要性、分类、来源、识别与评价的相关内容，以及在把握创业时机的过程中要具备顺势而为的思想。本章的重点是创业时机的识别与评价。

基础训练

❖ 单选题

第2章单选题

1.下列各项中不是创业时机性质的是_____。

　　A.偶然性　　　　　　　B.可靠性　　　　　　　C.动态性

2.在汽车行业，随着消费者对环保、智能和安全性的要求不断提高，新能源汽车、智能驾驶等成为新的创业热点，这体现的是创业时机中市场需求型机会的_____。

　　A.市场需求缺口　　　B.市场需求细分　　　C.市场需求升级

3.随着人口老龄化的加剧，养老服务市场逐步扩大，推动了各种养老服务项目的发展，这属于的创业时机类型中的_____。

    A.技术创新型机会   B.环境变化型机会   C.产业链延伸型机会

    4.巴西阿苏尔航空票价低廉但乘客却很少，他们发现"从家到机场"的出行需求未得到满足。因此，阿苏尔航空提供了免费大巴服务，之后便生意大好，成为巴西成长最快的航空公司，阿苏尔航空的成功在于关注了_____。

    A.流程需求   B.产业和市场结构变化   C.不协调现象

    5.从整体和全局的角度出发，某创业者综合考虑了各种因素之间的相互关系和影响，建立了分析框架，收集和分析市场信息、技术动态、政策法规等方面的数据，对创业机会进行全面、客观的评估，以上创业者的表现体现了其在创业时机识别过程中遵循了_____原则。

    A.可持续性   B.系统性   C.资源与能力匹配

    6.小王打算开一家服装网店，为了了解服装品类的电商销售市场的情况，小王专门下载了某电商平台的交易报告。为了创业，小王采取的调查技巧是_____。

    A.访谈调研   B.观察法   C.数据查询

    7._____提出了一套包含八大类评价指标的系统框架，用于定性评估创业机会的可行性和价值性，是目前较为全面的代表性评价体系，适用于具有行业经验的投资者或资深创业者对创业企业的整体评价。

    A.蒂蒙斯   B.熊彼特   C.斯卡泊莱

    8._____是通过创业者预先设定权值的选项式问卷的方式，来快捷地得到创业机会成功潜力的一种定量评价方法。

    A.标准打分矩阵法   B.选择因素法   C.普坦辛米特法

    9._____为创业机会设定了11个评估问题，对每个问题只需要回答"是"或"否"，通过统计之后便可对创业机会进行合理评估，非常适合个人或中小型团队创业者。

    A.标准打分矩阵法   B.选择因素法   C.西屋法

    10.小孙一直想创办一家互联网公司，但在创业之前他十分纠结，反复思考自己是否放弃目前薪资丰厚的工作。小孙的这一举动旨在衡量个人与创业时机融合度的_____方面。

    A.机会成本   B.风险承受度   C.负荷承受度

❖ 简答题

1.阐述识别创业时机的技巧。

2.阐述创业时机的三种定量评价方法。

❖ 阅读资料

下列两份创业资料体现了市场需求型创业时机的合理把握以及利用创新的方式探索创业机会。

资料一   海归创客用"洋"理念玩转"洋行当"

海归创客王昕炜通过将海外学习到的新理念融入国内本土市场，打造了差异化的营销体系，同时为家乡的消费者带来了全新的消费体验，并且结合市场环境不断创新，成功地打造了一个集美食、购物、体验于一体的综合性餐饮品牌。

　　王昕炜从美国堪萨斯州立大学毕业，回国后便在上海自贸试验区开始了第一份正式的工作，所属职业是进口食品。他在自贸试验区工作的那段时间，发现这些生鲜进口食品在台州有很大需求，并且这块市场还处于空白状态。在这样的状况下，王昕炜瞄准了进口生鲜食品市场，创立了自主品牌"王记洋行"。"虽说现在流行网上购物，但生鲜与常规的产品不一样，追求高品质的海鲜、肉制品者，都会倾向于线下购买。"因此，他将市场定位于高端的进口生鲜。因为橄榄油比较好储存，王昕炜便代理了一个国外的橄榄油品牌，开始在台州推广。当时正值 11 月份，临近年关，整个市场对于礼包的需求相对较大。王昕炜就顺应市场需求，涉入做一些礼包销售，如将海鲜、肉制品等进口的食材搭配起来。这样的礼包在台州不多见，不少人觉得很有新意，很多顾客十分青睐，自此打开了销路。如今，"王记洋行"已经实现了原有的预想，集中在生鲜这一类，有澳大利亚的牛肉和新西兰的羊肉、鳕鱼、阿拉斯加帝王蟹等产品，品牌做得风生水起。

　　在"王记洋行"不断发展的同时，王昕炜遇到了后面的合伙人，将餐饮、红酒、音乐资源整合到一起，"洋"理念落地台州，开始了"悦世荟"音乐餐厅的筹备。王昕炜选择了美式装修风格，整个装修基本采用简单的钢筋、水泥、红砖、暖光系的风格配上优质的家具，显得十分休闲惬意。"悦世荟"自正式开业以来，每天晚上顾客都要排队，特色的美式餐厅成功赢得了广大消费者的喜爱。

　　接下来，王昕炜和团队成员打造出了一个垂直体系的链条，从货源采购到直销，同时引入了"悦世荟"的周边产品。在餐厅内设有两个独立的空间，一个是作为红酒超市，另一个则是"悦世荟"超市。如果顾客在吃饭的过程中品尝到不错的酒，可以直接到红酒超市购买。同时，隔壁的"悦世荟"超市也能够满足部分"外带"顾客需求。一些食材做成了便携式可外带的产品，顾客吃完餐厅的食品感觉不错，就可以在"悦世荟"超市里面购买到同款，在包装上还会有如何烹饪这个食材的温馨提示。小餐小聚、商务宴请、企业年会、商城销售……王昕炜把"悦世荟"餐厅的功能不断放大。

　　资料来源：孟万成.台州海归王昕炜"洋"理念玩转"洋行当"[N]. 浙江工人日报，2016-06-20（3）.

资料二　　　　　　　　　　"淘果园"的起死回生

　　农场主饶胜男的创业故事充满了挑战，她的经历不仅展示了现代农业的创新转型之路，也为乡村振兴贡献了一份力量。

　　饶胜男在莫斯科国立大学攻读了本科和硕士，获得了社会管理的硕士学位。在 2013 年，饶胜男放弃俄罗斯的高薪工作，回国接手父母投资创办的经营效益不佳的农场。

　　饶胜男凭借社会管理学的专业知识和在国外多年外贸工作经验，对农场进行了大刀阔斧的改革。她对果树品种进行了优选，并引入了智能割草机进行机械化除草，减少了农药的使用，提高了农产品的品质。

　　饶胜男在农场内进行了生态养殖的尝试。她引进了当地的土鸡和土鸭，并用南瓜喂养它们，以提高鸡蛋的色泽和营养价值。这种生态养殖的方式使得她家的土鸡蛋和土鸡价格虽远高于市场价，但仍受到消费者的欢迎。同时，她还利用果树下的空间散养鸡鸭，鸡鸭粪便则用作果树肥料，形成了生态循环的种养模式。饶胜男绿色、有机的饲养模式受到了广泛关注，她也成为2016年G20杭州峰会土鸡蛋、母鸡和老鸭的供货商之一。

饶胜男深知网络营销的重要性。她让朋友拍摄了农场的视频，并在互联网上发布，自己则担任视频的主角。通过这种方式，她成为网络红人，农场的知名度也随之提高。

经过饶胜男6年的辛勤耕耘，占地300多亩的"淘果园"产值实现了从30万元到300多万元的飞跃。随着"淘果园"的声誉日隆，饶胜男在2017年创立了浙江厚朴农业科技有限公司，致力于提供农业社会化服务，打造农技知识分享平台，助力农产品实现商品化、网货化和品牌化。此外，饶胜男还利用空余时间，为在农村创业或从事电子商务的青年提供宝贵的创业指导。她还通过社群营销的方式，将购买农产品的顾客加入群聊，定期发布农场的动态和农产品信息，增强了顾客的黏性和忠诚度。

在梳理网络订单时，饶胜男发现85%的订单都来自有孩子的家庭。于是，她决定深挖这些顾客的价值，举办亲子乡村旅游活动。经过积累客户、规划农田、改善设施、优化环境等一系列举措后，饶胜男将农场改名为"淘果园"家庭农场，以水果种植和畜禽养殖为主线，走出"互联网+农场+旅游"的休闲观光农业之路。她邀请顾客前来农场体验采摘、喂养等亲子活动，并将农场的农产品作为套餐销售给顾客。这种方式不仅拓宽了农场的销售渠道，还提高了农产品的附加值。

饶胜男并没有满足于自己的农场发展。她将自己的客户带到周围其他的家庭农场中去，通过合作共赢的方式共同推动农业旅游的发展。她还积极帮助其他农户销售农产品，并为他们提供创业指导和技能培训。在她的带领下，衢州的农业旅游逐渐形成了规模化和品牌化的效应。

饶胜男的创业成果得到了社会的广泛认可。她先后荣获了"全国农村电商致富带头人""全国百名杰出新型职业农民""浙江省农村电子商务创业带头人"等多项荣誉称号。展望未来，饶胜男表示将继续深耕农业领域，推动现代农业的发展。她计划引进更多的优质农产品品种和先进的种植技术，提高农产品的品质和产量。同时，她将继续探索"互联网+农业+旅游"的新型发展模式，为乡村振兴和农业现代化贡献更多的智慧和力量。

资料来源：[1] 斐志平. 五招念好农产品"生意经"[J]. 农村新技术，2021（1）：45-46. [2] 毛慧娟，刘威，薛利祥. 饶胜男："海归农创客"的别样风采 [N]. 浙江工人日报，2024-05-09（2）.

第3章　创业团队与执行力

学习目标

　　本章通过阐述创业团队及其执行力的相关内容，使学生对创业者的基本素质、创业团队的搭建组成及团队执行力有清晰的认识。优秀的创业者、创业团队和高效的执行力对创业成功至关重要。通过本章的学习，一方面要求学生对创业本身有更深入和清晰的理解，另一方面要求学生掌握创业团队组建和提高执行力的关键因素，并在分析创业项目和案例时，能够更加全面地评估各种因素对创业成功的影响，提高他们在未来创业实践中的判断力和决策能力。

3.1　创业者的基本素质

　　创业者的基本素质是指创业者在创业过程中展现出的独特品质和能力，是决定创业企业成败的关键因素。[①]随着创业的不断推进，创业者的基本素质会逐渐提升和完善。通过对比不同创业者的素质，人们逐渐认识到，创业者并非凤毛麟角的少数精英，而是那些具备商业敏锐度和开拓精神的创新者。他们通常具备独特的个性特征，全面的创业能力和独特的商业智慧，能够敏锐地识别和抓住机会，将创业机会转化为商业创意，并投入精力、时间、资金和技术等资源，勇于承担风险，并追求创业成功带来的回报。创业者的基本素质包括身体素质、心理素质、知识素质以及能力素质等。创业者良好的基本素质，不仅决定了其能否在创业过程中取得成功，也在很大程度上影响着企业的长期发展。通过不断提升自身的素质，创业者能够在创业道路上走得更远，取得更大的成就。[②]

---

　　①　刘俊霆. 企业生命周期视角下的创业者素质及其评价研究［D］. 鞍山：辽宁科技大学，2015.

　　②　姚晓芳. 机会型新企业创业过程研究［D］. 合肥：合肥工业大学，2008.

3.1.1　身体素质

身体素质是指创业者在健康、体力和精力等方面的综合表现。

在创业初期，创业者常常需要投入大量的时间和精力来发展业务，包括长时间的工作、频繁的出差以及与团队的紧密合作。只有身体健康，才能保持高效的工作状态，避免因疲劳而影响决策和执行能力。

在创业过程中，面对激烈的市场竞争和不确定的环境，创业者需要不断进行思考和策略调整。良好的身体素质能够提升创业者的专注力和创造力，使其在面对复杂问题时能够更从容地应对。

身体素质还与心理健康密切相关。创业之路往往充满波折，压力和焦虑常常伴随左右。良好的身体素质，能帮助创业者减轻心理压力，健康的生活方式和有效的锻炼有利于创业者保持积极的状态，使创业者在面对困难时更加坚韧。

创业者是创业团队的核心，健康的形象和积极的状态会激励团队成员共同努力，创造更好的工作氛围。一个充满活力的领导者能够有效地带动团队朝着共同目标前进，增强团队的执行力和创新能力。健康的身体是创业成功的基石，良好的身体素质对创业者的重要性不容忽视。只有在身心健康的状态下，创业者才能够更好地发挥自己的潜力，带领团队走向成功。

3.1.2　心理素质

心理素质是指创业者个人的心理特征，包括自我意识、性格、价值观等多个方面。由于创业活动的特殊性，创业者通常需要具备与普通人不同的心理条件。[①]通过对成功创业者素质的研究，我们发现他们的心理素质主要体现在以下几个方面：

1）坚定的信念和成就动机

创业者心中对所从事的事业充满激情，常常怀着坚定的信念和强烈的成就动机。他们相信自己所选择的道路是正确的，并愿意为之付出不懈的努力。成功的创业者喜欢设定目标，乐于面对适度的风险和挑战，并主动解决问题，努力实现预期成果。在不断追求创业成功的过程中，他们充分发挥自己的专长，享受克服困难的乐趣。优秀的创业者不仅仅看重成功带来的物质回报，更追求他人和社会的认可，以及内心的成就感和精神世界的满足。

2）洞察风险和勇于挑战

创业者通常具备冒险精神，勇于接受挑战并且不惧怕挫折与失败。成功的创业者并不是单纯鲁莽地冒险，他们会对风险进行详细合理的评估，会在创业决策之前进行深入的市场调查，充分地进行风险的比较分析，并制订应对方案，以尽量规避高风险，追求最大化的回报。在商业活动中，商机和危机随着市场形势、消费需求以及供应情况等因素的变化而不断变化。在创业的过程中，会存在许多难以预料的风险，创业者必须勇于

承担这些风险，只有这样才能获得更高的利润和巨大的成功。

3）坚韧不拔与诚实可信

创业者需要具备坚韧不拔的意志与诚实守信的品质。坚韧不拔的意志包括强大的自信心、坚定的意志力，以及积极而稳定的情绪管理能力等。这些优秀的精神品质在创业过程中不可或缺。强大的自信心是创业者前进和突破的基石。坚定的意志力帮助创业者自觉确立奋斗目标，并在实现目标的过程中克服各种困难。积极而稳定的情绪管理能力帮助创业者在面对压力和挑战时，依然保持理智和冷静并作出正确的决策。创业之路充满了挑战和不确定性，成功与失败往往交织在一起。如果没有坚韧不拔的意志，创业者很难在面对挫折时保持前行的动力。坚韧不拔不仅意味着在困难面前不退缩，还意味着在成功时保持清醒的头脑，继续推进公司的业务工作。因此，一个成功的创业者，不仅要经受得住失败的打击，还能承受住胜利荣誉的考验。做到失败时能够吸取教训，主动承担责任并勇于走出困境；成功时能够保持平淡如水的心境，不被名利所动摇，始终如一地朝着既定目标努力前行。

《论语》有言："人而无信，不知其可也。"这里的"信"不仅指个人的道德品质，也延伸到企业的商业行为中。创业者需要具备诚实可信的品质，这不仅是个人立身处世的原则，也是创业路上的根本法则。在竞争激烈的商业市场中，不诚信者必然会被淘汰。企业之间的竞争不仅体现在商品和服务的优劣上，更体现在信誉的高低上。市场交易、商业活动往往都是长期的，只有诚信才能维系交易双方的信任关系。企业良好的信誉对消费者有着强大的吸引力，可以直接为其带来经济效益。诚信是企业的一项重要无形资产，是企业的"名片"，对企业的长远发展有着重要的影响。创业者应该诚实可信，用诚信来赢得消费者、合作伙伴和社会的信任，从而为企业的长久发展奠定坚实的基础。[①]

3.1.3　知识素质

创业者通常具备较高的知识素质，这是成功创业的基础和关键。知识素质涵盖专业技术知识、行业领域知识和经济管理知识等多个方面，涉及工艺技术、信息网络、企业管理、市场营销、财务以及法律法规和政策常识等。例如，科技创业者，除了要掌握前沿的人工智能技术外，还要深入研究市场需求和消费者行为。商业经营活动的复杂性要求创业者具备广博的知识，成为复合型人才。为此，创业者需要不断完善和扩展自己的知识体系，不仅要精通所在行业的专业知识，还需了解市场动态和行业整体发展态势，掌握现代化的管理知识和必要的经济知识，进而实现资源配置的优化，提高企业运行效率，更好地适应市场变化，实现企业的长远发展。

知识的来源途径多样，既包括大学期间的主修或辅修课程，也包括自我探索和研究调查等。不论知识的获取渠道如何，创业者都应牢牢掌握并灵活运用这些知识，以在创业过程中有效发挥这方面的优势。创业者应树立终身学习的观念，具备丰富的知识储备和复合型的知识结构，这些都将有利于创业者应对创业过程中的各种挑战。

---

① 邓全淑. 浅析创业者应具备的基本素质 [J]. 科学咨询（科技·管理），2015（11）：18-19.

3.1.4　能力素质

创业者的能力素质是指创业者有效解决创业过程中各种复杂问题的能力，是创业者基本素质的外在表现。它不仅是创业者成功创业的重要基础，也是企业长期可持续发展的重要保障。它具体包括机会识别能力、风险决策能力、运营管理能力、开拓创新能力和人际交往能力等。[①]

1）机会识别能力

法国著名思想家笛卡尔说：机会总是垂青那些有准备的人。创业者面对可能的机会，要有足够的敏感度和热情。在短暂的机会窗口内迅速捕捉并作出决策，是创业者的基本思维功夫。例如，比尔·盖茨在目睹个人计算机的潜力后，迅速成立了微软公司，从而奠定了他在科技行业的地位。这种能力不仅要求创业者不断地观察和分析市场，还需要具备勇于尝试和调整的决策力。在面对稍纵即逝的机会时，创业者需要快速识别机会的价值，进行深入的评估，并果断地采取行动。只有具备这样的敏感度和决断力，创业者才能在竞争激烈的市场中抢占先机，推动企业取得成功。

创业者也应在资源匮乏的情况下优先关注或追寻市场中的潜在机会。创业机会是一种未被满足的市场需求或未被充分利用的资源和能力，它们具有时效性和隐藏性，识别、开发和把握创业商机是创业活动的核心。创业者如果能够抓住潜藏的机会，并对捕捉到的商业机会进行预测性研究，如市场需求分析以及可行性评估等，将有助于制定更有效的策略，提高成功的可能性。

2）风险决策能力

成功的创业者通常具备优秀的决策能力。这种能力不仅体现在选择和实施方案的能力方面，还包括根据主客观条件，在详细调查和分析企业的外部环境及内部资源的基础上，确定企业的发展目标、选择适当的经营方针，并制定切实可行的战略。例如，华为创始人任正非在公司早期面临众多竞争对手时，通过深入分析市场趋势和技术发展方向，作出专注于研发创新的决策，最终使华为成为全球领先的科技公司之一。

创业者需要具备迅速准确判断问题本质的能力，并提出高效合理的解决方案。决策能力的核心在于识别和理解问题及机遇，通过比较数据和信息，运用有效的方法选择最佳行动方针，从而应对现实中的各种限制和可能结果。在竞争激烈的商业环境中，创业者需要冷静而果断地作出决策。决策的准确性直接影响企业的生死存亡，而决策失误可能导致严重的利益损失。因此，决策能力不仅体现了个人的综合素质，也是创业者在复杂市场中生存和发展的关键能力。

3）运营管理能力

创业不仅仅依赖灵感和创意，更需要系统化的管理和战略思维。运营管理能力是创业成功的关键素质之一，它不仅是对业务运营的掌控能力，更是一种综合性的策略能力。运营管理能力关乎创业者如何高效地整合各类资源，如何在复杂多变的市场环境中

---

① 刘凤红. 上海创业者素质及其开发研究［D］. 上海：华东师范大学，2004.

进行科学决策。创业者必须具备常态的管理意识，成为研究、开发、生产、销售及售后等各个环节的组织者和协调者，精准捕捉市场机会、优化业务流程、提高产品质量以及提升客户满意度，将创新成果有效转化为实际的业务成果。在企业初创或发展初期，创业者面临着市场拓展、财务管理、竞争压力等诸多挑战。成功的创业者通常能够运筹帷幄，通过科学决策和有效的资源配置来应对这些挑战。他们不仅需要善于识别和利用人才，还需建立稳定的管理机制，以便及时调整策略并优化运营流程。正如 Y Combinator 合伙人萨姆·阿尔特曼所指出的，成功的创业者通常着迷于雇用顶尖人才，并且具备在复杂商业环境中保持清醒头脑、有效应对的能力。

4）开拓创新能力

创新是创业的灵魂和关键，直接关系到企业的成长和成功。创业者需要具备创新能力，这是企业在竞争激烈的市场中保持领先地位的关键因素。成功的创业者，正是那些能够通过创新推动企业持续发展的引领者。创新能力不仅仅是创业者在面临挑战时突发奇想的灵感，更是一种通过实践将这些想法变为现实的能力。创业者的创新能力体现在他们能不断用新的思想、产品、技术、制度和工作方法，取代原有的做法，从而增强企业的竞争力，使其在市场中立于不败之地。例如，亚马逊通过发展电商平台和云计算服务，彻底改变了零售和科技产业。优步（Uber）通过共享出行模式，重新定义了城市交通服务等。

创新是一种可以培养的能力，并非与生俱来的天赋。培养创新能力需要创业者付出艰辛的努力和非凡的勇气，因为创新往往打破现有的规范，挑战传统的思维方式。具备创新能力的创业者不仅能够识别和改进现有产品的缺陷，还能提出新颖的想法和设计，进而创造出新的产品或商业模式，并使企业能够吸引更多的客户，提升市场竞争力。在当今移动互联网和大数据时代，创新能力尤为重要。创业者通过"互联网思维"对传统行业进行改造，不仅可以提升产品和服务的质量，优化用户体验，还催生了新的行业和商业模式，创造了更多的利润与价值。

5）人际交往能力

人际交往能力是指创业者在各种社交和业务环境中有效沟通和建立关系的能力。创业者需要清晰有效地与大众、客户、同事及媒体进行交流，妥善处理上下级关系，并与相关的其他企业保持友好联系。良好的人际交往能力，不仅让自己了解他人，也使他人更好地了解自己，在互动交流中达到彼此认同。在创业过程中，人际交往不仅是建立网络和关系的手段，更是获得支持和资源的关键因素，能够推动企业不断走向成功。

3.2　创业团队的组成与激励机制

创业活动是一个需要多方协作的过程，企业的经营责任并非由个人承担，而是由整个团队共同负责。①创业团队是由两个或两个以上具备相关知识技能和资源的成员组成的工作群体，是一种特殊的团队形式。投资人通常不会投资只有一个创始人的公司，如硅谷顶级孵化器Y Combinator在接受项目申请时要求至少有两个创始人。一个人容易改变想法，也更容易倒下或放弃。相比之下，两三个联合创始人的组合更为理想。创业团队的成员之间彼此承诺、依赖，协同合作、共享资源，在创业过程中共同承担责任、分享权益。创业团队能够集众人之长，充分发挥各类人才的专长，汇聚多人的智慧，弥补自身的不足，实现优势互补与强强联合，从而提高创业成功率，降低风险，并开拓更广阔的市场空间。②

在创业的初始阶段，创业者需要处理许多事务，如确定产品方向、寻找合适的创业伙伴、选择场地和注册公司等。但是，我们必须始终牢记，做好一件事情要先抓住最重要的部分。对于一个初创企业而言，搭建团队就是最重要的。初创企业在最初的几个月是非常关键的阶段，经过这段时间，团队基本上就形成了，包括团队的执行力、企业文化和决策能力等。就像观察一个孩子的成长，六七岁的时候就能看出他的未来一样，创业企业也是如此。对于创始人而言，必须重点关注团队的组建。在这个过程中，形成合理的股权结构、合适的决策机制以及具有执行力的企业文化是至关重要的。③

大企业如华为公司和三星公司等的成功创业都彰显了组建强大团队的重要性。在创业过程中，寻找合适的商业伙伴，组建合理的创业团队也是创始人的核心竞争力。那么，如何寻找到合适的合作伙伴？如何构建一个优秀的创业团队呢？④

我们都知道在扑克牌游戏中，皇家"同花顺"10、J、Q、K、A是最大的牌型，通吃一切，无论其他牌型如何强大，都无法与其匹敌，这是每个玩家心中追求的梦想。如果你有一手"同花顺"的牌，你就可以击败所有的对手。我们可以将这个概念应用到创业团队构建中，同花顺就如同一个优秀的团队。对于创业团队的创始人来说，要设法搭建一个"同花顺"的团队，这里面10、J、Q、K、A对应创业团队中不同的成员角色。"同花顺"是创业的方法论之一，下面将依据"同花顺"的概念，从不同角色出发，介绍如何搭建一个优秀团队。⑤

3.2.1　"同花顺"之A：创始人

"同花顺"模型中的A指的是创始人。创始人是组建创业团队的关键灵魂人物，通常他们具有较强的个人魅力和能力，能够组建团队、搭建架构、发掘人才，并引领团队

---

① 韩志鹏，曹宇曦. 浅析大学生创业团队的组建［J］. 当代教育实践与教学研究，2017（8）：135.

② 孙明贵. 创业团队的形成模式及其对创业绩效的影响［J］. 创新科技，2021，21（4）：77-84.

③ 陈西. 创业团队的五项底层能力［J］. 人力资源，2019（10）：31.

④ 胡应坤，胡卓玲. 大学生创业团队建设的分析及组建路径探讨［J］. 太原城市职业技术学院学报，2024（3）：164-167.

⑤ 网易科技. 英诺天使李竹：搭建创业团队的"同花顺"［EB/OL］.（2014-04-24）［2024-12-15］. https://www.techweb.com.cn/ucweb/news/id/2030415.

开展创业活动。在初期，创始人应该对自己进行充分的评估，以确定自己是不是一个合格的创始人。[①]

领导能力对于一个创始人来说非常重要，创始人能不能带领自己的团队一起往前走，与领导力密切相关，良好的沟通能力及人际交往能力在这方面起着重要的作用。如果创始人无法有效地与团队沟通交流，那么如何能够让大家相信他所讲的故事呢？如何说服投资人投资呢？又如何说服合作伙伴与他合作呢？因此，创始人在评估自己时，需要充分考虑自己的领导力、人际交往能力以及沟通能力。

成功的创业者往往具备较强的沟通能力和积极外向的性格。创业的过程需要团队成员之间的高效沟通，共同寻找成功之路。只有具备良好的沟通能力，创业者才能说服优秀的合作伙伴最终加入公司，成为他们的工作搭档和合作伙伴。例如，麦当劳以其员工友好、乐于沟通的特点而闻名。这样的企业在招聘员工时倾向于招募外向活泼性格的员工，因为外向的人更容易展现自己，做好推销服务，为企业带来更多的收益。

创始人对企业产品、服务及方向要有清晰的认识，并且热爱所从事的工作。如果创始人只是出于追逐财富，为了赚钱而创业，那么当碰到一些困难的时候，或者碰到有更好的挣钱的机会的时候，可能会放弃目前的事业。创始人应真正出于内心的驱动，在自己擅长或喜欢的领域，看到了一个需要解决的问题或需求，并且想到了了合适的办法，这样的创业动力和持久力才是最好的。苹果的CEO库克在访问中国时曾提到，财富只是创业的结果，并不一定是最初的动机。

因此，对于创始人来说，如果要评估自己是否适合担任公司的CEO和创始人，首先应明确自己是否真正热爱并相信自己所从事的工作。同时，还需要评估自身是否具备从事该项工作相应的能力和经验。如果没有这些，就需要努力学习、体验和积累经验。例如，爱彼迎（Airbnb）的创始人布莱恩·切斯基（Brian Chesky）希望利用共享经济改变传统住宿行业，但他对这个领域的认识还不够深入。于是，他亲自与房东和租客交流，全面了解平台的运营、市场需求和用户体验，之后才逐步完善了爱彼迎的商业模式。如果在某个领域能力不足，还可以通过寻找合伙人来补足。因此，合格的创始人必须热爱自己的事业，并且适合这份工作。

此外，创始人还需要具有一定的胸怀，具有契约精神和分享精神。无论是对团队成员关于股权、期权还是待遇的承诺，未来与投资人签订的合作协议等，其都必须兑现。创始人只有重信誉、守承诺，才可能吸引到优秀的人加入团队。分享包括名誉和成功，也意味着共同分担挑战和失败，共同承担风雨与坎坷。唯有分享才能凝聚人心。在寻找团队成员时，契约和分享精神尤为重要。创始人若缺乏这种意识，很难找到志同道合的伙伴。

3.2.2 "同花顺" 之K、Q：联合创始人

在创业的征程中，需要组建一个强大且优秀的团队。作为创始人，其不仅需要具备清晰的目标和坚定的决心，还需要找到可以并肩作战共同奋斗的合伙人。这就是我们所说的"同花顺"模型中的K、Q——联合创始人。

---

① 王同岭. 组建大学生创业团队的研究 [J]. 无线互联科技，2014（2）：153.

1）选择联合创始人的要求

第一，合伙人需要与创始人志同道合，拥有相似的价值观和目标。合伙人需要承担与创始人相同的风险，并对公司的命运负责，而员工关注的是工作职责和薪酬，其对公司的奉献及忠诚度更多的是基于职业发展和公司文化。合伙人从一开始就参与到战略制定中，他们不仅仅是执行者，更是决策者。他们的激励不只是薪酬，还包括对企业未来的愿景。因此，在选择合伙人时，价值观和发展规划是否与企业相一致至关重要。

第二，合伙人需要与创始人相互理解并相互支持。初创团队常常在项目初期顺利发展，但在面临再融资或扩张时，可能因为意见不一致而分崩离析。"兄弟式合伙，仇人式散伙"的情况在创业中屡见不鲜。团队内部由于缺乏足够的理解和信任，导致上千万甚至上亿产品估值成幻影的例子并不少见。[①]

第三，合伙人的能力互补是一个创业团队成功的关键因素。如果每个人都拥有相同的技能和视角，团队的发展将受到限制。因此，找到能够在能力上互补的合伙人至关重要。例如，如果创始人擅长产品研发，那么就要找到一个营销专家来帮助推广产品。这样的组合不仅能提升产品的市场竞争力，还能在不同领域提供专业的支持。能力互补不仅限于技能上的互补，还包括社交圈的互补。每位合伙人都拥有独特的社交网络，这些网络可以为公司带来不同的资源和机会。通过整合这些资源，团队能够在市场中更具竞争优势。同时，广泛的社交网络也为公司带来了不同的视角和思路，从而推动创新和发展。

第四，选择合伙人时，除了考量专业技能和经验外，还需注重其品质，如信任、诚信等。正如投资大师沃伦·巴菲特所言，选择合伙人的第一标准是正直，其次才是智慧和活力。如果没有正直的品格，后两者可能适得其反。合伙人之间能否坦诚交流、有效解决冲突、在压力下保持冷静，是团队持久发展的核心。此外，合伙人应乐于分享成功和失败，愿意共同承担责任，而不是在出现问题时互相指责。只有在信任和理解的基础上合作，才能实现团队的长久稳定和成功。通过这些标准，可以更有效地筛选出合适的合伙人，确保创业团队能够在复杂多变的市场环境中稳步前进。一个强大的联合创始人团队，不仅是创业成功的基石，更是企业文化和价值观的体现。

2）了解联合创始人的途径

理想的合伙人通常来自自己的社交圈，这样的选择不仅基于信任，也基于对彼此能力的认可。例如，苹果公司创始人史蒂夫·乔布斯在创业时邀请了他以前的朋友史蒂夫·沃兹尼亚克一起加入团队。他们共同努力，最终创立了苹果。这一决定体现了乔布斯对合伙人的重视，以及对公司未来发展的深刻考量。

在当今网络时代，社交媒体提供了了解潜在合伙人的全新途径。通过社交平台，可以线上观察他们的言论和互动方式，从而更全面地了解他们的价值观和生活态度。这些信息都能够帮助创始人判断对方与自己的目标价值观是否一致。社交媒体不仅仅是一个观察的窗口，也可以是一个展示的平台。在这个平台上，创始人可以通过分享自己的见解和成就来吸引志同道合的合伙人。同时，通过参与相关的讨论和活动，可以与潜在合

---

① 肖芹. C猎聘公司的创业团队组建与发展研究［D］. 成都：电子科技大学，2023.

伙人建立联系。这种方式不仅高效，而且能够跨越地域限制，提供更多的合作机会。

通过谨慎选择和不断沟通，找到志同道合的合伙人，共同打造一个坚不可摧的创业团队，就如顺水行舟，能够快速推动企业在复杂的市场环境中的持续发展。这也是"同花顺"模式的精髓所在，确保团队在激烈的市场竞争中立于不败之地。①

3.2.3 "同花顺"之J：核心员工

找到优秀的合伙人是创业的良好起点，但更大的考验在于如何建立一个能够共同奋斗的团队。特别是在当前的移动互联网时代，由于技术和市场推广的门槛变低，创业者更容易进入市场，竞争更加激烈。每位核心成员的能力和创造力能够直接影响到产品的质量和公司的发展速度，在企业中的角色和贡献都极为重要。在初创阶段，公司文化和执行力将在短短几个月内快速成型，因此创始人必须亲自参与招聘过程，确保每位员工都能融入公司的文化氛围并为之增添力量。通过这种方式，可以形成一个充满凝聚力和创新精神的团队。

初创公司在生存和发展过程中，注重质量而非数量是至关重要的。对于刚获得天使投资或尚未获得投资的小型团队来说，在招聘时必须保证新员工的能力高于现有团队的平均水平。设定严格的招聘标准，这样的策略可确保团队整体素质的不断提升。

创始人在员工招聘过程中经常面临的一个问题是——培养新人还是直接招聘经验丰富的专业人士。培养新员工学习新技能对公司的长期发展有益，但在初期，更为快速和有效的方法还是直接招聘具有丰富经验的专业人才。这些人才凭借其之前的经验，能够帮助公司规避常见错误，从而降低试错成本。由于创业初期，资金通常较为有限，减少错误和提升效率至关重要，因此，拥有经验丰富的员工能够为企业带来独特的视角和专业技能，促进公司的成长和成功。

在初创企业的发展过程中，控制公司扩张速度也是一个需要注意的问题。对于一个刚刚起步的企业而言，盲目地扩大团队规模可能带来许多不可预见的挑战和问题。因此，在获得天使投资之前，最好是将团队人数控制在10人以内。一个小而精的团队能够确保高效的执行力。在这样一个紧密合作的环境中，每一个成员都有更大的空间去发挥他们的才能。这种自由和灵活性不仅能够激发员工的创造力，还能够唤起他们的创业激情。

理想的核心员工通常能够承担多项任务和责任，尽管这可能意味着需要支付相对较高的工资，但从长远来看，整体的效率和产出会更加可观。此外，小团队的结构使得沟通和协作更加顺畅。每个人都能够及时了解项目的进展和目标，这有助于迅速作出决策并调整策略。这样的工作环境不仅能够提升效率，还能增强团队成员之间的信任和合作。随着团队规模的扩大，沟通成本自然会增加。在初创阶段，简单高效的沟通是加速执行和快速应对市场变化的关键。一个精干的团队能够确保信息的快速传达，从而避免因沟通不畅导致的延误和误解。

核心员工是公司执行力的体现者，与合伙人一起奠定公司的文化基础。这种文化不仅影响工作的方式，还塑造了公司的价值观和目标导向。一个强大的团队文化能够激励

---

① 白洁. 创业激情与合伙人选择：一个联合分析实验［D］. 成都：西南财经大学，2020.

员工自我学习，使他们在面对挑战时更加自信和从容。通过提升自身的能力和知识，员工能够更好地应对变化和挑战，为公司带来更多的价值。

在一些成功的创业团队中，员工之间会定期分享学习心得。通过分享和交流，员工能够相互学习和借鉴，促使整个团队在扩张时保持一致的文化和价值观。这种学习氛围不仅能够提升个人能力，还能形成强大的团队凝聚力，有利于公司的长远发展。当每一位员工都致力于自身的成长和进步时，他们将直接影响到团队的整体表现和公司未来的发展方向。一个充满学习动力的团队不仅能够适应市场的变化，还能形成一个积极向上的氛围，吸引更多志同道合的人加入，使企业在竞争中保持领先地位。

总之，对于初创企业而言，核心员工的选择和管理至关重要。创始人需要用心筛选每一位加入团队的成员，确保他们不仅具备技术能力，而且能够认同并融入公司的文化和价值观。通过打造一个具备高执行力的团队，企业能够奠定成功的坚实基础。正确的招聘策略和团队建设方法能够帮助创业者在竞争激烈的市场中脱颖而出。通过选择合适的人才并形成有效的团队协作机制，公司可以更快地实现其长远发展目标。面对不断变化的市场环境，一个充满活力和学习精神的团队将是企业持续成功的关键。[①]

3.2.4　"同花顺"之10：天使投资人

在初创企业的发展过程中，除了拥有出色的创始人、合伙人和核心员工，天使投资人也扮演着至关重要的角色。他们在企业发展的早期阶段，提供了不可或缺的支持与指导。[②]

天使投资人通常具有丰富的行业经验，能够帮助创业者识别和调整商业模式中的潜在问题，避免重蹈覆辙。例如，他们可能指出为何某些尝试会失败，并提出改进建议。通过对市场趋势和竞争态势的分析，他们帮助企业更好地定位其产品和服务，从而提高成功的概率。例如，在产品定价策略上，天使投资人可能建议根据市场需求和竞争对手的策略进行调整，以确保企业的产品在市场上具有竞争力。此外，在盈利模式上，他们可以通过分析企业的成本结构和收入来源，提出优化方案，帮助企业实现更高的盈利率。

天使投资人是初创企业接触重要行业资源和建立人脉的桥梁。他们能帮助企业与大型互联网公司建立联系，获取推广和吸引种子用户的机会。此外，他们还可能引荐关键的技术合作伙伴和供应商，助力企业在早期阶段快速发展。这种资源的对接不仅仅局限于商业合作，还包括技术支持和市场推广。通过天使投资人的引荐，初创企业能够接触到先进的技术和设备，加速产品的研发过程。同时，通过与大型企业合作，初创企业可以利用这些企业的市场渠道和品牌影响力，迅速扩大市场份额。

天使投资人通常会投资多个项目，创始人因此有机会加入一个互相学习和支持的网络。这种交流平台促进经验共享，帮助解决创业过程中遇到的共性问题。创始人可以在这个圈子中获得启发，提升自身的领导能力和企业运营水平。在这个圈子里，创始人可

　　① 王超. 互联网背景下专业技术人员创业团队胜任能力与行动学习策略研究［D］. 杭州：浙江大学，2015.

　　② 冯珊珊. 天使的抉择——来自天使投资人的创业观察和自我审视［J］. 投资与合作，2014（19）：44-53.

以分享他们在创业过程中面对的挑战和取得的成功经验，从而使他人从其经历中学习。此外，通过这个网络，创始人可以找到潜在的合作机会，实现资源的共享与互补，进一步推动企业的发展。在后续融资过程中，天使投资人可以提供实质性的帮助。

天使投资人作为企业的支持者，不会过多干涉具体业务决策，创业者依然是公司的主导者。双方通过合作获得共同利益：天使投资人的成功建立在创业公司成功的基础上。天使投资人通常扮演顾问角色，为企业提供战略性建议，而不是参与日常运营。在合作过程中，天使投资人注重与创业者建立良好的沟通与信任关系。他们通过定期的会议和沟通，了解企业的发展状况和面临的挑战，并根据实际情况提出建设性的意见和建议。同时，他们也尊重创业者的决策权，不会过多干预企业的日常管理。

优秀的创始人需要识别自己的潜力，善于选择合伙人和核心员工，以创建一个有执行力的团队文化。天使投资人则成为团队中的重要一员，帮助初创企业在多个领域取得进展，从而提高成功的概率。通过这种方式构建团队，初创企业更有可能走向成功之路。天使投资人的支持不限于资金，更在于战略上的指导和资源上的对接，是创业者不可或缺的盟友。创业者需要珍惜与天使投资人的合作关系，充分利用他们的专业知识和行业资源，为企业的长远发展奠定坚实的基础。[①]

3.2.5 团队里的"空降兵"

在当今瞬息万变的商业环境中，越来越多的企业意识到，借助外部高管，尤其是经验丰富的"空降兵"，可以有效推动公司的发展与转型。一个新的管理者被引入团队中，通常发生在公司获得A轮融资后，拥有了更多的资金，因而希望吸纳更有能力的人才。

这些新引入的人才往往曾在大型公司中担任过关键职位，享有较高的薪资水平。他们的加入不仅仅是为了填补空缺，更是为了带来丰富的经验和专业知识，为公司提供新的视角和经验，从而有效增强团队的整体能力。这些管理者通常在解决问题、推动项目进展或实现特定目标时扮演着关键角色。由于他们曾在规章制度和激励机制完善的大公司工作，他们也可能习惯了与初创企业不同的企业文化。对于初创企业而言，许多规章制度仍在逐步形成和完善中。因此，如何让"空降兵"更好地适应新的环境，快速在新环境中站稳脚跟，如何接纳他们并帮助他们融入公司文化，使他们能够并与团队其他成员融洽合作，发挥他们的全部潜力，是一个至关重要的问题。

"空降兵"这一策略的成功并非轻而易举，往往隐藏着多种管理上的误区和挑战。在进行高管招聘时，挑选合适的候选人至关重要。企业首先应确保候选人与公司的发展方向、文化及愿景有深刻的共鸣。合适的"空降兵"不仅具备专业技能和丰富的行业经验，更重要的是他们要能够融入公司的价值观，并愿意为实现企业使命而努力。在面试过程中，企业可以通过行为面试法深入了解候选人的价值观和职业动机。例如，询问候选人在过去的经历中如何应对团队挑战，如何处理与团队成员的关系等。这些问题能够帮助面试官评估候选人是否能够融入企业文化。

除了价值观匹配，企业还需要评估候选人在职场上的绩效及潜力。通过对候选人以

---

① 叶东东. 创业起步，该如何选择适合自己的天使投资人？[J]. 杭州科技，2015（5）：40-44.

往业绩的深入分析，可以判断他们在未来是否能为公司带来持续的价值。在吸引高管时，企业的股权和薪酬设计显得尤为重要。对于副总裁级别的人才，通常提供1%至2%的期权；对于部门经理，则可能在1%左右。这些细节在谈判初期需明确告知候选人，包括当前公司的估值、期权价格以及未来预期价值，确保候选人对企业的前景充满信心。

对于初创企业来说，薪酬体系的设计是一个复杂而重要的课题。由于资源有限，团队的薪酬水平普遍较低，新入职的"空降兵"获得的高薪可能引发团队内的紧张关系，影响士气和凝聚力。新高管的薪酬差异可能导致原有员工的不满情绪，甚至影响团队的稳定性。企业应制订合理的薪酬方案，确保"空降兵"的薪资水平与团队其他成员相对平衡。例如，可以通过一次性补偿机制来弥补薪酬差异，承诺"空降兵"在入职后至少工作3年，逐年支付薪酬差额。最理想的方式是通过股权激励来吸引"空降兵"，使其在薪酬上与团队保持一致。这不仅可以提高新高管的满意度，更能够增强他们对公司的认同感和归属感，从而更好地投入到公司的发展中。

引入新管理者时，企业需要特别关注如何有效管理原有团队。这不仅是新高管的挑战，也是企业文化的考验。"空降兵"的引入通常是为了提升公司的管理水平，因此，企业必须给予他们足够的权力和空间，以充分发挥其专业能力。创始人及现有团队应具备开放心态，接受新高管的管理风格与方法。这不仅是对新人的尊重，也是企业长远发展的必要条件。

企业在引入"空降兵"时，需明确其角色和责任，创造支持性的工作环境，让新高管能够施展才华。为更好地促进公司文化的融合，企业可以组织团队建设活动，增强"空降兵"与团队成员之间的互动与理解，通过增进彼此的了解，能够加速文化的融合，提升团队协作效率。企业在不同发展阶段对人才的需求与标准会有所不同。在创业初期，团队的价值观和文化认同是关键；而在企业快速发展的阶段，能力与经验则变得至关重要。在创业初期，选择合伙人时应优先考虑其品德与团队契合度。在这个阶段，团队的团结和合作精神非常重要，以共同面对挑战。随着企业的成长，特别是获得融资后，能力的重要性显著提升。企业需要具有丰富经验和高水平管理能力的人才来填补短板，推动公司制度的建立与完善。企业应根据自身发展阶段的不同，灵活调整人才选择的标准，以使人才快速适应公司的变化与需求。合理的股权激励和薪酬体系能够帮助新加入的高管迅速融入团队，促进整体发展。

综上所述，成功管理"空降兵"的关键在于遴选合适的人才、合理制定薪酬体系、平衡团队内部的差异，以及在企业不同发展阶段灵活调整人才遴选标准。企业要确保新加入的高管能够融入团队，发挥其潜力，从而推动整个公司的进步与发展。在激烈的市场竞争中，企业唯有通过有效的人才引入与管理，才能在变革中保持稳定，实现长期的可持续发展。这一过程并非一蹴而就，而是需要企业在实践中不断摸索与调整，才能找到适合自身发展的最佳策略。

3.2.6 团队股权的分配

当创业者组建了一个充满活力和潜力的团队后，合理分配股权是必不可少的。利益分配必须与个人的投入相匹配，否则团队难以长期维系。只有确保每个成员的贡献得到公平的回报，团队才能在未来的挑战中保持凝聚力。团队股权分配应遵守一定的原则，如保障控制权原则、吸引人才原则、动态调整原则和设定争议解决机制原则等。只有设计合理的股权结构，才能保证创业团队的稳定和发展。[①]

在股权分配上，早期加入团队的成员应该比后期加入的成员获得更多的股权。这是因为早期成员承担了更大的风险，他们甘愿在公司尚未成形时投入精力和资源。相较于那些在公司已经取得一定成就后才加入的人，早期成员的付出和所冒的风险更大，自然也应得到更多的回报。

尽管后来加入的成员可能在能力上更为出众，但他们获得的股权通常会少一些，这是合理且客观的现象。例如，在公司已经完成了 A 轮融资后，后期加入的高管可能仅获得 1%~2% 的期权，而早期成员可能获得相对较多的股权。在股权设计中，还需预留一部分股权用于吸引未来可能加入的关键成员。预留股权的比例在 10%~15% 之间。这是为了在团队需要扩充或引入新鲜血液时能够有股权激励，吸引到合适的人才。合理的股权结构不仅能确保团队的稳定，还能在后续引入投资人时避免出现太多的股权调整问题。有些创业团队在初期股权分配不合理，投资人进入后提出调整建议，这时候再作修改往往会带来心理预期的落差，影响团队稳定。因此，创始人在初期就需要设计一个合理的股权结构。

股权分配通常采用分期行使的方式，要求获得股权的合伙人全职投入到公司中，通常需要全职工作四年以上才能完全获得授予的股权。如果仅工作一年，则只能获得一小部分股权。可以设计一些条款，如果某一成员离开公司，公司有权以合理的价格回购原来的股权，以便留给后续加入的成员。这种分期行使的股权设计不仅是对投资人的要求，更是团队成员之间的一种自我约束。如果有人中途退出，未完全获得的股权应返还团队，以吸引新成员，确保公司持续发展。这一整套股权设计机制经历了无数创业团队的实践和总结，是合理且必要的。理解并遵循这些规律，接受投资人的条款，能使公司在创业过程中更加稳健。设计合理的股权结构不仅能确保团队的稳定和高效，还能在面对投资人时拥有更大的谈判优势。

合理的股权分配不仅影响公司的早期发展，还对公司长远的战略方向和运营效率产生深远影响。以谷歌为例，其创始人在公司初期就明确了大股东地位，分配了不同层次的股权。这种结构不仅确保了公司在早期的快速决策和高效执行，还在后续引入投资人和高管时提供了足够的灵活性，使公司在壮大过程中保持了稳定和创新能力。同时，一些公司在早期未能合理分配股权，导致后期面临复杂的内部斗争和决策僵局。例如一家初创公司在初期股权分配过于平均，创始团队每人持股 20%。公司在发展过程中遇到重大决策时，几个股东常常意见不一致，导致决策效率低下。最终，公司未能快速应对市场变化，错失了多次机会。后来，公司引入了一名具有丰富经验的投资人。投资人建议重组股权结构，使其中一名创始人持股超过 50%，并预留 10% 的股权用于未来团队扩充。然而，这一建议遭到部分创始人的反对，因为他们已经对现有股权结构形成了心理

①　钟元生，彭文莉. 从 0 到 1 创新创业思维训练问题框架设计研究［J］. 中国教育技术装备，2024（23）：140-144.

预期。尽管最终达成了协议，但团队的信任度和凝聚力受到了影响。这个例子说明了在创业初期设计合理股权结构的重要性。如果一开始就有清晰的股权分配方案，可以避免后期复杂的调整和潜在的内部矛盾。

创业是一场充满挑战的旅程，合理分配股权是确保团队稳定和公司持续发展的关键。通过明确大股东地位、考虑先来后到、预留未来股权以及分期行使股权，创业团队可以在早期奠定稳固的基础。理解并遵循这些股权分配原则，不仅能吸引和留住优秀的人才，还能增强团队的凝聚力和执行力，为公司的长远发展铺平道路。创业者在设计股权结构时，应充分考虑公司的发展阶段和团队成员的贡献，确保每个成员的利益与公司的长期目标一致。只有这样，才能在激烈的市场竞争中脱颖而出，实现创业梦想。

3.2.7　团队的激励机制

在现代企业管理中，如何有效激励团队成员一直是一个备受关注的话题。除了股权激励之外，还有许多其他方式可以用来激励团队，使其在公司发展过程中保持活力和动力。股权激励固然重要，但它只是众多激励方式中的一种。为了更全面地加强员工的归属感和积极性，企业通常会采用多层次的激励方式，如股权激励、期权激励、短期奖金等。

1）股权激励：长期承诺的纽带

股权激励是将员工与企业长远发展紧密结合的有效工具。通过将核心团队与企业的命运绑定在一起，股权激励能够激发员工的主人翁意识。只有在公司取得成功时，这些股权才能真正变得有价值。因此，所有成员的努力和付出都是为了使公司获得成功。股权分配是企业成长过程中极其重要的一环。通常，在企业获得A轮融资后，股权的分配会趋于稳定，剩下的激励空间主要由期权来承载。在这种机制下，企业不仅可以留住高素质人才，还可以激励他们为公司的长期发展付出更多努力。此外，股权激励还能够吸引外部的高端人才，为企业注入新的活力。股权激励的实施需要充分考虑各个方面的因素，包括员工的岗位、贡献和未来潜力。科学合理的股权分配方案可以有效避免内部矛盾，增强员工的凝聚力和归属感。同时，通过定期回顾和调整股权分配，企业可以不断优化内部激励机制，确保每一个团队成员都能感受到公平和激励。

2）期权激励：灵活的奖励机制

期权是一种针对核心员工的激励方式，它与股权的主要区别在于行权的方式和价格设定。期权的行权价通常是根据企业融资时的估值来设定的，一般低于市场估值，为员工提供了潜在的收益空间。如果公司在大家的努力下取得更大成功，公司的估值不断上升，期权的价值也会随之增加。在期权的分配中，岗位的重要性往往超过绩效。高层管理者如副总裁通常会获得更多的期权，以反映其对公司战略的重要性。同时，期权也可以与具体的绩效指标挂钩，激励员工在关键项目中实现突破。通过这种方式，员工不仅能够通过期权获得经济利益，还能通过实现个人目标提升职业成就感。期权激励的设计需要考虑公司的发展阶段和未来规划。对于初创企业而言，期权激励可以吸引那些愿意与公司共同成长的人才。而对于已经进入快速发展阶段的企业来说，期权激励则有助于保持团队的稳定性和积极性。此外，企业还需要规定明确的行权条件和时间表，确保期权激励的执行过程透明、公正。

3）短期奖金：及时的激励手段

除了长期激励手段外，短期奖金是评价员工近期表现的有效工具。通过与短期目标直接挂钩，短期奖金可以迅速激励员工提升工作绩效。尤其是在企业获得新一轮投资后，设立短期奖金可以迅速激发员工的积极性。短期奖金的设立应当充分考虑员工的实际贡献和工作表现。具体而言，可以根据销售业绩、项目完成情况、客户满意度等指标进行评估。通过设立明确的考核标准和奖励机制，企业可以确保短期奖金的发放公平、公正，激励员工在短时间内取得更好的工作成果。此外，短期奖金还可以与团队合作和创新表现挂钩。通过鼓励团队成员之间的合作和分享，企业可以提升整体工作效率和创新能力。同时，定期举办内部评比和奖励活动，也可以增强团队的凝聚力和竞争力。

4）激励机制的综合运用

合理的激励机制是团队建设和运营的核心。只有在充分理解各种激励手段的基础上，合理运用股权、期权和奖金，才能增强团队的稳固性和协作精神。反之，如果缺乏有效的激励机制，企业可能面临优秀人才流失的风险。因此，在团队建设和管理中，激励机制的建立和实施至关重要。通过多层次的激励措施，企业可以在不同的发展阶段充分调动员工的积极性和创造力，为公司的持续成功奠定坚实的基础。同时，企业还应当不断优化和调整激励机制，根据市场环境和公司发展的变化，灵活应对各种挑战和机会。

激励机制的综合运用需要企业管理层具备高水平的领导力和决策能力。管理层应当深入了解员工的需求和期望，制订符合实际情况的激励方案。同时，通过与员工的沟通和交流，管理层可以及时了解激励机制的执行效果，进行必要的调整和优化。在激励机制的实施过程中，企业还应当注重企业文化的建设。通过营造积极向上的工作氛围，企业可以增强员工的归属感和认同感。此外，企业还可以通过举办培训和发展活动，提升员工的职业技能和综合素质，为公司的长期发展储备优秀人才。总之，通过合理设计和综合运用各种激励手段，企业可以有效调动员工的积极性和创造力，提升团队的整体绩效和竞争力。在未来的发展过程中，企业应当不断探索和创新激励机制，为员工提供更多的发展机会和激励手段，推动企业取得更大的成功。

3.2.8 创业团队的变动与应对

在创业公司的发展过程中，团队的结构往往并非一成不变。随着公司的成长，团队成员的更替是常见现象。无论是创始人、早期团队成员，还是公司后期引入的职业经理人，都会面临不同程度的流失。这种流失不仅影响团队的稳定性，也可能影响公司的发展速度和战略方向。因此，如何及时有效地应对这些变动是每个创业者和管理者必须认真思考的问题。[①]

当公司在发展过程中遇到瓶颈，或者内部沟通成本显著提高时，通常说明高层团队

---

① 吴静，周嘉南.“中国合伙人”为何“分手”：创业团队冲突演化路径分析 [J]. 管理评论，2020，32（10）：181-193.

的沟通存在障碍。在这种情况下，可能有部分核心团队成员未能跟上公司的发展步伐，导致其对公司事务的理解和执行不到位。这种状况常常会引发一系列问题，使得决策变得困难，执行变得无力。在这种变动的背景下，最重要的是能够及时识别和分析具体原因，并根据实际情况对团队结构进行相应的调整。我们常常会看到一些创始企业在经历了几轮融资后，出现了团队成员流失的现象。这并非异常，而是一个正常的过程。面对这种情况，管理者应保持冷静，不必过于担忧。

面对关键岗位人员的离开，尤其是创始人的退出，管理者需要采取一系列有效的应对措施。首先是关于股份问题。在人员离职时，尽量收回其所持股份是一项非常重要的工作。这不仅有助于公司重新分配资源，也能吸引后续新人的加入。当然，管理者在处理股份时，必须遵循相应的规则。对于已经授予离职人员的股份，可以采取两种策略：一是保留其已有股份；二是以合理的价格买回。如果上述两者都无法实现，那么可以考虑保留其部分股份，同时将尚未到期或未能行使的股权留给后续人才。当公司发展到中期阶段时，股权的配置变得尤为关键，因为这直接关乎对人才的吸引力和公司未来的竞争力。

除了股权问题，人员流失对知识产权的保护同样至关重要。特别是高层管理者对公司经营策略、商业模式和产品信息的了解非常深入，一旦他们跳槽至竞争对手公司，可能对原来的公司造成难以逆转的损害。因此，建议在与高管签订劳动合同或离职协议时，明确规定知识产权的归属以及不竞争的条款。这可以有效降低因人员流失带来的商业风险，保护公司的核心利益。

在处理关键岗位人员离开的问题时，管理者应尽量做到"好聚好散"。这种方式不仅有助于降低公司受到的影响，也能够为后续的人才遴选创造一个相对平稳的过渡期。一个平和的离职过程不仅能够维护公司的企业文化，还能为团队留下一定的正面印象。对于继任者的选择，管理者要坚持"宁缺毋滥"的原则。尤其是在没有提前得知人员离开的情况下，急于寻找替代者往往会导致不理想的结果。在这种情况下，内部人员可能是一个可行的选择，他们已经对公司的文化和业务有一定的了解，能够较快适应新环境。如果决定引入新的人选，务必进行彻底的评估和考察，以确保其具备所需的技能和经验。如果新加入的人员未能有效履行职责，反而可能导致团队信心下降，增加公司运行的复杂性。

关键岗位人员的离开，常常反映了其与公司发展之间出现脱节的问题。一方面，这可能是因为个人职业规划的改变，如其他创业机会的出现；另一方面，也可能是因为公司自身在发展过程中未能及时调整战略，导致部分成员无法适应。因此，在面对团队成员变动时，管理者需要深入分析流失原因，并制定合理的应对机制。通过对股权、知识产权和继任者选拔的全面考虑，可以最大程度减少对公司的负面影响，确保团队的稳定与长期发展。

在团队运营过程中，成员的更替是无法避免的现实。作为管理者，理解这一变化并采取适当的应对措施，不仅能够保证公司在关键时刻的稳定性，更能为未来的人才引进与团队建设奠定良好的基础。通过有效的股权管理、知识产权保护和合适的继任者选择，可以在变动中寻求新的机遇，推动公司继续向前发展。

3.3　团队的执行力

在当今竞争激烈的环境中，执行力已成为企业最重要的竞争力之一，其强弱直接影响企业发展的成功与否。没有执行力，企业就缺少竞争力，就难以在市场上立足。提高企业的执行力，企业在生产和发展中将获得更多的优势。如何提升企业团队执行力，我们认为可以从五点考虑：制定可执行的计划目标、制定有效的管理制度、完善企业组织机构、明确人员的岗位职责和营造企业执行文化。[①]

3.3.1　制定可执行的计划目标

提高企业整体执行力，首先要制定可执行的计划目标和预算，以确保企业战略规划的有效落实。这一过程的核心是将具体的工作计划、预算和措施进行可视化处理，使团队能够直观地对标计划，系统性地实现企业目标。制订可执行的计划需要根据企业的战略目标，并结合当前市场情况，将总体战略目标细化为年度目标和经营指标。接着，将这些目标逐层分解为季度和月度计划，并制订具体的实施方案，以确保每个阶段的目标都能得到有效落实。在预算的制定方面，应结合企业的战略指导思想和要求，编制总预算计划、关键行动执行计划、时间进度计划以及资源需求计划等，并据此形成财务预算。通过这一系列的计划和预算管理，企业能够在向战略目标迈进的过程中更加稳健和高效，确保工作的开展更加有序和有效，从而实现整体执行力的提升。

3.3.2　制定有效的管理制度

提升企业团队执行力，需要重视加强制度建设，健全和完善各项规章制度，确保这些制度与企业的战略目标紧密相联。首先企业需要建立完善的管理制度，使团队成员在执行工作时有章可循，避免随意执行。其次企业需要提高制度的合理性和可行性，管理制度应具备鲜明的针对性和可操作性，避免过于烦琐的内容。另外，要完善绩效评估和监督考核制度，将绩效评估与奖惩制度同企业战略计划的执行紧密结合，激发员工的主观能动性，调动他们的创新能力和工作热情。最后企业要保持制度的一贯性和公平性，制度不能频繁变更，这样会导致员工无所适从，最终削弱制度的执行力。同时，制度的执行应保持始终如一，避免虎头蛇尾。制度面前，人人平等，企业应确保执行过程的公平公正。通过这些措施，企业可以强化制度的建设和执行，从而显著提升团队的整体执行力，为实现战略目标奠定坚实的基础。

① 周媛媛，夏青.“双创”背景下提升大学生创业执行力的环节与机制研究［J］.大学，2021（52）：1-3.

3.3.3 完善企业组织机构

企业要提升团队执行力，应完善自身组织机构。企业机构的建设应该从企业战略目标的角度出发，并在战略目标发生变化时，及时对组织机构进行调整，以确保其能够有效支持新的战略方向。

首先，组织机构的设定要保证团队成员分工的合理性，根据战略目标，明确各部门的职能和职责。合理的分工可以提高效率，避免资源浪费，并确保每个部门都在为共同的战略目标努力。

其次，组织机构要考虑管理幅度的设定，管理幅度决定了每个管理者直接监督的下属数量。根据企业规模和战略目标，合理设定管理幅度，以确保决策的有效传达和执行。

再次，不同部门之间的协作方式应基于企业的战略需求。通过优化跨部门的协作流程，可以减少沟通障碍，提升整体运作效率。

最后，根据战略目标调整各岗位的工作设计，确保每个岗位的职责与企业的战略目标紧密相联。这有助于提高员工的工作效率以及与企业目标的一致性。

在创业过程中，企业要根据战略目标的要求，合理增设或合并部门，以更好地适应市场变化和企业内部需求。另外要根据企业战略的需求，随时调整决策权的集中或分散程度。对于一些关键战略事项，可能需要集中决策以确保方向一致性；而在一些运营管理方面，分散决策可以提升效率和灵活性。

企业还应该定期评估组织结构与战略目标的匹配度，并根据市场和战略变化进行动态调整。这样可以确保组织结构始终为战略目标服务。

通过以上这些步骤和考虑因素，企业可以构建一个能够灵活响应战略变化的组织结构。这种动态的组织设计不仅能够有效支持企业当前的战略目标，还能够为未来的调整提供坚实的基础，从而增强企业的执行力。

3.3.4 明确人员的岗位职责

为了提升企业团队执行力，企业需要明确团队成员的岗位职责，落实其目标责任，使团队成员知悉自身与绩效考核之间的关系。具体内容包括根据企业的分项计划，明确每个工作岗位的职责和权限，确保每个岗位都有清晰的工作职能。通常将企业的战略目标细化为具体的小目标，并分解到每个部门和每个岗位上。根据每个岗位的职责和目标，要设立明确的考核指标。这些指标应与企业的战略目标和各部门的具体目标相符，以确保每个员工的工作都能直接或间接地为企业的整体战略作出贡献。同时，制定公平、透明的奖惩制度，以激励员工达成目标。

另外，企业需要建立定期反馈机制，了解员工在执行过程中遇到的困难和问题，及时调整岗位职责和目标设置，确保各项工作始终朝着战略目标的方向推进。企业要强化员工的目标感和方向感，通过明确的岗位职责和清晰的工作目标，帮助员工理解他们在企业中的角色和重要性。这种目标感和方向感能激发员工的工作热情和动力，使他们更加投入地为企业工作。通过这些措施，企业可以将执行人员的岗位职责明确化和具体化，确保每个员工都有清晰的工作方向和明确的责任。这不仅有助于提升员工的个人绩效，还能显著增强企业团队的整体执行力，确保企业战略目标的顺利实现。

3.3.5　营造企业执行文化

提升企业团队执行力，离不开文化的熏陶，只有把执行变成领导干部和团队成员的一种自觉行为习惯，高效的执行力才有持久的生命力。

一是注重结果。企业应该强调结果导向，确保每项工作的目标明确且可衡量。企业文化应明确要"做正确的事"和"把事情做正确"，强调成果的重要性，使每个员工都能明白，他们的努力最终是要产生可量化的成效，帮助企业实现整体目标。

二是注重细节。细节决定成败。每一个小环节都是整体执行力的重要组成部分，任何细节上的失误都可能对全局产生负面影响。领导干部应制定精细管理标准，培养团队的精细管理习惯，鼓励总结和分享精细管理的经验和成果。通过精抓细管、精打细算，提升管理水平，从而通过对细节的把控来推动整体执行力的提升。

三是注重行动。执行力最终体现在行动上。没有行动的执行只是空谈，企业应鼓励领导干部和员工真抓实干，全力以赴地投入到工作中。行动要求团队成员保持高度的专注力，围绕企业的增产、安全、降耗等关键目标进行实际操作。同时，领导干部要走到一线，开展调查研究，敏锐识别生产管理中的重点和难点问题。通过身体力行，树立榜样，以实际行动去影响和带动全体员工，确保各项工作目标和任务的落实。

四是形成共同的文化认同。企业应致力于营造一种共同的文化认同，使执行力的提升成为全体员工的自觉行为。通过培训、团队建设活动以及定期的交流会议，增强员工对企业文化的理解与认同，形成共同的价值观和目标感。这样的文化氛围将激励员工自觉地采取行动，积极参与到计划执行和落实中。

五是激励与反馈机制。建立有效的激励与反馈机制，将执行力与绩效考核结合起来，使员工在完成工作时能够获得正向激励。同时，及时反馈工作进展和结果，让每个员工都能看到自己的努力对企业的贡献，从而进一步增强其执行的积极性和主动性。

通过以上措施，企业不仅可以提升团队的执行力，还可以形成一种积极向上的企业文化，推动企业的持续发展。最终，执行力不仅是一个管理问题，更是企业文化的体现和持续发展的动力。

素养园地

创业：梦想与责任的双重追求

创业不仅是个人实现梦想和价值的重要途径，也是推动社会进步和经济发展的重要力量。大学生创业是对其专业能力和知识的考验，也是对其社会责任感和价值观的锤炼。创业离不开优秀的团队建设和创新精神。团队合作要求尊重他人、包容差异、共同奋斗，这有助于大学生在实践中树立正确的人生观和价值观。面对创业过程中的挑战和不确定性，大学生需要保持理性思考，勇于承担责任。大学生在追求创业成功的同时，要树立服务社会、回报社会的崇高理想，真正做到在创业中成长，在成长中创业，为实现个人价值和社会进步作出积极贡献。中国超越极限集团董事长梁凯恩结合自身经历提出的八个关键创业秘诀就指出了创业过程中梦想与责任、团队与创新的重要性。

第一，梦想的力量。梦想是创业者成功的起点。无论你期望成为行业佼佼者还是亿万富翁，拥有梦想是不可或缺的第一步。梦想给予创业者前进的动力与方向。

第二，实现梦想的行动力。只有梦想并不足够。为了实现梦想，你必须不断提升自己，即便面临挫折，也要通过努力与信念来改变现状，成为一个行动力强、不断学习并不断超越自我、突破自我极限的人。

第三，有保护梦想的坚定信念。梦想需要保护，不应被外界环境所左右。尝试记录下你的目标，每天提醒自己。很多看似遥不可及的目标，常常能够通过自我激励，最终实现。

第四，找到自己的天赋。了解并发挥你的天赋是创造奇迹的关键。识别自己的优势并加以利用，可以帮助实现人生梦想。

第五，激发潜能与团队协作。追逐梦想时，仅保持积极态度是不够的，还要能够高效运用自己的潜能。除了个人努力，积极加入创造奇迹的团队，常常会发挥更大的作用。

第六，创建梦幻团队。成就梦想需要一个强大的团队。一个成功的项目从来不是单打独斗，而是一个梦幻团队共同努力的结晶。想象一下，如果你觉得一个人赚一千万会非常难，但是一千个人一起赚一千万或是一个亿或是十个亿，就会变得非常简单了。找到最优秀的人并提升领导力，是实现宏伟目标的重要步骤。

第七，表达感恩的艺术。在成功的路上，学会如何表达感激是至关重要的。只有懂得感恩，才能吸引更多的人全力以赴地支持你。特别要感谢那些在关键时刻支持你的人，因为他们成就了你的辉煌。

第八，有超越自我的追求。你常常比自己想象的更强大，生活是为了改变世界。历史上有许多伟大人物，都用行动证明了个人力量的影响。

这八个关键步骤，为创业者揭示了成功的关键要素，激励每一个追梦者在人生的旅程中不断突破与成长。

【价值塑造】梁凯恩在其创业秘诀中强调梦想、责任感、团队精神与创新能力的重要性。创业者应树立远大理想，明白梦想不仅仅是个人的追求，实现梦想的过程更体现了对社会和他人的责任。团队的力量在创业中不可或缺，好的协作能力和沟通技巧，使创业者能够在未来的工作中有效地与他人合作，实现更大的成功。另外创新是推动经济和社会发展的关键。创业者只有不断探索、尝试新事物，具有一定的创造力和解决问题的能力，才能在激烈的竞争中脱颖而出，为创业梦想的实现奠定坚实的基础。

资料来源：梁凯恩. 创造奇迹的八个关键视频［EB/OL］.（2015-10-23）［2024-12-15］. https://tv.sohu.com/v/dXMvMjcxODE0OTIxLzgxODYzNjE3LnNodG1s.html.

本章小结

本章主要讲述了创业者的基本素质、创业团队的组成与激励机制以及团队的执行力。团队的执行力对创业成功有着重要的影响，提升团队执行力的措施包括：制定可执行的计划目标、制定有效的管理制度、完善企业组织机构、明确人员的岗位职责和营造企业执行文化。

基础训练

❖ 单选题

第3章单选题

1.创业者的基本素质是创业者在创业过程中展现出的独特品质和技能能力，包括身体素质、心理素质、知识素质和能力素质等。创业者的心理素质不包括_____。

　　A.洞察风险　　　　　　　B.坚韧不拔　　　　　　　C.轻言放弃

2.创新是企业的灵魂和关键。创业者需要具备创新能力，促使企业不断采用新的思想、产品、技术等增强企业的竞争力。创新属于创业者的_____。

　　A.身体素质　　　　　　　B.知识素质　　　　　　　C.能力素质

3.《论语》有言："人而无信，不知其可也。"创业者需要具备诚实守信的品质，诚信不仅是个人立身处世的法宝，也是创业的根本法则。"信"指的是创业者的_____。

　　A.心理素质　　　　　　　B.知识素质　　　　　　　C.能力素质

4.法国著名思想家笛卡尔说：机会总是垂青那些有准备的人。创业者需要能够快速识别机会，这是创业者_____的体现。

　　A.心理素质　　　　　　　B.知识素质　　　　　　　C.能力素质

5.皇家"同花顺"10、J、Q、K、A是最大的牌型，可以比喻一个优秀的团队。10、J、Q、K、A代表创业团队中不同的成员角色。"同花顺"之A代表_____。

　　A.创始人　　　　　　　　B.联合创始人　　　　　　C.核心员工

6.在企业获得A轮融资，拥有了更多的资金后，通常会吸纳更有能力的人才，借助外部高管，有效推动公司的发展与转型。这种方式引入的全新管理者又被称为_____。

A.空降兵　　　　　　B.合作者　　　　　　C.投资者

7.当创业团队组建好后，合理分配股权是必不可少的。通常情况下，大股东或核心人物应持有超过_____的股权，预留股权的比例大约为_____。

A.30%；10%~15%　　B.40%；20%~25%　　C.50%；10%~15%

8.在企业管理中，为了全面地增强员工的归属感和积极性，企业通常会采用多层次的_____方式。

A.管理　　　　　　　B.培训　　　　　　　C.激励

9.执行力是企业最重要的竞争力之一，其强弱直接影响企业发展的成功与否。企业的执行力是一种_____。没有执行力，企业就缺少竞争力。

A.系统化流程　　　　B.单一的行动　　　　C.概念

10.提升企业团队执行力，需要营造企业_____，把执行变成团队成员的自觉行为习惯，高效的执行力才有持久的生命力。

A.创新精神　　　　　B.执行文化　　　　　C.学习氛围

❖ 简答题

1.请阐述创业者的基本素质。

2.请阐述创业团队的"同花顺"模型。

❖ 阅读资料

下列两份团队成功的资料展示了创业过程中团队建设和创新的重要性。无论是字节跳动的全球化内容平台，还是特斯拉的可持续能源愿景，背后都是团队共同努力和不断创新的结果。这些优秀团队的成功不仅体现在技术和市场上的突破，更在于其通过卓越的执行力和创新能力，实现了对行业的深远影响。

资料一　　　　　　　　　**字节跳动的全球化**

字节跳动（ByteDance）是目前全球增长最快的科技公司之一，成立于2012年，其代表产品包括今日头条和TikTok。字节跳动成功的背后是一个由张一鸣领导的卓越创业团队。这个团队以年轻、有活力的技术人才为主，创始团队具备丰富的技术背景和互联网产品运营经验。创始人兼首席执行官张一鸣，毕业于南开大学，主修软件工程，曾在微软、酷讯和九九房等多家公司担任技术和管理职位。在字节跳动成立之前，张一鸣已经积累了丰富的互联网和技术管理经验。他有着敏锐的市场洞察力并执着追求新技术，这使他带领字节跳动在内容推荐和短视频领域迅速崛起。联合创始人梁汝波是字节跳动的另一位重要创始成员，他与张一鸣共同创立公司，并在公司早期的发展中扮演了重要角色，主要负责产品和技术的研发。杨震原也是字节跳动早期的联合创始人之一，在公司成立初期主要负责技术开发和运营工作，是张一鸣的得力助手之一。

字节跳动的核心团队还包括其他多位在数据算法、产品运营、市场拓展等领域有丰富经验的专业人才。这支团队强调扁平化管理、快速迭代和以技术为核心的创新文化，这使得字节跳动能够迅速响应市场变化，推出深受用户欢迎的产品。他们致力于技术和数据驱动内容分发，实现了对传统媒体模式的颠覆。团队注重快速迭代和产品创新，不断适应用户需求变化，并在全球化扩展中展现了卓越的执行力。通过跨文化团队合作和敏锐的市场洞察，字节跳动成功打开了海外市场，使TikTok成为全球最受欢迎的短视频平台之一。可以说字节跳动的成功主要归因于其创始团队的技术背景和创业精神,以及对技术创新和市场机会的精准把握。团队在创业初期就确立了以技术驱动内容分发和个性化推荐为核心的发展战略,这使得字节跳动能够迅速在竞争激烈的互联网行业脱颖而出,并成长为全球知名的科技公司。

资料来源:李阳林. 字节跳动无法复制,但每个领域都可以有自己的字节跳动 [J]. 中国商人,2021 (7):34-35.

资料二　特斯拉的可持续发展

特斯拉(Tesla)由马丁·艾伯哈德(Martin Eberhard)和马克·塔彭宁(Marc Tarpenning)于2003年共同创立。两位创始人希望通过创建一家生产电动汽车的公司,减少对化石燃料的依赖,从而推动环境保护。他们将公司命名为"特斯拉",以纪念著名的发明家和电力工程师尼古拉·特斯拉(Nikola Tesla)。

公司的初期目标是开发一款高性能的电动跑车,以打破人们对电动汽车性能和续航能力的偏见。2004年,埃隆·马斯克(Elon Musk)通过个人投资和筹资活动成为特斯拉的主要投资者,并担任公司董事长。马斯克推动公司采用激进的技术和市场战略,将特斯拉的愿景拓展为生产有广泛受众的电动汽车,而不仅限于高端市场。2008年,特斯拉推出了首款量产电动跑车——Roadster,这款车基于莲花Elise平台开发,采用锂离子电池技术,续航里程超过200英里(约320千米),这是当时电动汽车领域的一项突破。虽然Roadster的售价较高,但它证明了电动汽车在性能和续航方面的潜力,并为特斯拉赢得了广泛的关注和进一步的融资。随着Roadster的成功,特斯拉加快了开发更多主流电动汽车的步伐。2012年,公司推出了第一款完全自主设计和生产的车型——Model S。这是一款豪华电动轿车,凭借其长续航、卓越性能和创新的技术配置(如大屏幕中控和自动驾驶功能),迅速成为市场上的热门车型。Model S的成功奠定了特斯拉在电动汽车市场的领导地位。随后,特斯拉又陆续推出了Model X (SUV车型)、Model 3 (面向大众市场的电动轿车)和Model Y (跨界SUV车型),这些车型进一步巩固了特斯拉在全球电动汽车市场的主导地位。

特斯拉的成功离不开其创始团队和管理层的卓越领导。埃隆·马斯克作为特斯拉的主要投资者和董事长,后来成为CEO,是特斯拉发展过程中最具影响力的人物。他不仅提供了关键的资金支持,还在产品开发、市场战略、生产扩张等方面作出了巨大贡献。在他的领导下,特斯拉从一个小型初创公司成长为全球领先的电动汽车制造商。特斯拉的创业经历充满了创新和突破,从开发第一款高性能电动跑车到成为全球电动汽车和清洁能源领域的领导者,这一过程不仅需要强大的技术和产品创新能力,还需要清晰的愿景和不懈的努力。特斯拉的创始团队,在埃隆·马斯克的领导下,不仅将电动汽车的理念变为现实,还在能源储存、自动驾驶技术和太阳能产品等领域不断突破,使公司不仅在商业上取得了巨大成功,还在全球范围内引领了电动汽车革命,推动了可持续能源的发展。

资料来源:俞灵琦. 马斯克的"科技帝国"[J]. 华东科技,2024 (2):10-15.

第4章 创业的创意理念

学习目标

通过本章学习，学生能认识到创意创新对创业的重要影响，明确知识产权和专利保护对企业发展的关键作用，重点掌握创业的创意理念以及创新成果的商业化过程，学会合理评估和改进自身的创意理念。

4.1 创意理念

在当今竞争激烈的商业环境中，创业的成功往往取决于创新的能力，而创意就是这一过程的起点。成功的创业者不仅具有敏锐的商业嗅觉，更善于从生活的点滴中提炼出潜在的商业机会。接下来，我们将介绍创意如何产生，并通过观察、思考、实践和市场推广等环节，揭示从创意产生到创业成功的过程。①

4.1.1 观察与思考：创意的起点

观察是创意产生的第一步。我们生活在一个信息繁杂的世界中，日常生活中充满了各种细节，这些细节往往蕴藏着商机。②例如，一位咖啡店老板在观察顾客时，发现许多人在等待咖啡的同时无聊地看着手机。这个细节促使他思考：是否可以在店内设置一个小型的阅读角，提供书籍和杂志，吸引顾客逗留更长时间，提高饮品的销量。通过观察，创业者能够识别出生活中的不便之处，进而引发思考。如何解决这些问题？如何满足顾客的需求？这些问题的深入思考往往是创意的萌芽。成功的创业者往往会将简单的观察与深度的思考结合起来，形成独特的商业理念。

---

① 邓彦敏，曹加文，罗纯. 论培养当代大学生创新创业思维的重要性 [J]. 创新创业理论研究与实践，2022, 5 (2)：99-101.

② 彭雪婷. 大学生创新创业意志培养研究 [D]. 哈尔滨：哈尔滨理工大学，2023.

4.1.2　灵感的火花：创新的诞生

灵感的火花常常是无意中瞬间产生的，但它们的产生并非完全偶然。许多成功的创业故事背后都有一个灵感产生的源头。例如，一名设计师在看到朋友很难找到合适的运动鞋时，灵机一动，想到可以设计一款根据脚型定制的运动鞋。这一灵感来源于对朋友需求的关注和自身对运动鞋市场的理解。灵感不仅需要观察生活，还需要对行业趋势的敏锐感知。创业者可以通过市场调研、行业分析等方法，深入了解当前的市场需求和消费趋势。这种综合的信息收集方式，能够大大提高灵感的有效性和可行性。

4.1.3　实践与实施：从创意到产品

创意的实现需要实践。许多创业者在这个阶段面临的挑战是如何将抽象的创意转化为具体的产品或服务。这一过程需要团队合作、资源整合以及不断地试错。以刚才提到的定制运动鞋为例，创业者需要考虑如何设计合适的款式，如何选择合适的材料，以及如何建立生产链条。此时，创业者需要具备较强的项目管理能力和协调能力。通过原型设计、测试反馈和不断迭代，最终创建出符合市场需求的产品。同时，在这个阶段，创业者还需要注意成本控制和质量保证，以确保产品的市场竞争力。实践不仅是验证创意的过程，也是检验商业模式的重要环节。

4.1.4　市场推广：成功的转化

一旦产品完成，创业者面临的下一个挑战是市场推广。无论产品多么优秀，如果没有有效的市场推广策略，最终也难以获得成功。有效的市场推广不仅是为了销售产品，更是为了建立品牌形象和客户信任。在市场推广阶段，创业者可以利用社交媒体、线上广告、线下活动等多种渠道，尽可能多地触达目标客户。同时，通过用户反馈了解市场反应，及时调整推广策略，以更好地满足市场需求。

产品从创意的产生到成功面市，创业者需要经历一个复杂而又充满挑战的过程。这一过程不仅依赖瞬间的灵感，更需要持续的观察、深刻的思考、扎实的实践和有效的推广。一个生动的例子便是乐高的创业历程。乐高由丹麦木匠奥莱·柯克·克里斯蒂安森（Ole Kirk Christiansen）在比隆德（Billund）创立。在经济大萧条的背景下，乐高创始人展现出敏锐的商业洞察力，他果断放弃原先的家具生产，将公司重心转向玩具制造，并以 "Lego" 命名，寓意 "玩得好、好好玩"。后来，随着塑料行业的发展，Ole 购入注塑成型机，第一块乐高塑料积木问世，奠定了乐高积木的基础。随着 "凸起管" 系统专利的获得，乐高公司保证了积木拼接的灵活性与紧密性，产品的创新为孩子们的创意世界打开了新大门。在第二代掌门人高德弗雷德（Godtfred）的引领下，乐高推出了多个经典主题系列，如乐高小镇、乐高城堡等，激发了儿童的想象力与创造力。同时，乐高积极拓展全球市场，与新秀丽（Samsonite）合作，迅速进入北美市场并扩展至全球多个国家。这一系列的举措不仅体现了乐高在产品创新和市场开拓上的成功，也为创业者提供了宝贵的经验：敏锐捕捉市场需求、持续创新、积极拓展市场是点燃创业之路的重要因素。乐高的案例充分展示了创业者如何通过创意与商业嗅觉寻找商业机会，通过持续的创新实现企业的成长。这不仅是乐高的成功故事，也是任何创业者应当学习的宝贵经验。[①]

每一个创意都有可能改变我们的生活，而成功的创业者往往是那些能够从日常生活中提炼出潜在机会，进而形成独特商业模式的人。通过不断探索和实践，任何人都有机会在平凡的生活中发现不平凡的创意，迈出创业的第一步。在今天这个快速发展的时代，创业者更应该善于从日常生活中寻找灵感，发现未被满足的需求。成功的创业案例往往源于简单的观察与思考，而创造出解决方案的过程正是创业的核心。

4.2 创新在创业中的重要性

4.2.1 创新创业精神

创新创业精神是创业者及创业团队在创业实践中所持有的价值观、人生观和行动理念的体现。创新创业精神不仅展现了创业者在创新创业活动中的精神风貌，还为他们提供了持续推动实践活动的内在动力和精神支撑。创新创业精神激励创业者勇于探索和迎接挑战，体现了坚韧不拔、勇于冒险的品质。这种精神不仅仅是成功的催化剂，更是推动社会进步和经济发展的重要动力源泉。具有创新创业精神的人，往往具备超越常规的思维模式，能够迅速适应复杂变化的商业环境，并寻找出路，从而在竞争激烈的市场中脱颖而出。

成功的创业建立在创新的基础之上，创业和创新是难以分割的整体，创新往往伴随着创业的出现，创业也总会体现出创新的元素，两者相辅相成，融于一体。中华民族是人类历史上创新、创业的先驱，无论是古代的四大发明还是现代的政治、经济体制改革，都极大地促进了中华民族的发展，影响着未来，改变着世界。随着网络化和信息化时代的到来，创新与创业迎来了前所未有的发展机会。[②]

4.2.2 创新与创业

1）多元性创新

创新并不局限于单一的技术或领域，而是一个涉及广泛的多样性概念。创新的核心在于变化，既包括重要的技术革新，也包括微小持续的技术改进，如在产品设计、用户体验以及市场策略上的调整。多样化的创新能力是企业在快速变化的市场中保持灵活性和竞争力的关键。[③]

科技巨头苹果公司可以说是创新多元性的典范。[④]2007年，苹果手机的问世改变了整个手机行业的格局，其创新技术至今仍为人们津津乐道。在那个年代，手机的实体键盘是标配，而苹果手机完全去掉了实体键盘，只保留了一个Home按键，为屏幕腾出了

---

① 李红. 探析乐高品牌文化塑造［J］. 品牌与标准化，2023（1）：46-49.
② 葛乐. 创新对创业的作用机制及实证研究［D］. 长沙：湖南大学，2020.
③ 邬贺铨，彭科峰. 互联网创新永远在路上［N］. 中国科学报，2017-09-12（1）.
④ 宋洋. 苹果公司创新发展启示录［J］. 企业研究，2018（12）：40-43.

更多空间，使得第一代 iPhone 拥有了 3.5 英寸的显示屏，重新定义了智能手机的标准。2008 年苹果推出了 App Store 及"查找我的 iPhone"功能。不仅为用户提供了一个安全下载应用程序的环境，也有效解决了手机的失盗问题。这些新功能的出现，极大地增强了用户对苹果公司产品的信赖，巩固了其在行业中的领先地位。2010 年，初代 iPad 问世并迅速受到市场的热烈欢迎。iPad 不仅满足了人们日常娱乐的需求，如观看视频和浏览网页，还可以作为工作的辅助工具，如文档编辑和绘图等。随后，苹果公司在这款产品中不断创新，引入新的功能，如高分辨率显示屏、多任务处理和 Apple Pencil 的支持等。这些改进明显提升了 iPad 的娱乐功能，同时又增强了其工作辅助的优势。特别是 Apple Pencil 的精确度和流畅度，为设计、教育和艺术创作领域带来了革命性的变化。这种持之以恒的创新策略显示了苹果公司在细节上的不懈追求，也充分体现了创新多样性对于企业发展的重要价值。

Mac 系列产品的技术进步是创新促进企业发展又一重要体现。从初代 MacBook Air 的轻薄设计到自研 M1 芯片的推出，苹果公司在 Mac 系列产品中的每一步创新都显著提升了用户体验。M1 芯片通过卓越的性能和能效表现，大幅提升了 Mac 的计算能力和电池续航时间。苹果公司硬件技术上的持续创新和突破正是创新多样性的一种体现，巩固了其在高科技领域的地位。

苹果公司的创新之处还包括其硬件和软件的无缝结合。iPhone、iPad 和 Mac 都运行在苹果公司自家研发的操作系统上，使得用户在不同设备间的操作体验几乎无缝衔接。比如，iCloud 的同步功能确保了用户在所有苹果设备上的数据一致性，使得多设备联动更加高效和便捷。苹果还通过定期的软件更新，为其设备引入新的功能和改进。例如，最新的 macOS 和 iPadOS 系统带来了如"快速笔记""集中模式"等一系列新功能，这些改进虽然看似微小，但明显提升了用户的日常使用体验。除了技术创新，苹果公司还积极进行市场策略的灵活调整。苹果公司深谙如何利用用户数据来优化其产品和服务，以更好地满足市场需求。通过 App Store 和数据分析工具，苹果公司能够了解用户的使用习惯和偏好，从而在新产品的设计和功能上作出相应调整。

苹果公司展示了企业如何通过多元性创新在竞争中脱颖而出。通过重大技术突破和不断的技术改进，该公司始终处于行业前沿，并通过引领行业标准，激励了整个科技界的创新。创新不仅推动企业的发展，也推动社会的进步。即使是微小的改进创新，都能为企业和社会带来深远的影响。

随着经济与技术的不断演变，创新的形式和内涵也在不断变化。未来，创业者要在不断变化的环境中，保持开放的心态，勇于探索与实践。只有这样，创业者才能在创新的浪潮中立于不败之地，推动企业不断前进。企业要把握住创新的脉搏，关注市场的变化和用户的需求，制定有效的创新策略，从而在复杂的市场环境中保持活力，获得长远发展。创新的力量正在深刻塑造企业。只有不断追求创新，创业者才能在变化莫测的商业环境中把握机遇，迎接挑战，不断进步。[①]

---

① 丁莉. 大学生创新创业能力现状调查及提升策略——以 Z 大学为例 [D]. 郑州：郑州大学，2021.

2）持续性创新

在企业的发展过程中，创新绝不仅仅是一次性的行动，更是一种需要持续推进的不间断过程。一时的创新成功或许能为创业者带来短期的辉煌，但企业要想在激烈的市场竞争中立于不败之地，必须依赖持续性创新。企业应当持续加大在研发方面的资源投入，确保自己始终站在技术发展的最前沿。这种持续的创新不仅可以为产品和服务带来显著的突破，还能够增强企业的市场竞争力和在不断变化的行业环境中的适应能力。此外，持续性创新为企业提供了一个坚实的平台，使其迅速响应客户的需求，捕捉行业的最新趋势，从而维持和扩大其市场领先地位。在这个快速变化的时代，只有那些坚持进行持续性创新的企业，才能够真正实现长远的发展和繁荣。谷歌公司作为全球领先的科技企业，便是这一理念的杰出范例。

谷歌公司在搜索引擎、人工智能、自动驾驶等多个领域一直保持着持续的技术创新，拥有强大的市场竞争力。谷歌的成功与其强大的研发能力和专注于技术创新的企业文化密切相关。谷歌搜索引擎通过复杂的算法和强大的数据处理能力，提供了快速、精准的搜索服务。为了保持搜索引擎的领先地位，谷歌持续投入大量资源进行算法的优化和技术的更新，并申请了大量相关专利。谷歌搜索引擎的不断优化和持续改进，提升了用户体验，也巩固了谷歌在这一领域的地位。在人工智能（AI）领域，谷歌表示其发布的新一代 AI 模型 Gemini 2.0 将成为人工智能代理（AI Agent）发展的"跳板"，可以用于分析智能手机显示的图像、帮助视频游戏玩家制定策略、执行各种乏味的杂务以及在线搜索等任务。谷歌还在自然语言处理、计算机视觉、强化学习等多个 AI 子领域取得了显著成果，这些技术被广泛应用于谷歌的多项产品和服务中，如谷歌助手、谷歌翻译和谷歌照片等。[①]在自动驾驶领域，谷歌旗下的自动驾驶公司 Waymo 自成立以来，一直致力于开发安全可靠的自动驾驶技术。Waymo 通过大量的研发投入和技术创新，成功实现了高度自动化的驾驶系统，并在多地展开了路测和试运营。Waymo 的自动驾驶技术不仅在硬件层面进行了大量创新，如激光雷达、摄像头和传感器的优化，在软件层面也进行了深度研发，开发了先进的决策算法和路径规划系统。[②]

谷歌的成功离不开其持续的研发投入和技术创新。持续技术创新不仅提升了谷歌的市场竞争力，还增强了其应对市场变化和技术变革的能力。在快速变化的科技行业，市场需求和技术趋势不断变化，企业只有通过持续的创新，才能保持竞争优势，实现企业的长期发展。

---

① 王婧. 谷歌发布新一代人工智能技术［N］. 经济参考报，2024-12-13（4）.

② 李雅琪. 从 Waymo 最大单笔融资看当前全球自动驾驶产业发展［J］. 智能网联汽车，2024（6）：6-7.

4.3 创意与知识产权

创意是成功创业的起点，是企业发展的源泉，激励着创业者不断探索新的可能性。创意的形成需要对市场变化的敏锐洞察和对客户需求的深刻理解。一个富有创新性的创意往往能催生出全新的产品或服务，开启一段令人瞩目的商业旅程。创新是推动企业发展的核心动力。它不仅是将创意转化为现实的过程，更是企业持续进步的关键所在。创新需要技术支持，也需要对市场趋势进行精准把握。通过不断创新，企业能够找到更高效的运营方式和更具吸引力的产品方案，从而在激烈的竞争中脱颖而出。创新的成功往往伴随着对知识产权的重视和保护。知识产权为创意和创新提供了法律保障，使企业能够在市场中维护其独特性和竞争优势。通过专利、商标和版权等，企业能够保护其原创成果，防止他人抄袭，也能在合作和投资中增强信任度。

4.3.1 知识产权

知识产权（intellectual property，IP）是指公民、法人或其他组织因在科学、技术、艺术等领域通过智力劳动创造的成果而享有的专有权利。这些权利不仅涵盖文学艺术作品，还包括科学发现、商标、服务标志以及工业和科学领域的发明等。[1]

知识产权是企业未来发展和核心竞争力的重要支柱。企业之间的竞争不仅是产品或服务质量的比拼，更是技术和品牌的较量。谁能最先掌握新技术或标准，谁就可能在竞争激烈的市场中占据主导地位。在这一过程中，知识产权作为保护科学技术的重要法律手段，将在很大程度上影响企业未来核心竞争力的高度。如果企业能够妥善保护其知识产权，就能够有效防止竞争对手的侵权行为，从而维护自己的市场地位，增强企业的市场竞争力，并推动技术创新和新产品的研发。

知识产权是企业参与市场竞争的战略储备。在当今全球化的商业环境中，一家企业的综合竞争力越来越多地依赖其自主创新能力以及知识产权的积累。知识产权不仅仅是企业的法律保护工具，还是参与国际竞争的重要战略储备。统计数据显示，销售额较高的公司往往也是专利拥有量较多的企业。例如，日立、西门子及杜邦等企业都拥有上万件专利。这些企业在全球市场中的领先地位，充分证明了知识产权在企业发展中的关键作用。[2]

4.3.2 专利

当一个创意萌生并经过仔细打磨，最终转化为具有实际应用价值的技术成果时，保护其知识产权对于创业者来说尤为重要。企业若能有效管理和保护自身的知识产权，就能在市场竞争中立于不败之地。将创意转化为专利是保护技术成果的关键步骤。

---

① 王仙婷. 知识产权未来国际贸易发展的战略储备 [J]. 商场现代化，2008（5）：278-279.
② 叶伟. 我国专利密集型产业创新能力强 [N]. 中国高新技术产业导报，2024-10-21（1）.

专利通过授予发明者在特定时间内的独占权来促进技术进步，是一种鼓励创新与技术发展的法律工具，在现代社会中扮演着重要的角色。专利不仅维护了创意者的合法权益，还为企业在市场竞争中构筑了坚实的壁垒。例如，在医药行业中，制药公司通过专利来保护新药的配方和生产工艺，以确保长期的市场专属权和投资回报。这不仅推动了企业的发展，也促进了整个行业的技术进步。[①]新药的研发需要耗费巨额资金和时间，从实验室到市场，往往需要经过多个阶段的试验和审批。在这样的背景下，专利保护为制药公司提供了必要的保障，确保其研发投入能够获得合理的回报。

华为公司是知识产权管理的一个成功案例。作为全球领先的通信设备及智能终端供应商，华为在5G技术领域取得了巨大的突破并有广泛的应用，其成功在很大程度上依赖于对知识产权的重视。通过大量的研发投入和技术创新，华为在全球多个国家和地区建立了研发中心，在全球积累了大量的专利。华为通过合理的专利布局，确保了其在全球通信市场上的重要地位。从华为的成功案例中可以看到，专利保护对企业的长远发展的影响。华为公司在全球市场中进行专利布局，积极参与国际标准的制定，这不仅仅是为了保护自身的技术优势，更是为了推动整个行业的发展。5G技术的广泛应用，标志着通信技术的一个新里程碑，而华为公司通过对专利的有效管理，在这一过程中发挥了至关重要的作用。

阿里巴巴集团是中国领先的电子商务公司，成立于1999年。该公司提供多种在线平台，连接全球买家和卖家，业务涵盖电子商务、云计算、数字媒体和娱乐等领域。阿里巴巴以其广泛的生态系统和创新的商业模式，为全球用户提供多样化的服务。阿里巴巴集团通过在电子商务、云计算和人工智能等领域的大量技术创新，取得了显著的专利成果。尤其在云计算领域，阿里云依托于强大的专利组合，保护其创新技术。这不仅帮助其在国内市场占据重要地位，还在国际市场上保持了竞争力。此外，阿里巴巴并不局限于传统的商业模式，而是通过创新驱动不断寻求突破。通过专利保护，阿里巴巴在技术迭代中始终保持领先地位，确保了其商业模式和技术创新的可持续发展。这种专利战略不仅巩固了阿里巴巴在技术领域的领导地位，也为其开拓新的市场和应用场景创造了更多机会，在不断变化的科技世界中持续引领创新潮流。

大疆创新（DJI）作为全球无人机行业的领军企业，一直以技术创新和专利保护为核心竞争力，牢牢把握市场先机。自成立以来，大疆不断致力于无人机技术的研发，特别是在飞行控制系统和图像传输技术领域，积累了大量专利。这些创新带来的专利技术不仅提升了无人机的稳定性和操控性，还使得实时图像传输变得更加清晰和高效，极大地增强了用户体验。在产品应用上，大疆创新也积极拓展无人机的使用场景。除了传统的航拍和摄影功能，大疆还开发了适用于农业、测绘、救援、物流等多个领域的解决方案。例如，在农业领域，大疆的无人机可以精准喷洒农药，提高作业效率并减少资源浪费。在救援场景中，其无人机能够快速到达灾区进行侦察和物资运输，为救援工作提供了重要支持。大疆的成功不仅仅依赖创意的灵感，更在于技术的创新及完善的专利布局

---

①　冯晓青，高源. 试论专利制度变迁与产业发展的关系——写在《中华人民共和国专利法》颁布四十周年之际［J］. 黑龙江社会科学，2024（3）：40-49；144；153.

和保护策略。通过在全球范围内申请专利，大疆为其技术创新提供了强有力的法律保障，防止竞争对手的模仿和侵权。这种专利壁垒不仅保护了公司的技术优势，还促进了企业的可持续发展。

华为、阿里巴巴和大疆3家公司在其发展的过程中，都成功地将最初的创意转化为知识产权，积累了大量的专利。通过精心的专利申请和战略布局，不仅巩固了自身的市场地位，还推动了中国高科技产业的国际化进程。它们的成功实践表明，创新与知识产权保护是企业成长和国际竞争力提升的关键。这样的战略布局不仅提升了企业自身的价值，也为全球科技进步贡献了力量。

4.3.3 知识产权保护

创意对于创业者而言是一种无形的宝贵资产，是推动企业进步的重要力量，需要得到有效的保护。在信息化和全球化迅速发展的今天，知识产权已经成为企业核心竞争力的重要组成部分。通过科学与系统的知识产权管理，企业能够有效地保护其创新成果，从而获得源源不断的发展动力。拥有核心技术的专利不仅是企业在市场竞争中的一把利器，也是一种极为重要的无形资产。这些专利通过许可、转让等方式，不仅能为企业提供强大的竞争优势，还能带来可观的经济收益，进一步助力企业的持续发展。

然而，实现有效的知识产权保护并不是一件易事。一直以来关于知识产权侵权的案件频繁发生。创业者需要在企业发展的初期就对可能涉及的知识产权问题进行全面评估，并制定相应的策略。为了避免可能的侵权风险，企业相关部门需要进行详尽的专利检索，确认自己的创新不侵犯他人的知识产权。这个过程需要企业具备一定的法律和技术专业知识，可能还需要与专业的知识产权机构进行合作。良好的知识产权管理能够提升企业的声誉和品牌价值，增强客户和合作伙伴对企业的信任。为了更好地保护创意和技术成果，创业者可以从以下几个方面进行专利布局。

1）早期保护

企业一旦有了新的创意及创新的技术，应尽早进行专利申请。早期保护有助于企业在市场中夺得先机，避免他人抢先申请或模仿。举个例子，小米公司在其发展的早期阶段，就非常注重专利保护。在产品推出之前，该公司就已经为其多项关键技术申请了专利。小米公司成立于2010年，不久之后便推出了第一款智能手机。为了确保其技术不被其他厂商抄袭，小米在研发初期便投入大量资源进行专利申请。比如，小米在其第一代手机中引入了许多创新功能，比如MIUI操作系统的独特界面设计和用户友好性。这些技术和设计在推向市场之前就已经申请了专利保护，确保这些创新不被轻易模仿。此外，小米还在硬件方面进行了大量的创新。例如，小米自主研发的电池管理技术和快速充电技术，这些都是通过专利保护起来的关键技术。通过这些技术专利，小米不仅在产品性能上领先于其他竞争对手，还在手机价格战中保持了强大的竞争力。

2）全面布局

企业在进行专利申请时，不仅要保护核心技术，还要考虑相关的外围技术。通过全面的专利布局，可以构建起坚固的技术壁垒，阻止竞争者进入。例如，华为公司在5G技术领域的专利布局就非常全面。除了核心的5G通信技术外，华为还申请了大量与5G相关的外围技术专利，如5G网络的基础设施建设、信号传输的优化算法、数据安全和隐私保护技术等。这些外围技术虽然不是5G的核心部分，但对整个5G生态系统的运作至关重要。通过在这些领域申请专利，华为不仅巩固了自身在5G市场的领先地位，还确保了其在相关技术上的持续创新能力。这种全面的专利布局使得华为在5G领域拥有了强大的竞争优势，其他厂商很难在短时间内超越华为的技术水平。全面布局不仅能够保护企业的核心技术，还可以避免竞争者通过开发替代技术来规避专利，从而保护企业的市场份额。

3）全球视野

企业在进行专利申请时，不仅要关注国内市场，还要有全球视野。企业通过在主要市场进行专利申请，可以在全球范围内保护技术成果，提升其国际竞争力。比如，特斯拉公司在电动车和自动驾驶技术方面拥有全球范围内的专利布局。特斯拉不仅在美国申请了大量专利，还在欧洲、中国、日本等主要市场进行了专利申请。这种全球视野的专利布局，使得特斯拉的技术在全球范围内得到了有效保护，提升了其在国际市场的竞争力。同时，全球视野还可以帮助企业了解国际市场的专利申请和保护规则，避免因知识产权问题而导致的贸易障碍和法律纠纷。[①]

4）持续创新

技术创新是企业发展的动力源泉。企业应不断进行研发投入，推动技术进步。企业通过持续的创新和专利保护，可以不断增强其市场竞争力。如谷歌在搜索引擎、人工智能、自动驾驶等领域持续进行技术创新，并不断申请专利。通过持续的研发投入和专利保护，谷歌在多项技术领域保持了领先地位，增强了其市场竞争力。同时，持续创新还可以帮助企业应对市场变化和技术变革，提高企业的适应能力和长期发展潜力。

谷歌公司在技术创新过程中的一个重要策略是专利保护。通过申请和保护专利，谷歌不仅保护了其技术成果，防止竞争对手的模仿和侵权，还通过专利授权和合作，构建了广泛的技术生态系统。例如，谷歌的Android操作系统虽然是开源的，但其核心技术和创新点都受到了专利保护，从而保证了谷歌在移动操作系统市场的主导地位。

5）知识产权管理

企业应建立完善的知识产权管理体系，确保专利的申请、维护和运营。企业通过有效的知识产权管理，可以充分发挥专利的价值，提升企业的市场地位。同时，知识产权管理还可以帮助企业识别和规避潜在的侵权风险，保障企业的合法权益和市场地位。以三星公司为例，三星拥有一套完善的知识产权管理体系，从专利申请、维护到运营都由专门的团队负责。通过科学的管理，三星不仅有效保护了其大量核心专利，还通过专利授权和技术转让等方式获得了可观的经济收益。

企业的领导层必须清晰理解知识产权的价值并将其融入企业的战略规划中。企业应重视知识产权的法治教育，将相关知识纳入日常培训中。同时通过多样化的教育形式，

① 王珊珊，周鸿岩. 企业专利国际化的行为特征与启示［J］. 科学学研究，2021，39（4）：662-672.

如举办知识产权培训、讲座等活动，提升各层级人员知识产权保护的意识。

总之，从创意到专利保护的过程是保护技术成果的关键步骤。通过专利保护，企业能够维护自己的合法权益，还可以在市场竞争中构筑起坚实的技术壁垒，提升竞争力。无论是在国际市场还是在国内市场，专利保护都是企业发展的重要保障。通过不断研发和技术创新，企业可以将独特的创意转化为专利，进一步增强市场竞争力，推动行业技术进步。企业在专利战略中需要综合考虑早期保护、全面布局、全球视野、持续创新和知识产权管理等多个方面。创业者需要通过科学合理的专利战略，使企业在激烈的市场竞争中占据有利地位，实现技术和市场的双重突破。

4.4 创新成果的商业化

企业创新是社会发展的重要动力源泉，也是推动日常生活进步的关键因素。无论是在日常生活中，还是在生产过程中，创新都带来了深刻的变化。近年来，人工智能和生物技术等前沿科技正在全面革新传统行业的运作模式。例如，人工智能的应用使得生产过程变得更加智能化。通过机器学习算法和大数据分析，生产线能够自动检测产品瑕疵，从而提高产品质量。同时，优化资源配置减少了能源消耗和浪费，显著提升了生产效率。生物技术的进步则使个性化医疗成为可能。基因编辑技术的突破使得科学家能够开发出针对特定疾病的个性化治疗方案，提高了治疗的有效性。同时，创新的生物传感器技术正在实现实时健康监测，为慢性病患者提供了精准的健康管理方案。总体而言，企业创新不断地推动技术进步并提升效率，对社会和生活的方方面面产生了深远的影响。

然而，在技术进步和革新的过程中，企业常常会遇到许多挑战。尽管有些创新成果在研发阶段取得了显著的突破，但在市场应用中却面临着技术不成熟、市场需求波动以及资金支持不足等问题。结果，许多创新成果难以顺利转化为商品，未能为企业带来收益，为社会创造实际的价值，造成了创新与实际应用之间的差距。因此，建立有效的创新成果转化机制，实现创新成果的商业化对于创业者来说至关重要。创新成果的商业化是企业发展的重要经济支撑。不仅能够进一步提高企业的创新能力，还可以让社会大众充分享受到技术进步带来的便利。创业者可以从以下几个方面考虑，来促进企业创新成果的商业化。[①]

4.4.1 增强技术成熟度

在当今高度竞争的市场环境中，技术创新是推动企业成长和行业发展的关键。然而，仅有创新是不够的，技术成熟度的提升是将创新成果转化为可商业化产品的基础。提高技术成熟度需要企业进行更多的研发和测试以确保技术的稳定性和可靠性，这一过程贯穿从概念验证到大规模生产的各个阶段。

---

① 李一凰. 科技创新成果转化推进机制分析 [J]. 商业文化, 2021（10）: 24-25.

要提高技术的成熟度，企业和研发机构需要进行大量的研发工作和测试。研发工作包括基础研究、概念设计、原型制作及优化等。测试则包括实验室测试、环境测试、用户测试等多个环节，目的是确保技术在各种条件下的稳定性和可靠性。例如，在无人驾驶汽车技术领域，技术成熟度的提升过程尤为复杂和重要。初期的研发工作需要解决复杂的算法、传感器集成和数据处理等问题。然而，仅有算法和设计是不够的，必须通过大量的测试来验证其在实际道路环境中的稳定性和可靠性。Waymo，一家致力于无人驾驶技术的公司，通过数百万英里的道路测试和数十亿英里的虚拟测试，不断改进其技术，逐步提升技术成熟度。在这一过程中，技术的每一次改进和每一个测试数据的积累都为其商业化铺平了道路。

技术成熟度的提升不仅仅是技术层面的改进，还包括风险管理。每一项新技术在研发和测试过程中，都会面临各种不可预见的风险，包括技术风险、市场风险、法规风险等。通过不断的测试和验证，可以逐步减少这些风险，提高技术的可靠性。

技术成熟度的提升是一个持续的过程，不会在某一个点上完全结束。企业需要建立持续改进和反馈机制，通过用户反馈的市场需求和技术发展的动态，持续优化和改进技术。这样不仅可以保持技术的先进性，还可以不断提升其市场竞争力。例如，苹果公司在其iPhone产品线上，通过持续的技术升级和改进，不仅提升了产品的技术成熟度，还保持了市场领先地位。每一代产品的发布都经历了大量的用户反馈过程和市场调研过程，确保新技术在实际应用中的可靠性和稳定性。

增强技术成熟度是技术创新成果商业化的基石，没有足够的技术成熟度，再好的创新也难以转化为商业价值。通过不断研发和测试，提升技术的稳定性和可靠性，企业可以更好地管理风险，制定有效的商业化策略，并通过持续改进和反馈机制，保持技术的领先性和竞争力。这一过程不仅是技术发展的必要步骤，也是实现商业成功的关键要素。

4.4.2　多种渠道筹集资金

通过多种渠道筹集资金，保障创新项目的持续发展，是推动企业创新成果有效转化的重要途径。政府部门可以引导构建一个完善的资金支持体系，通过设立多样化的资助基金，为企业提供必要的财政支持，满足企业技术创新在不同发展阶段的需求。在发展初期，企业往往面临资金短缺的问题。政府可以设定专项基金，重点支持基础研究及技术开发。例如，在中国，国家自然科学基金委员会（NSFC）也通过设立专项资金，支持基础科学研究，为企业研发提供重要的资金保障。美国的国家科学基金会（NSF）每年都拨款支持数以千计的基础研究项目，帮助科研人员和小型初创公司度过最艰难的创新初期。

在项目进入商业化阶段时，创新成果的市场潜力和商业价值评估显得尤为重要。针对这一需求，政府可以设立商业化评估专项基金。例如，德国的"高技术战略"计划就是一个成功的案例。通过设立专门的商业化评估基金，德国政府不仅帮助企业顺利将创新成果推向市场，还提供市场导向的建议和资源支持，显著提高了创新项目的商业成功率。除了政府的资金支持外，还有其他多种资金筹措渠道，如风险投资和私募股权、银行贷款、天使投资、众筹平台及国际组织和基金等。这些渠道为企业提供了多样化的选择，有助于其在技术创新和商业化过程中获得必要的资金支持。[①]

另外，资金设立部门应定期评估资金支持政策的有效性，根据项目的发展和市场需求的变化，及时调整资助标准和方向。比如，英国的科研与创新署（UKRI）会定期对其资助的项目进行评估，通过数据分析和市场反馈，适时调整资助范围和政策，以确保资金能够最大限度地促进创新项目的发展。

通过多种资金筹措渠道，企业能够在不同发展阶段获得所需的资金支持，缓解资金压力。这种多元化的资金来源不仅提高了企业的抗风险能力，还能通过多方资源的整合，加速创新成果的有效转化和市场应用。

4.4.3 深入分析市场需求

在快速变化的经济环境中，深入分析市场需求有利于促进企业创新成果商业化。市场需求不仅为企业指明了产品研发的方向，还为创新成果的成功转化提供了坚实的市场基础。要实现创新成果的商业化，企业必须从多个角度深入了解市场，以便准确把握消费者的需求动向，并将这些洞察转化为可行的商业策略。

市场调研是企业了解需求的一种基本方式。通过不同方式以及多样化的市场调研，企业可以收集关于消费者偏好、购买行为、市场趋势等方面的数据。这些数据为企业设计产品和制定营销策略提供了重要参考。例如，一家科技公司在推出新型智能家居产品之前，通过消费者问卷调查发现，用户最关心的是产品的安全性和易用性。因此，该公司在进行产品设计时应着重强化这两方面的功能，以迎合目标市场的需求。

另外，企业需要积极利用大数据和人工智能等现代技术手段，进行更为精准的市场需求分析。大数据分析可以帮助企业快速处理大量的市场信息，识别隐藏的市场机会和潜在的需求变动。比如，一家电商平台通过分析海量用户消费数据，识别出某类产品在特定节日期间的销售高峰，从而提前调整库存和营销策略，获得了显著的销量增长。除了进行大数据分析，企业还应关注消费者的情感和心理需求。这需要企业与消费者保持密切的互动，通过社交媒体、客户反馈等渠道，了解消费者的真实感受和期望。例如，一家化妆品公司通过社交媒体平台与用户互动，发现许多消费者希望产品更加环保和天然，那么该公司在设计新品时，就要注重环保包装的使用和天然成分的选用，这样才能成功吸引大量的消费者，获得更高的收益。

市场需求的分析不应仅限于当前，还要包括对未来趋势的预测。企业需要具备前瞻性思维，识别和引领未来需求的变化方向。此外，企业内部的灵活机制和创新文化对市场需求的响应能力也至关重要。企业需要建立快速响应市场变化的机制，确保创新成果能够及时调整并适应市场需求的变化。例如，一家服装公司建立了一个灵活的供应链系统，能够迅速调整生产和库存，根据市场反馈及时推出符合消费者偏好的新款式。

总之，深入分析市场需求是企业创新成果商业化的重要方式。通过全面的市场调研、先进的数据分析技术、对未来趋势的预判，以及灵活的企业机制，企业能够更好地

---

① 陈佳，孔令瑶. 德国高技术战略的制定实施过程及启示［J］. 全球科技经济瞭望，2019，34（3）：40-45；53.

了解和满足市场需求，将创新成果转化为商业成果。

4.4.4 加强战略合作

战略合作也是促进创新成果商业化的重要途径。通过与其他企业、高校或科研机构建立合作关系，企业可以形成强有力的创新网络，共同推动技术商业化进程。一个典型的战略合作模式是产学研结合平台的建立。产学研结合平台将学术界和产业界的优势结合起来。这种平台不仅整合了高校、科研单位与企业之间的资源，实现了资源的最优配置，还促进了多方的协同创新。

在产学研项目中，高校扮演着技术支持和人才培养的重要角色。通过科研项目和实验室，高校能够提供最新的技术发展和创新思维。此外，高校还负责培养专业人才，这为企业的研发和生产提供了强有力的智力支持。企业则提供市场需求和资金支持。企业清楚市场的动态和客户的需求，因此能够为科研方向提供实际的指导。同时，企业的资金支持使得科研项目能够顺利进行，从而加快科技成果的产业化。

华为与清华大学的合作是产学研结合的一个成功典范。双方在信息技术领域展开了深度合作。清华大学负责相关技术的研发和人才培养，华为则提供了丰富的应用场景和资金支持。通过这一合作，华为不仅在技术创新上取得了突破，还实现了大量科技成果的快速产业化，为企业的发展注入了新的动力。特斯拉与斯坦福大学的合作则集中在新能源和自动驾驶领域。斯坦福大学通过其先进的实验设施和科研团队，为特斯拉的电池技术和自动驾驶系统提供了重要的理论支持和实验数据。而特斯拉则将这些科研成果应用到实际产品中，推动了整个行业的技术进步。

尽管产学研结合有诸多优势，但同样面临很多挑战。如企业同高校的目标和文化可能存在差异。解决这一问题需要建立有效的沟通机制，明确双方的责任和利益。同时，知识产权的归属也是一个需要认真对待的问题。双方应在合作初期就明确知识产权的分配原则，以避免后续的纠纷。

综上所述，战略合作，特别是产学研结合平台的建立，是推动创新成果商业化和企业可持续发展的重要通道。企业通过整合高校提供的技术和人才，以及市场需求和资金，能够形成一个良好的创新生态系统。在这一过程中，应注意选择合适的合作伙伴、建立有效的沟通机制以及处理好知识产权等问题。在科技不断更新的时代，随着人工智能的发展与普及，战略合作也将会有更多的创新形式和更广泛的应用领域，它不仅能够实现创新技术成果的商业化，还能够推动社会整体创新能力的提升。

素养园地

保护创意，守护创新成果

创新是创业成功的关键因素。创业的创新过程要求创业者具备勇于探索的精神和将创意付诸实践的能力。在解决问题时不拘泥于传统思维，敢于尝试不同的思路和路径。同时懂得如何将想法转化为具体的产品或服务。这一能力的培养需要理论与实践的结合。创业者可以通过参与创业项目、实习或参加创业比赛等方式，丰富自己的实践经验，从而提升将创新成果商业化的能力。在这一过程中，市场调研、产品设计、营销策略等知识都显得尤为重要。知识产权的保护意识也在创新中扮演着重要角色。创业者在创新过程中产生的新想法和成果，应该受到法律的保护，以防止被抄袭和盗用。因此，他们需要学习相关的法律法规，了解如何有效地申请专利、商标和著作权。保护自己的创意不仅能为他们的创业提供有力支持，还能鼓励更多的人参与到创新的过程中，为社会带来更多的价值。

比亚迪公司是中国的新能源车企，在全球市场上展现了强大的技术实力。其始终高度重视技术创新和知识产权保护，制定了多元化的战略和完善的制度来保障技术安全。该公司在全球范围内申请的专利数目多达万项。为加强知识产权保护，该公司建立了系统化的管理制度和流程，依托知识产权管理平台，实现了对专利、商标、版权等无形资产的全生命周期管理。同时比亚迪定期组织培训和交流活动，以提高员工的知识产权意识。比亚迪的经验表明，拥有丰富的技术专利并加强知识产权保护是提高企业竞争力的关键。

创新的旅程不仅是追求新想法的探索过程，更是对个人和社会都产生深远影响的实践。它将个人追求与社会发展紧密相联，促进创业者为社会的发展作出贡献，同时帮助创业者成就自我，实现人生的价值。

【价值塑造】比亚迪成功的经验表明，创新在创业成功中占据重要地位，重视技术专利和加强知识产权保护，能够有效提升企业的竞争优势。创业者应具备勇于探索的创新精神和将创意付诸实践的能力，树立知识产权保护意识，熟悉相关法律法规知识，有效维护自己的创意和成果，防止被他人抄袭或盗用，增强自身的市场竞争力；同时为社会创造更多的价值，改善社会的创新环境。

资料来源：陈秀娟. 比亚迪首进全球车企TOP10 ［J］. 汽车观察，2023（5）：94-95.

本章小结

本章主要讲述了创业的创意理念、创新创业、知识产权保护、专利及创新成果商业化的途径。知识产权对企业发展有着重要的影响，企业要通过多种策略增强知识产权的保护意识，提高自身竞争力。

基础训练

❖ **单选题**

第4章单选题

1.成功的创业者通常具备敏锐的商业洞察力，能够从日常生活中萌生创意。那么，从创意萌发到创业成功的过程一般要经历观察、思考、_____和市场推广等环节。

　　A.用户导向　　　　　　　B.理论分析　　　　　　　C.实践

2.知识产权指公民、法人或其他组织在科学、技术、艺术等领域通过智力劳动创造成果而享有的专有权利，属于_____。

　　A.财产权　　　　　　　　B.文化权　　　　　　　　C.商业秘密

3.在市场中，_____已成为企业未来发展的重要支柱。对其有效的保护可以增强企业的市场竞争力，推动技术创新和新产品的研发。

　　A.团队　　　　　　　　　B.知识产权　　　　　　　C.创意

4._____展现了创业者在创业实践中的精神风貌，是创业者持续推动实践活动的内在动力和精神支撑。

　　A.创新创业精神　　　　　B.传统商业模式　　　　　C.风险规避策略

5.创新是社会发展的重要动力源泉，是推动日常生活进步的关键因素。创新的核心在于_____。

　　A.变化　　　　　　　　　B.固定的市场策略　　　　C.单一的技术革新

6.创新是涵盖广泛的多样性概念，下列各项中_____不属于企业创新涉及的方面。

　　A.产品设计　　　　　　　B.用户体验　　　　　　　C.管理层的职位变动

7.产学研结合平台通过整合高校、科研单位与企业的资源，促进了资源的最优配置和协同创新。这种模式属于促进创新成果商业化的____渠道。

　　A.早期保护　　　　　　　B.全球视野　　　　　　　C.战略合作

8.专利制度通过_____，是鼓励创新与技术发展的法律工具，在现代社会中扮演着重要的角色。

　　A.限制技术传播

　　B.给予发明者在一定时间内对其发明的独占权

　　C.保护国家技术机密

9.苹果公司的iPhone、iPad及Mac系列产品的问世与不断改进，引发了手机及个人计算机领域的技术革新，同时显著提升了用户的使用体验。这是企业技术_____的体现。

  A.价值提升   B.多元化创新   C.敏捷开发

10._____是企业实现创意到技术成果转化、维护自身合法权益，并在市场竞争中构筑坚实技术壁垒的重要途径。

  A.技术许可与合作 B.专利保护   C.商标注册

❖ **简答题**

1.请简述创新成果商业化的途径。

2.请简述知识产权保护的举措。

❖ **阅读资料**

  下列两份成功的资料生动地体现了创意与创新在创业过程中所发挥的核心作用。那位不惧罚款的商人通过逆向思维，突破常规界限，开创了一种全新的商业模式，充分展现了如何将面临的挑战巧妙地转化为潜在的商机，体现了创业者的灵活性和适应能力。方便面的发明则源于对日常生活需求的深刻洞察，完美结合了便利性与实用性，填补了市场上的空白。这些实例不仅证明了创造性思维在推动产品和服务创新方面的重要性，更显示了它如何帮助企业在竞争激烈的市场中脱颖而出，赢得消费者的青睐和市场的认可。总之，灵活的思维方式和敏锐的市场洞察力是创业者成功的关键。

资料一   **创意的逆向思维：创新创业的突破之道**

  在当今竞争激烈的市场环境中，创意是推动商业成功的重要动力。在创业过程中，勇于尝试和独特的思维方式能够带来意想不到的回报，实现商业愿景。户外装备品牌巴塔哥尼亚（Patagonia）成功展示了如何通过逆向思维来引起公众的关注。该品牌曾在"黑色星期五"（一年中最大的购物日）发起"不购买这件夹克（Don't Buy This Jacket）"的活动，直接反对节日购物的潮流。这种倡导节约和环保的价值观，反消费主义的立场，不仅引起了媒体的广泛关注，更引发了公众的深思。该公司在消费者心中树立了一个负责任品牌的形象。这种逆向思维的策略，促使消费者重新审视自己的消费习惯。该公司后续进一步推出旧衣循环等项目，这些创新措施不仅减少了资源的浪费，也为品牌带来了持续的销售增长，实现了经济效益与社会价值的双重提升。

  品牌巴塔哥尼亚通过逆向思维的创意，成功地将可持续发展理念与商业战略相结合，不仅提升了品牌形象，还赢得了消费者的认可与支持。创意的有效应用，不仅能为企业开辟新的盈利渠道，也可以为整个行业注入可持续发展的活力，对创业过程有着重要的影响。在创业过程中，企业应勇于运用逆向思维，发挥创意，这是企业应对挑战、实现突破的重要法宝。

  资料来源：徐曼.可持续时尚品牌发展策略分析——以巴塔哥尼亚为例〔J〕.市场瞭望，2023（21）：33-35.

资料二   **方便面的发明：创意的力量**

  20世纪50年代，随着日本经济振兴步伐的加快，日本人的工作节奏也越来越快，尤其在大城市，每天午餐时都有许多人在饭店门前排队，等着吃热面条。然而，面条需要一碗一碗地做，顾客只能焦急地等待。这种情况让当时开小餐馆的安藤很是着急。直觉告诉他：如果制作一种非常方便的面条，让忙碌的人们不必排队等候，饿的时候用滚烫的开水一泡就能够吃到，既方便了顾客，也方便了销售者，一定会大受欢迎。这个创意使安藤感到很振奋，而且说干就干，因为具有开餐馆的便利和经验，他很快尝试了许多种办法，但都不理想。后来，他改变了先将调料加进面粉的制作方法，而是把面粉先轧成普通面条，蒸熟后再浸到酱汤里，使面条吸进咸味，解决了轧面及加味的问题。那么，如何进行烘干保存呢？当时有两种比较成熟的方法：其一，利用太阳晒或者用热风吹，但那样耗费时间，不宜大规模生产。其二，用油炸，面条经油炸后会产生很多细孔，吸水后容易变软，而且经油炸后的面条味道更好。凭借多年开餐馆的直觉，安藤选择了油炸的方法。在继续实验的过程中，他又遇到了新的问题，为了调味，需将面条浸入酱汤，面条的表面因溶解又发生了黏结现象，有时甚至变成了一个面团。安藤苦思冥想，反复试验，最终还是找到了解决办法，即先进行预备性烘干，然后再将面条放进特制的"模具"里油炸，这样就形成了定型的面条。经过近三年的艰苦研究和实验，安藤终于成功制作了"方便面"，让自己的直觉变成了发明。

从安藤发明方便面的经历，我们可以深刻体会到创意不仅仅是灵感的闪现，更是对问题的深刻洞察与不断尝试的结果。

首先，安藤的创意源于对市场需求的敏锐观察。在快速发展的社会中，人们的生活节奏加快，等待时间的浪费让他意识到需要一种能满足人们即时需求的产品。这种市场导向的思维方式是创意成功的基础，提醒我们在任何创新过程中，关注用户的真实需求至关重要。

其次，安藤面对技术挑战时表现出的坚持与灵活应变性，充分展示了创意的执行力。起初，他尝试了多种方法制作方便面，其中不乏失败，但他没有选择放弃，而是不断调整思路，最终找到了解决方案。这种勇于实验和反复试错的精神，体现了实践过程的重要性。创意不仅需要灵感，还需要实践来验证和完善。

再次，安藤的成功还在于他巧妙地结合了已有的技术手段，以油炸方法来保持面条的口感和形状。这种创新的结合与应用，显示了他对传统工艺的理解和创新能力。通过对现有技术的重新审视，安藤创造了一个全新的产品，这告诉我们在创新过程中，借鉴与融合是实现突破的重要途径。

最后，方便面的成功不仅改变了饮食文化，也影响了整个食品行业，进一步推动了快餐时代的到来，展现了创意的广泛影响力。

这一案例启示我们，创意的力量在于它能够引发更大的变革与发展。综上所述，安藤发明方便面的故事强调了对需求的关注、坚持不懈地实验、技术的创新应用以及创意对社会的影响。它激励我们在面对问题时，要有勇气去探索与尝试，持之以恒地追求创意的实现。

资料来源：罗仁全. 发明与创新：L发明法助你成为发明家 [M]. 北京：科学普及出版社，2010.

第5章　商业模式

5.1　商业模式的意义与构成要素

商业模式是管理学的重要研究对象之一，它描述了企业如何通过其产品或服务来满足客户需求，如何构建其价值链，以及如何通过这一系列的活动来实现盈利和可持续发展。虽然商业模式作为一个明确的概念被提出并广泛讨论是近三十年的事情，但是它在商业实践中早已存在。从古代的商业活动开始，商人们就在探索如何有效地组织资源、生产商品、提供服务，并从中获取利润，这些都可以视为商业模式的早期雏形。

5.1.1　商业模式的意义

商业模式这一概念真正开始流行开来是在20世纪90年代。1998年，美国学者蒂默斯（Timmers）明确提出了商业模式的定义，商业模式是一种包含了一系列要素及其关系的概念性工具，用以阐明某个特定实体的商业逻辑。它不仅仅关乎产品或服务本身，更关乎企业如何组织资源、与合作伙伴互动、向市场提供价值，并最终实现盈利。商业模式定义了公司的客户、产品和服务，同时提供了有关公司如何组织运营以及创收和盈利的信息。

商业模式是企业竞争制胜的关键。在当今企业间的竞争中，已经不再是单纯的产品之间的竞争，而是商业模式之间的竞争。一个成功的商业模式能够为企业带来持续的竞争优势和盈利能力。商业模式是企业有意识地根据自身的发展目标、所处的行业环境以及所拥有的资源能力而构建的价值创造系统。它决定了企业的发展空间和经营效率，是企业发展的顶层设计。

随着市场经济的发展和企业竞争的加剧，商业模式的重要性日益凸显。[①]

5.1.2　商业模式的构成要素

商业模式的构成要素是多方面的，它们共同构成了一家企业实现盈利和可持续发展的核心框架。商业模式的构成要素分类有多种角度，这里我们从企业发展的角度，将商业模式的主要构成要素分为以下12个：

1）定位

定位，顾名思义，就是让企业在顾客的心中占据最有利的位置。其揭示了企业的战略方向、独特价值和目标客户。定位明确了企业应该提供什么样的产品和服务来实现客户的价值，是商业模式要素体系中起奠基作用的第一要素。定位决定了企业的市场方向和核心竞争力，是企业制定后续战略和规划的基础。

2）资源与能力

资源与能力是指企业拥有的、商业模式运转所需的资源和能力。这包括物质资源（如生产设备、原材料等）和非物质资源（如品牌、专利、技术等），以及企业在运营过程中所需的各种能力（如研发能力、生产能力、销售能力等）。资源与能力是企业实现商业模式的基础，其决定了企业能否有效执行其战略和计划。

3）业务系统

业务系统包含企业达成定位所需完成的业务环节和业务活动，是商业模式的核心。业务系统描述了企业如何组织其内部资源和外部资源，以提供满足客户需求的产品和服务。一个高效、协同的业务系统是企业实现盈利和可持续发展的关键。

4）盈利模式

盈利模式描述了企业获得收入、分配成本、赚取利润的方法和渠道，是企业在利益相关者利益分配格局中实现企业利益的途径。盈利模式包括直接盈利（如产品销售）和间接盈利（如广告收入、技术服务等）。盈利模式决定了企业的盈利能力和市场竞争力，是企业商业模式的重要组成部分。

5）现金流结构

企业商业模式运行过程中现金流入和流出在时间序列上的表现形式，即为现金流结构。现金流结构反映了企业的资金流动情况，包括资金的来源、使用和回流等。良好的现金流结构是企业稳定运营和可持续发展的保障。

6）客户细分

客户细分是将市场划分为不同的客户群体，以便企业更好地理解和服务于每个群体。客户细分可以根据年龄、性别、地域、收入等因素进行划分。客户细分有助于企业

---

① SHAMS R S, VRONTIS D, WEBER Y, et al. Business model innovation: new frontiers and perspectives [M]. Oxford: Taylor & Francis, 2021.

制定更加精准的市场营销策略，提高客户满意度和忠诚度。

7）价值主张

价值主张是企业向客户提供的产品或服务的价值和独特性。价值主张是商业模式的核心，体现了企业的核心竞争力。明确的价值主张有助于企业在市场竞争中脱颖而出，吸引和留住客户。

8）渠道通路

企业向客户提供产品或服务的方式和途径，就是渠道通路。渠道可以分为直接渠道（如实体店、网店）和间接渠道（如经销商、代理商）。合适的渠道通路有助于企业更有效地触达客户，提升销售效率和客户满意度。

9）客户关系

客户关系是指企业与客户之间的互动和沟通方式。客户关系可以包括客户服务、客户支持、客户反馈等方面。建立良好的客户关系有助于提升客户满意度和忠诚度，促进企业的长期发展。

10）成本结构

成本结构就是企业为生产和销售产品或服务所需的成本和费用。

成本结构包括直接成本（如原材料、人工）和间接成本（如管理费用、营销费用）。合理的成本结构有助于企业控制成本，提高盈利能力。

11）关键资源

企业为实现商业模式所必需的资源和能力称为关键资源。关键资源可以是物质资源（如生产设备）或非物质资源（如品牌、专利）。合理配置和管理关键资源是企业实现商业模式和可持续发展的关键。

12）重要伙伴

重要伙伴是指在商业模式中与企业有重要合作关系的伙伴，如供应商、分销商、合作伙伴等。重要伙伴的选择和管理对于企业的成功至关重要。良好的伙伴关系有助于企业拓展市场、降低成本、提升竞争力。

商业模式的构成要素是构建企业运营逻辑和盈利体系的基础，它们共同决定了企业如何在市场中定位、如何创造价值、如何传递价值以及如何获取收益。在这里，我们将商业模式的构成要素分为定位、资源与能力、业务系统、盈利模式、现金流结构、客户细分、价值主张、渠道通路、客户关系、成本结构、关键资源和重要伙伴等12个方面，这些要素相互关联、相互作用，共同构成了一家企业的商业模式框架。[①]

商业模式是一个很宽泛的概念，可以从不同的角度建立不同的分类框架。随着时代的发展，传统的商业模式已无法完全满足企业的发展和消费者的需求，电子商务的融入

---

① 刘国华，陈云勇. 商业模式创新与重构：数字化时代企业如何高效经营，提高利润［M］. 北京：人民邮电出版社，2022.

已是大势所趋，本章介绍的商业模式便是基于电子商务领域的几种典型模式。

5.2　B2B 商业模式

B2B 是指企业与企业之间通过专用网络或互联网进行数据信息的交换、传递，开展交易活动的商业模式。

B2B 商业模式的起源可以追溯到整个电子商务的早期发展阶段，在 20 世纪 60 年代末，电子数据交换系统以及电子资金传送系统开始被用于企业与企业之间的交易过程，这一系统被视为电子商务的雏形，也标志着 B2B 商业模式的初步形成。20 世纪 90 年代，随着互联网技术的快速发展和普及，B2B 商业模式迎来了新的发展机遇。21 世纪以来，随着全球经济一体化进程的加快和互联网技术的不断成熟，B2B 商业模式的市场规模不断扩大。

在这种商业模式下，产品或服务的交易主要发生在企业之间，而不是直接面向最终消费者。B2B 模式涉及供应链、采购、销售等各个环节，主要通过合作关系和交易平台来实现。电子商务是现代 B2B 营销的一种具体表现形式。它通过 B2B 网站将企业内部网与客户紧密结合起来，网络的快速反应可为客户提供更好的服务，从而促进企业的业务发展。

B2B 电子商务平台都有一个共同点：那就是它们都是商务交易中介平台。也就是说，目前中国 B2B 的发展阶段，其市场格局就是担负商务交易中介平台角色的电子商务公司占据了绝大部分的 B2B 电子商务市场。目前，我国 B2B 商务交易中介平台主要实现的服务就是供求信息的发布。这是 B2B 电子商务的初级阶段。而仅仅供求信息发布这一个项目就为我国千万家的中小企业带来了巨大的商机和收益。从这一点来说，B2B 电子商务无论是现在还是未来，都必然是经济发展的强力推进器。[①]

5.2.1　B2B 的模式

目前企业采用的 B2B 可以分为以下两种模式：

1）面向制造业或面向商业的垂直 B2B

垂直 B2B（又称行业 B2B）可以分为两个方向，即上游和下游。生产商或商业零售商可以与上游的供应商之间形成供货关系，如 Dell 电脑公司与上游的芯片和主板制造商就是通过这种方式进行合作的。生产商与下游的经销商可以形成销货关系，比如 Cisco 与其分销商之间进行的交易。其中以中化网为首的网盛旗下网站成为行业 B2B 的代表网站，它将垂直搜索的概念重新诠释，让更多的生意人习惯用搜索模式来做生意，找客户。垂直 B2B 成本相对要低很多，因为垂直 B2B 面对的多是某一个行业内的从业者，所以，它们的客户相对比较集中而且有限。类似网站有阿里巴巴、中国网库等。

---

①　谢巍. 商业模式创新与出版业转型升级研究［M］. 北京：文化发展出版社，2020.

2）面向中间交易市场的 B2B

这种交易模式（又可称区域性 B2B）是水平 B2B，它是将各个行业中相近的交易过程集中到一个场所，为企业的采购方和供应方提供一个交易的机会，像阿里巴巴、中国制造网、瀛商网、环球资源网、中国网库等。

5.2.2　B2B的流程

在这里，我们以某单位订购 10 台电脑为例，来向大家说明 B2B 商业模式的流程。

第一步，该单位首先要向销售商表明订购意向，根据所需电脑的功能及数量发出"用户订单"，该订单应包括产品名称、数量、价格等一系列信息。

第二步，销售商收到该份"用户订单"后，根据"用户订单"的具体信息，向供货商查询该型号电脑的库存情况，即发出"订单查询"。

第三步，供货商在收到并审核完"订单查询"的相关信息后，向销售商回复有关"订单查询"的情况。主要是有无该单位需采购的 10 台电脑等基本情况。

第四步，销售商在确认供货商能够满足该单位 10 台电脑的"用户订单"要求的情况下，向合作运输商发出有关电脑运输情况的"运输查询"。

第五步，运输商在收到关于电脑的"运输查询"后，向销售商回复"运输查询"的情况。例如，有无能力完成运输，以及具体的运输日期、线路、价格等要求。

第六步，在确认运输无问题后，销售商即刻给该单位的"用户订单"一个正面的反馈，同时向供货商发出"发货通知"，并通知运输商按照既定细节运输。

第七步，运输商接到"运输通知"后，按照该单位的运输要求开始发货。接着，该单位向支付网关发出"付款通知"，收到支付网关和银行结算票据等。

第八步，支付网关向销售商发出交易成功的"转账通知"。

5.2.3　B2B的发展趋势

尽管 B2B 市场发展势头良好，但 B2B 市场还是存在发育不成熟的一面。这种不成熟表现在 B2B 交易的许多先天性交易优势（比如在线价格协商和在线协作等）还没有充分发挥出来。《2024 年中国 B2B 行业研究报告》指出，在线交易虽然占到整个交易市场的 40% 的份额，但是，11% 的 B2B 交易涉及在线价格协商功能，绝大多数的在线交易只是简单的订单执行。但实际上，对许多公司而言，在线价格协商是买卖双方在网上开展深度合作不可缺少的环节。

波士顿咨询集团的调查报告是在对 260 家网上交易方作深度采访的基础上得出的。[1]波士顿咨询集团的副总裁吉姆·安德鲁认为，在近期，B2B 商业模式这种浅层次的交易模式还不能完全模拟传统的买卖模式，差不多一半的被调查对象的在线交易需要传统的网下沟通的配合，才能完成整个交易。

报告还指出，随着 B2B 交易的成熟和价格对比机制的完善，卖方市场面临的压力将

---

① SHAMS R S, VRONTIS D, WEBER Y, et al. Business model innovation: new frontiers and perspectives [M]. Oxford: Taylor and Francis, 2021.

增大。调查中发现，25%的卖方已经感受到价格对比所带来的沉重压力，另外50%的被调查者声称，这种价格对比将在近期给他们带来压力。这份报告提出了另外一个有价值的分析，即B2B市场的进化趋势。

报告指出，B2B交易双方都期望在每个交易平台B2B市场能够简化流程，不希望出现交易平台多样化的局面。而作为交易平台自身也希望整合，不希望有太多的竞争对手。

关于几年内B2B商业模式的发展演化，出现了以下8种预测：

1）B2B网站将呈现巨头独霸天下的"一边倒"格局

B2B商业模式呈几何级数的收益增长特性决定了B2B网站有望成为第一个有足够规模和流动程度的网站，甚至将会超过B2C商业模式的消费门户或零售业巨头网站；后来者即便能够列居第二，在这方面的效应也会大打折扣。

2）行业性B2B网站难以脱离本行业转向多元化经营

行业性B2B网站只能在某一特定行业或领域内进行竞争，也可能在与所经营行业极为密切相关的领域取得一些进展，但要涉足其他行业则难乎其难。因此，放眼于形式更加多样化的经营模式势在必行。

3）行业性与功能性网站将会出现着眼于优势互补的联合

行业性网站虽有行业优势，却缺乏功能性专业知识，而功能性网站则欠缺行业经验及客户关系，二者的联合则可跨越行业性与功能性网站之间的沟壑，实现优势互补，在这类联合中，行业性网站将主要转向客户关系管理。

4）软件供应商将打破系统平台界限

目前的软件供应商根据所提供系统平台的不同分为交易软件供应商（如Ariba和Commerce One）、拍卖软件供应商（如Moai和OpenSite）和交易平台供应商（如BroadVison）等三个不同的阵营，这种诸侯割据的格局将随着软件供应商间的联合和并购热潮的出现而被打破。

5）交易型模式将增加派生服务

目前的交易型模式尚局限于现货市场，随着客户数量的增多和对市场的日益熟悉以及软件平台在功能方面的提升，这类交易中心将有望提供期货和货场等派生服务。

6）除大型企业外，公司集中模式将会被摒弃

早期的B2B商务软件将商品目录、拍卖及交易集中于独立的公司，这种以公司为中心、影响流动性的模式将会让位于集中于B2B网站的模式。

7）提供基础架构及服务共享的新型超级网站（ASP）将会出现

虽然行业性网站难以逾越行业关隘，但这并不意味着它们只能采用独立的基础架构与服务支持，提供共享后台系统的新型网站和以租用形式服务于不同行业性网站的功能性网站（ASP）可望在不远的将来大行其道。

8）传统商品交易所将被吞噬

商品交易所不但缺少连贯性，难以集成强大交易功能与 B2B 网站匹敌，并且缺乏业务处理集成能力，最终传统商品交易的领地将被新兴 B2B 网站所吞噬。[①]

在 B2B 商业模式市场的竞争格局中，不同规模的企业扮演着各自鲜明的角色，共同塑造着市场的多元生态。

大型企业，作为市场的领航者，凭借其深厚的品牌底蕴和广泛的市场覆盖面，构筑了坚实的市场壁垒。这些企业不仅拥有完整的产业链布局，实现从原材料采购到终端客户服务的全面掌控，还擅长运用先进的管理理念和技术手段，提供定制化、一站式的解决方案，满足客户多样化的需求。它们的市场策略往往侧重于深化品牌影响力，通过持续的研发投入和产品创新，巩固并扩大市场份额。

中小型企业，则展现出高度的灵活性和敏锐的市场洞察力。面对大型企业的竞争压力，它们选择专注于细分市场或特定行业，以专业化、精细化的服务赢得客户青睐。这些企业通常能够快速响应市场变化，调整产品结构和经营策略，以较少的资源投入实现较高的市场回报。同时，它们还注重同大型企业的合作与共生，通过供应链整合和资源共享，提升自身竞争力。中小型企业在 B2B 市场中的活跃表现，不仅丰富了市场的产品和服务种类，也促进了市场的竞争活力和创新能力。

创业公司，作为市场的新鲜血液，以其独特的商业模式和技术创新引领着行业的发展方向。这些企业往往聚焦于解决行业痛点或满足未被充分满足的市场需求，通过技术创新和模式创新，打破传统市场的格局。尽管创业公司在资源、品牌等方面面临诸多挑战，但它们凭借敏锐的市场洞察力和高效的执行力，在市场中迅速崛起。创业公司的成功不仅取决于技术实力和产品创新，更在于能够准确把握市场趋势，制定符合自身发展的市场策略。随着技术的不断进步和市场环境的日益成熟，创业公司有望在未来的 B2B 市场中占据更加重要的位置。

随着全球化进程的加速，B2B 商业模式市场汇集了来自世界各地的优秀企业，它们在产品、服务、价格等方面展开了全方位的竞争。为了在竞争激烈的市场中脱颖而出，企业必须不断探索新技术、新工艺，以提升产品性能和质量；同时，还需在服务模式上进行创新，如提供定制化解决方案、优化供应链管理等，以满足客户日益多元化的需求。价格战已不再是长期可持续的竞争策略，企业应通过品牌建设、渠道拓展等手段，建立更为稳固的市场地位。

5.3　B2C 商业模式

B2C（商家对客户）是指电子商务的一种模式，也是企业直接面向消费者销售产品和服务的商业零售模式。"商对客"是电子商务的一种模式，也就是通常所说的商业零

[①]　陈禹安．互联网商业的下半场［M］．北京：中国人民大学出版社，2017.

售，直接面向消费者销售产品和服务。这种形式的电子商务一般以网络零售业为主，主要借助于互联网开展在线销售活动。B2C企业通过互联网为消费者提供一个新型的购物环境——网上商店。消费者通过网络在网上购物、在网上支付。这种模式节省了客户和企业的时间和空间，极大提高了交易效率。[①]

5.3.1　B2C的网站类型

1）综合商城

如同传统商城一样。它有庞大的购物群体，有稳定的网站平台，有完备的支付体系，有诚信安全体系（尽管目前仍然有很多不足），它吸引卖家进驻卖东西，买家进去买东西。线上商城在人气足够、产品丰富、物流便捷的情况下，拥有着成本优势，宛如24小时营业的不夜城，且无区域限制，产品种类十分丰富，这些优势无不说明网上综合商城即将获得交易市场的一个重要角色。

淘宝网的发展就是一个很好的例子，从2003年成立至今，淘宝网因其种类繁多、支付便捷等优势，已成为亚太地区颇受消费者欢迎的大型线上综合网站。

2）百货商店

商店，谓之店，说明卖家只有一个，而百货则意味着提供满足日常消费需求的丰富产品线。这种商店有自有仓库，有库存系列产品，以便提供更快的物流配送和客户服务。这种店甚至有自己的品牌。例如，各大城市的商场便是这里所指的百货商店，它们不仅包括一些连锁品牌，也会进驻一些当地的特色品牌。

3）垂直商店

这种商城的产品存在更多的相似性，要么都是满足于某一人群的，要么是满足于某种需要，抑或某种平台的。比如，我们常见的电脑销售店就具备典型的垂直商店的特征。电脑销售店里云集了各大品牌不同型号、不同价位的各种电脑，以满足消费者的购买需求。

4）服务型网店

服务型网店是为了满足人们不同的个性需求，为顾客提供个性服务的网店，是未来网店的一大发展方向。例如，我们所熟知的携程旅行网站，该网站中有一项"定制游"的服务，可根据出行者的行程安排、性格喜好来为消费者定制个性化、差异化专属旅游行程。

5）导购引擎型

导购类型的网站使购物的趣味性、便捷性大大增加。同时诸多购物网站都推出了购物返现，少部分推出了联合购物返现，这些都用来满足大部分消费者的需求。许多消费者已经不单单满足直接进入B2C商业模式的网站购物了，购物前都会通过一些导购网站来进行前期筛选。

拼多多作为导购引擎型网站的典型代表之一，其通过导购模式将商品推荐给消费

---

① 荆涛. 商业模式［M］. 北京：中华工商联合出版社，2017.

者，消费者可以在网站上浏览和购买商品。此外，拼多多还提供了一些优惠和促销活动，吸引更多的消费者购买商品。

6）在线商品定制型

商品定制是一条走长尾的产业，很多客户看中商品的原因，可能仅仅是商品的某一点，但是却不得不花钱去购买整体商品，而商品定制就恰恰能解决这一问题，让消费者参与商品的设计，得到自己真正需要和喜欢的商品。

目前，淘宝网中的很多商家都提供了商品定制服务，消费者可按照自己的喜好来设计商品，商家会结合实际情况给出专业建议，最终使消费者获得满意的商品。

5.3.2　国内 B2C 的现状及分析

我国商务网站以网上购物类为主，近年来，中国 B2C 网上购物行业市场规模迅速扩大，且预计将呈持续增长态势。B2C 网站不仅有商品种类齐全的综合类网上购物商城——京东商城、淘宝及天猫等，还出现了许多销售某类产品的网上专卖店。

B2C 网站数量迅猛增加，市场竞争日益激烈，B2C 电子商务市场基本由几个知名品牌网站均分天下。从消费者的认知度来看，目前知名度较高和比较受欢迎的 B2C 网站主要有淘宝、京东商城等。这些网站通过革新技术手段、丰富商品种类、优化用户体验等不同方式提升竞争力。并且在不同的城市，网民对 B2C 网站的认知度也有所不同。[①]与此同时，中国政府对 B2C 电子商务市场给予了高度重视，通过建立电子商务法、加强市场监督等措施，促进市场健康发展。此外，政府还通过税收优惠、资金扶持等方式鼓励电商企业发展，推动行业创新。

随着互联网技术的日新月异，网民的数量不断激增。庞大的上网人口奠定了网络购物发展的基础，让网络成为仅次于传统实体渠道之外最重要的销售渠道。而网络渠道是众多小家电企业所看好的销售渠道，因为这条道路不仅在宣传公司的产品，让更多的消费者所熟知，而且大大提高了便捷性。随着消费者网络消费观念的逐渐普及，消费者的购物行为从传统的实体商店延伸到新形态的网络商店，网络购物市场将会获得长足的发展。

从各 B2C 电子商务运营商的在线销售成交额增速来看，尤其是垂直类的 B2C 电子商务运营商，其 B2C 电子商务市场呈现出一片繁荣景象。随着 B2C 市场潜力的不断释放，竞争者的不断增多，市场竞争必然异常激烈。各大网站，都推出了比传统零售市场更为苛刻的"无条件退换货""极速退款"等消费者保障计划，以提高买家的购物体验感，这也是独立的 B2C 网站运营商今后要保持的一个发展势头。

目前，B2C 电子商务市场正处于百花齐放的状态，市场没有绝对的领先者，综合 B2C 凭借其优势，已获得了大众的认可，加上用户体验优化等工作的持续加强，销售额都获得了稳步的提高，相信随着规模效应带来边际成本的快速下降，利润也将在未来不断提升。而与综合 B2C 差距较大的垂直 B2C 也在各方面的支持下获得了高速增长，与综合 B2C 的差距逐步缩小；中小型垂直 B2C 的崛起，将为整个 B2C 行业带来了新的活力和

① 刘国华，陈云勇. 商业模式创新与重构：数字化时代企业如何高效经营，提高利润［M］. 北京：人民邮电出版社，2022.

发展动力。为在市场上谋求更大的利润空间，新加入者必将积极拓展新的商业模式和业务领域，围绕着不同环节展开的创新将带动B2C更快、更好地发展。

目前，我国的B2C电子商务市场发展得如火如荼，各大企业间激烈竞争，但综观其发展现状，B2C电子商务的发展仍存在很多问题，在发展过程中仍面临着诸多挑战。

网上专卖店的发展趋势十分被看好，且具有良好的盈利前景，而综合类商城由于产品品种繁多，缺少特色会发展缓慢。①专卖店和综合类商城相比，最大的优势在于它销售的产品种类集中，从而每类产品可以做到品种齐全，使购买相应类别商品的消费者有更多的选择。同时专卖店还可以更好地定位目标客户群体，并针对其特征推出相应的产品和服务。因此，产品种类少而精的网上专卖店将有更大的发展潜力。从对网民的长期调查监测来看，目前网民在网上购买的商品主要有服饰、家电、食品等，可以推测以销售上述产品为主的网上专卖店将会有较快的发展。

随着技术的不断进步和消费者需求的多样化，B2C电子商务平台将迎来更大的挑战和机遇。国内B2C市场规模将持续扩大，市场竞争也将愈发激烈。

5.4　B2T商业模式

B2T是指企业对团队的商业模式，是一种相对较新的电子商务模式。B2T模式和B2C模式有点类似，B2C模式中的C指的是广泛的消费者，他们中的大部分都是独立的个体，不一定存在某种联系。这里的T则是一个团队，团队成员之间存在直接或间接的联系，或者从物理学的角度来看，成员之间有互相作用力。B2T模式是指企业通过特定的渠道或平台，直接向有组织的、具有共同需求的团队销售产品或服务。这里的"团队"可以是消费者自发组织的团体，也可以是公司、机构或社会团体等。B2T模式不仅促进了企业与消费者之间的直接互动，还通过团队的力量实现了更大规模的购买力和议价能力。②

5.4.1　B2T的优势

既然B2T商业模式中的T指的是一个团队，就说明相对于消费者为个人的商业模式来说，B2T商业模式有着其特有的优势。

1）团购优势

B2T模式充分利用了团购的优势，将具有相同购买意向的消费者集合起来，形成强大

---

① 谢巍. 商业模式创新与出版业转型升级研究［M］. 北京：文化发展出版社，2020.

② ［1］SINHA N，PAUL J，SINGH N. Mobile payments for bottom of the pyramid: towards a positive social change［J］. Technological Forecasting & Social Change，2024，202.［2］杨涛源. 物流平台对国有企业供应链效率和商业模式的影响［J］. 中国集体经济，2024，3（28）：121-124.［3］孟昭君. 数字经济背景下企业商业模式创新发展研究［J］. 商场现代化，2024（21）：4-6.

的购买力,从而在与企业的议价过程中获得更优惠的价格和更好的服务。例如,在新楼盘交付开始装修时,一些商家会针对该小区推出"团购优惠价",便是这个道理。再比如,美团网上推出的多人同时团购更优惠的活动,也是充分发挥了B2T商业模式的团购优势。

2)市场定位精准

通过团队的形式,B2T商业模式能够更准确地定位目标市场,了解消费者的具体需求和偏好,从而提供更加个性化和定制化的产品或服务。有了"团购"这一前提,市场定位是建立在某一特定群体之上的。比如,我们在购买商品的时候,经常会看到"某某地区专供",这就是商家为了迎合某一群体而推出的"限定商品"。

3)降低营销成本

相比传统的B2C商业模式,B2T商业模式通过向团队推广和销售,能够显著降低企业的营销成本和渠道费用。这也是拼多多能够做到产品优惠力度更大的原因,所谓"薄利多销"。

4)增强消费者黏性

团队内部的口碑传播和共享机制有助于提高消费者对产品的忠诚度和品牌认可度,从而形成稳定的客户群体。B2T商业模式通过前期团购的优势打开市场,随后利用精准的市场定位确保消费团体的满意度,进而出现"口口相传"的有利局面,既增强了原有消费者的黏性,又提高了在整个市场中所占的份额。

5.4.2 B2T的运作模式

我们以某新交付楼盘业主们采购家电为例,来说明B2T商业模式的运作主要包括以下几个环节:

1)团队组织

消费者或企业可以根据自身需求,自发组成团队,并通过特定的平台或渠道与企业进行对接。小区内有购买家电需求的业主们集合到一起,组成一个团购群,然后选择购买平台或渠道。

2)需求沟通

团队代表与企业进行沟通,明确购买需求和产品规格,确保双方达成一致。团购群选出一名群主,负责与相关家电供应商对接、协商产品种类、型号等细节问题。

3)议价与采购

利用团队的购买力,与企业进行议价,争取更优惠的价格和条件,然后进行集中采购。小区团购的优势是需求的家电尺寸基本一致,购买量大,安装统一,利用这些优势与商家议价,以得到低于市场价格的团购价。

4)物流配送与售后服务

企业按照约定进行物流配送,并提供相应的售后服务,确保消费者满意。供货商根据每家每户的安装时间，进行物流配送及安装，并提供相应的售后保障服务。

5.4.3 B2T的应用领域

作为电子商务领域的一种新兴模式，B2T商业模式因其独有的优势，使其在多个领域都有着广泛的应用。

1）电子商务

B2T商业模式的核心在于以团队的形式从商家购买，通过集合具有相同购买意向的消费者形成购买力量，从而获得更优的价格和服务。这种模式在电子商务平台上尤为常见，如团购网站、社交媒体上的团购活动等。通过网络平台，组织消费者进行团购，享受优惠价格和服务。这也是目前很多网站平台采用的一种促销手段，针对个人消费者一个价格，针对多人同时购买又会提供一个更优惠的价格，以达到互利共生的效果。①

2）企业采购

公司或机构内部团队通过B2T商业模式进行批量采购，降低成本，提高效率。目前，公司或机构的采购多采用B2T商业模式，省去中间商赚差价的成本，从源头上获得价格更低廉的商品。

3）服务行业

在旅游、教育、医疗等领域，人们通过团队形式享受更优惠的服务和更便捷的流程。比如近些年很火爆的一种旅游方式——跟团游，全国各地的游客们通过旅行社报名参团，以享受相比于单人出行更经济的价格，并且可以根据自身需求，去选择旅游团队的规模，以获得更好的旅行体验。

此外，直销业也是B2T商业模式的一个典型应用案例。在直销公司中，团队成员通过共同的努力和推广来销售产品，每个成员的销售业绩都会影响到整个团队的利益。同时，一些电商平台也尝试通过B2T商业模式来优化用户体验和提升销售额，如通过会员制度、社群营销等方式将用户组织成团队，实现更高效的推广和销售。

B2T商业模式在多个领域都有着广泛的应用前景和潜力。随着技术的不断进步和市场的不断发展，B2T商业模式将会更加成熟和完善，为企业和消费者带来更多便利和价值。

5.4.4 B2T面临的挑战与前景

B2T商业模式强调团队成员之间的紧密合作和相互支持，共同实现商业目标。在B2T商业模式中，当团队成员进行消费或销售时，其他成员可从中获得一定百分比的利润，形成利益共享机制。

尽管B2T商业模式具有诸多优势，但在实际运作中也面临一些挑战，如团队组织难度、议价能力的不均衡、物流配送的复杂性等。然而，随着电子商务技术的不断发展和市场需求的日益增长，B2T商业模式有望在未来得到更广泛的应用和推广，成为电子商

---

① GEISSDOERFER M, SANTA-MARIA T, KIRCHHERR J, et al. Drivers and barriers for circular business model innovation [J]. Business Strategy and the Environment, 2022, 32 (6): 3814-3832.

务领域的重要模式之一。

B2T商业模式通过企业与团队之间的直接合作，实现了更高效、更精准的营销和销售方式，为双方带来了更多的利益和价值。

5.5 O2O商业模式

O2O（online-to-offline）模式是指线上支付与线下消费结合在一起的新型商业模式，它将线下的商家与互联网结合在一起，让互联网成为线下交易的前台。通过线上揽客和线下实际体验相结合，不但可以快速吸引客源，而且能记录顾客的每笔交易。

最早提出O2O商业模式概念的是美国一家支付公司TrialPay的创始人阿莱克斯·拉姆贝尔（Alex Rampell），他认为："The key to O2O is that it finds consumers online and brings them into real-world stores." 其意思是指商家在网上寻找消费者并将其带入实体店。[①]

O2O商业模式是一种本地化的电子商务，主要经营服务性的产品，不需要物流，所以在获得经济效益的同时也能节约一部分成本。它的核心是通过信息流和支付模式在线上的聚合而为消费者带来各种利益，驱动各种消费者将线下消费交易的过程转移到线上。

由于近些年来各大网络平台竞争激烈，电商们变得都疲惫不堪，都在试图找到新的出口。通过对团购经营模式的经验教训总结，电商们发现了O2O这一商业模式，其有望成为新的经济增长点。有人认为，团购=O2O，但是O2O≠团购，O2O商业模式相对于团购而言，有更多的优势。

首先，两者都是优惠，但是O2O商业模式不仅仅是优惠，O2O网站只展示优惠信息，收录优质商家。无论商家价格如何打折，在网站服务保障体系的监督之下，顾客享受的服务质量不会有丝毫折损。

其次，在O2O商业模式下，消费者权益得到更好的保障，可以随时退货，只要顾客没有到店消费，就可以随时退款，并及时到账。而团购由于涉及的领域多，有实物消费品等，退货换货十分麻烦，消费者权益经常不能得到保障。

再次，从商家角度来说，O2O商业模式往往并不是以价格十分优惠来吸引消费者，而是给予消费者一定优惠，摆脱了团购模式以牺牲质量来让渡价格的现象。

最后，O2O商业模式的优惠形式灵活多样，商家不仅可以发布打折或者团购的商品，也能发布优惠卡券，如会员卡、储值卡、代金券、优惠券等；可以设置抽奖、体验等推广活动，掌握更多的主动权。另外，O2O商业模式不仅仅包括消费购物，还包括那些"去哪儿"网、58同城、携程网等提供免费信息和团购相结合的模式。[②]

---

① ROSATI F，RODRIGUES V P，COSENZ F，et al. Business model innovation for the sustainable development goals [J]. Business Strategy and the Environment，2022，32（6）：3752−3765.

② 陈禹安. 互联网商业的下半场 [M]. 北京：中国人民大学出版社，2017.

近年来，O2O商业模式也逐步从只能线上支付、线下消费转变为多种支付模式。比如，线上支付一定百分比的定金，到店消费后，再支付剩下的钱；在线上预订，线下消费后再付款。实现了顾客和商家利益的均衡化。

从本质上看，O2O商业模式并非新生事物。业内人士指出，携程网的酒店、机票预订服务，便可以视为O2O模式的雏形，尔后兴起的团购又充当了O2O市场的先行者，让中国消费者逐渐接受并习惯O2O消费模式。也正因如此，有人将O2O商业模式称作后团购时代，并将其视为团购的"救赎"。

5.5.1 O2O的分类

从商业模式的角度来看，O2O可划分为交易型销售与顾问型销售这两大模式。

1）交易型O2O销售模式：团购的优势

在国内迅速发展的O2O商业模式中，网络团购较为突出，比较具有代表性。团购从竞争战略上可以归类为成本领先型销售，是一种以打价格战为主的商业模式，其突出的优势体现在交易型销售中的打折销售上，适合当前国内行业中间环节不够透明、存在暴利的领域。团购型的O2O商业模式通过打折、提供信息、服务预订等方式，把线下商店的消息推送给互联网用户，组织其抱团采购，从而将他们转换为线下顾客。

交易型销售有两个特点，第一，产品同质化，要抱团采购，产品就不能差异太大；第二，价格几乎是交易的唯一焦点。这在团购中都充分体现出来。[①]

目前很多小区周边的超市都开展了O2O商业模式的竞争，它们利用购物群发布不同商品的优惠信息，以低廉的价格吸引消费者到线下超市购买。但明显的缺点便是优惠的商品种类有限，且大多采取"限购"的措施。

2）顾问型O2O销售模式：强化品牌、广告和体验

顾问型O2O销售模式利用O2O商业模式强化企业在互联网上的品牌，以此带动线下销售；由于O2O商业模式推广能获得精准的反馈效果，同一般无目标地投放广告相比，对于商家来说有更强大的吸引力；O2O商业模式线上服务本身，可以通过提供信息等方式，为用户提供良好的体验。

展望O2O未来发展，移动化、定位化、社交化正在成为其走向。它把线上订餐、线下社交很好结合起来，如果加上优惠券的发放，则如虎添翼。现如今我们出门用餐，很多人第一步便是去美团这个网络平台搜索是否有优惠套餐或者代金券，这便是O2O商业模式的成功展现。

5.5.2 O2O的现状

纵观当前各种电商的商业模式，单纯地采用O2O商业模式的商家还是比较少的，大多主要是针对一定区域内的消费者来提供服务的。他们在不同的城市分别开展经营，

---

① 刘国华，陈云勇. 商业模式创新与重构：数字化时代企业如何高效经营，提高利润［M］. 北京：人民邮电出版社，2022.

这个和团购中服务类团购的分城市策略差别不大。这些网站都是提供服务类型的商家信息,他们都是利用当前最新的二维码技术,应用于所有加盟商家。但是这些商家并不是以价格来吸引顾客,不像团购是以人数多、价格低来招揽生意。

在当前情况下,由于移动互联网的迅速发展,智能手机、手机支付、手机银行的普及,O2O商业模式的周边环境对这一模式的发展还是十分有利的。另外,由于手机是人们随身携带的物品,且在5G网和无线网的覆盖下,手机上网往往成为很多人每天都干的事,因此,利用手机二维码获得各种优惠信息、优惠券等方式赢得了人们的青睐。且由于O2O商业模式是地区化经营,所以当地消费者都比较了解各大商家,解决了消费者对陌生地方不熟悉而找不到消费地的尴尬。[①]

但是一些网站也有一些局限性,比如必须在网上全额支付,才能购买相应服务产品,不能支持预付定金和预订。这样使一些消费者由于不敢轻易相信商家服务而望而却步。另外,由于中国的电子商务发展还不算特别完善,还处于成长阶段,所以消费者对网络的意识还是没有像美国等国家那么强烈,且我国有关消费者保护的法律对消费者保护力度也是有限的,一旦消费者权益受损,往往得不到合理的补偿。所以,很多人还是习惯线下的"一手交钱一手交货"的购物方式。网络安全也是一个阻碍电子商务发展的重要因素。

为了解决这些问题,电商们也想出了一些新的办法,可以支持线上浏览商家信息并预订,线下消费后再支付。也支持线上支付部分定金,线下补齐款项。这就解决了部分消费者对网络存在的疑虑。且由于互联网能汇聚多个商家,并能提供各种优惠信息和活动,图文并茂,解决了消费者自己去寻找商店的麻烦。

最新的二维码技术能够应用于手机上,所以节省了印刷各种宣传材料和优惠券的打印成本,且每个消费者都通过手机号码与网站相连,消除了票据或优惠券丢失的风险。

O2O商业模式将线下的商务机会与互联网结合,让互联网成为线下交易的前台,消费者可以在线上筛选服务并进行支付,然后到线下享受服务。O2O商业模式在便捷性、客观性、全面性以及效率性等方面具有很大的优势。其在本地生活服务(如美团、饿了么等平台)、家居装修(如齐家网)、生鲜电商(如盒马鲜生等)、出行服务(如滴滴出行)、健康医疗(如丁香医生网)等诸多生活领域有着广泛的应用。

接下来,我们在以下几个方面,对O2O商业模式的发展现状作总结分析:[②]

1)客观环境方面

O2O商业模式当前处于一个比较有利的环境里。

首先,由于当下正是各种移动终端、互联网等蓬勃发展的时刻,O2O商业模式依靠手机(移动终端)和互联网的经营模式正好顺应了该发展潮流。

其次,曾经经营团购的电商的入不敷出也为O2O商业模式的发展作出了一定的铺

① 陈禹安. 互联网商业的下半场 [M]. 北京:中国人民大学出版社,2017.

② [1] SHAMS R S, VRONTIS D, WEBER Y, et al. Business model innovation: new frontiers and perspectives [M]. Oxford: Taylor & Francis, 2021. [2] 荆涛. 商业模式 [M]. 北京:中华工商联合出版社,2017.

垫。各类电商都在寻找新的出路，希望O2O商业模式能为其带来柳暗花明的新局面。

再次，随着生活水平的逐步提高，人们对服务类产品的需求也日益增大，服务类行业作为我国的第三产业发展迅速，且我国也正不断提升服务业在国民经济中的比重，因此服务类的商家数量猛增。但是服务性的商家往往遍布各地，寻找服务既花费时间同时也带有一定的困难，因而汇聚各类服务商家便利消费生活的信息网站，便成为消费者新的关注的重点。

最后，在存在这一系列有利环境的同时，对于O2O商业模式也有一些带有阻碍因素的环境存在，比如法律环境，由于中国电子商务起步晚，发展快，法律完善程度跟不上发展速度，层出不穷的各类网购争端频频出现，给电子商务带来很大的挑战。新型的O2O商业模式是无形的服务性商品，因此存在的争端和界定就更难判断了；但是从环境方面看，还是利大于弊的。

2）电商和消费者的主观反映方面

O2O商业模式在电商和消费者心目中有不同的意义。就电商而言，由于很多电商在团购上吃了亏，因此一直对新的能改变当前窘况的商业模式有兴趣。国内很多电商都接二连三地将目光投到O2O商业模式上来。另外，O2O商业模式的节约成本，无物流，使电商的经营更加省时省力，因而很多电商都垂涎三尺。由于O2O商业模式不仅仅便利消费者，也便利加盟商家，商家可以检测效果，了解商品流量等信息并带动客流量，二者可以达到一个双赢的局面，使得尝试该模式的价值进一步提高。[①]

在消费者方面，生活水平的逐步提高，使得服务性支出占消费者总支出的比重不断上升，因此O2O商业模式作为便利消费者消费的新模式得到了大家的认同，且特有的二维码技术也使消费变得简单方便。手机等移动工具又能使消费者快速找到自己的目标，并且O2O商业模式的网站不但能帮助消费者发现和推荐场所，也提供各场所的评论供消费者参考，而且消费者在享受商家优惠的同时，还能尊享O2O商业模式经营门户网站的会员优惠。

3）采用O2O商业模式的电商的实际经营情况方面

目前经营O2O商业模式的电商不少，从主要以O2O商业模式经营的商家状况来看，就知道该模式拥有巨大的发展潜力。但与此同时，O2O商业模式的潜在风险和问题也是存在的。比如流量问题，线上没有流量，线下自然就产生不了生产力，O2O商业模式是一种电子商务模式，因此首先面临的就是流量的问题。这个也是电子商务中长期存在的一个问题，电子商务是基于网络信用产生的，并依赖网络信用发展。另外，顾客流失和如何建立长期的顾客关系也是需要考虑的问题。

风险方面，信息风险是十分明显的，由于O2O商业模式也是基于互联网的营业模式，因此信息的交流与传递如果遇到阻碍就会导致商业链的断裂，进而造成各种损失。管理风险也是主要风险之一，基于互联网的商业模式，信息的维护、顾客信息的保密、管理方式和手段都有所变化，需要商家们重新适应。技术方面和业务人员方面的管理也

①　孟昭君．数字经济背景下企业商业模式创新发展研究［J］．商场现代化，2024（21）：4-6．

是十分棘手的难题。此外就是法律方面的风险了，由于基于电子商务的法律还不完善，各种争端的解决都得不到完全的保障，因此经营风险也进一步增加了。

5.5.3　O2O的展望

O2O商业模式是B2C的进化模式，是团购的创新版，是解决当前电商经营困境的一个渠道。在中国互联网还没有达到完全普及的情况下，该种发展是有潜力的，但是困难也是巨大的。这种专门基于服务的电子商务经营模式是电子商务产业分工的一个表现，就像世界历史发展的那样，从大生产到逐步分工，世界各国的分工使得生产效率得到提高，生产工艺得到提高。

电子商务也有着同样的道理。就像今天发展出来的O2O商业模式一样，它将电子商务中的服务性无形商品单独分列出来，进行专门的经营，可以使经营于该领域的商家更加专注于该方面，从而提高服务的质量和效率。另外，中国是世界上手机使用人数最多的国家，基于移动设备上的O2O商业模式的发展是具有十分大的潜力的。但是，国内的专营O2O商业模式的电商还为数不多，所以该条道路还处于探索之中。同时，在现有O2O商业模式的经营中，也时时听到消费者的抱怨，如二维码有时不能成功读取、消费服务的质量需要提高之类的意见。O2O商业模式考验着企业对线下资源的把握程度，由于O2O商业模式提供的不是低价格，而是高质量的优惠产品，所以，线下资源的收集和资源的质量都需要企业进一步探索。

随着互联网的不断发展，O2O商业模式的应用领域也会不断扩大，将会为消费者提供良好的体验服务。同时，商家拥有的人才、背景、资源、知识等也将成为未来其O2O商业模式经营成败的关键要素。未来的O2O商业模式将会是多元化的，向多层面深化发展，如果发展顺利的话，很有可能演化出各种类型的O2O商业模式，如外包型、平台型、区域型、垂直型等。

由于当前物联网的兴起，基于互联网的物联网也许也能为O2O商业模式带来新的发展。由于O2O商业模式的二维码技术和物联网中的二维码技术有共同点，因此为商家管理O2O商业模式下的经营提供了方便。未来，很有可能利用物联网将商家、门户网站、顾客紧密联系在一起，达到信息的完全畅通。

O2O商业模式作为后团购，也是向C2B（customer to business）模式转化的一个重要阶段。据各种网络资料分析，真正的C2B商业模式还没有完全形成，现行的各种类似于C2B商业模式的经营方式都是不完善的。正是这些并未完善的C2B商业模式，导致电商们遍体鳞伤，从而有了O2O商业模式的兴起。这一切都是在为真正的C2B商业模式的形成作铺垫，真正以顾客为导向的电子商务模式将逐步到来。团购为O2O商业模式铺了路，使消费者知道了网上能买到物品和服务，满足了人们对性价比的需求，而O2O商业模式关注人们的下一步需求，基于人们更高的追求，提供满意的高质量生活服务，从而真正地从顾客出发，逐步实现最后的C2B商业模式。

素养园地

良心创业，立足根本

随着时代的变迁，商业模式的演变与创新成为企业生存与发展的核心驱动力。商业模式的本质在于其背后的价值创造逻辑——如何以更低的成本、更高的效率满足客户需求，甚至创造新的需求，从而实现企业与社会的双赢。随着互联网的普及和数字化时代的到来，商业模式的边界日益模糊，企业与消费者、供应商、合作伙伴之间的界限逐渐消融。在这样的背景下，价值共创成为未来商业模式的核心。它强调企业不再是价值的唯一创造者，而是作为价值网络的中心，通过整合资源、促进协作，与各方共同创造价值。

面对快速变化的商业环境，企业要想在激烈的市场竞争中立于不败之地，就必须具备敏锐的洞察力和强大的创新能力。首先，要深刻理解市场趋势和消费者需求的变化，及时调整和优化商业模式；其次，要敢于打破传统思维束缚，勇于尝试新的商业模式和业态；最后，要注重与各方利益相关者的合作与共赢，共同构建价值网络，实现价值共创。

54岁那年，二次创业的李建全卧薪尝胆，凭借一朵棉花成功实现年营业额30亿元。如果说李建全第一次创业是为了养家糊口，那么他第二次创业则是希望打造一个让中国人为之骄傲的民族品牌。全棉时代的发展，要从它的棉柔巾核心技术——全棉水刺无纺布的研发开始算起。作为中国第一批外贸出口人，在1991年创办了稳健医疗，凭借医用敷料用品的OEM（original equipment manufacturer，原始设备制造商）生产起家，将稳健医疗做成中国最大的医用敷料出口企业。但棘手问题摆在李建全和他的企业面前：能不能研制出不带绒毛的无纺纱布呢？

经历2 156次实验，耗时1 096天，消耗棉花537吨，终于在2005年，李建全带领团队成功研发了全棉水刺无纺布技术。但由于技术超前，缺乏认证标准，这种新式的无纺布尚未获得欧盟的认证许可，无法打入海外医疗市场。无奈之下，李建全开始转变市场方向，他发现国内厂家对这种产品很感兴趣，日用消费棉制品蕴含着巨大的商机。2009年，李建全正式加入日用品市场，全棉时代由此诞生。短短4年，李建全大概开店80家，关店20多家，累计亏损接近两个亿。屡屡碰壁的李建全陷入思考，准备改变打法。首先，李建全放弃了大规模扩张店面的策略，改为聚焦大型购物中心，通过大店直营模式，打造高端品牌形象。随后，将业务聚焦于母婴市场。此外，李建全始终坚持线上线下产品品质、价格一致性，打造良好口碑和服务质量。

从此，全棉时代迎来新生，从众多同行中脱颖而出。短短几年，实现了转亏为盈，在母婴领域大获成功。之后，李建全在用户和产品类型上继续寻求双突破：一是请来新生代偶像王俊凯代言，使产品年轻化；二是逐步弱化母婴标签，把业务扩大化。目前，全棉时代从连年亏损到转亏为盈，再到如今年盈利近30亿元，全棉时代力克重重困难，成功地完成了自己的突围。

10年时间，李建全是如何做到的？本质还是让消费者感受到真诚和实在。在刚做电商时，运营专家建议跟随一些品牌的做法，将线上线下产品款式及定价差异化，如线上产品质量差一点，价格定高再打折。李建全痛斥这种做法，认为一家企业或者一个品牌，即使你亏本，也不能在消费者面前丧失信用。这可能就是全棉时代发展壮大最重要的一点。

商业模式是企业发展的基石，它关乎企业的生死存亡。在这个充满挑战与机遇的时代，让我们以创新的姿态拥抱变化，以价值共创的理念引领未来。相信在不久的将来，会有更多优秀的企业凭借其独特的商业模式在商海中乘风破浪，驶向更加辉煌的彼岸。

【价值塑造】如果说商业模式的选择决定了企业的发展走向，那么企业领导者的经营理念则将影响企业的成长高度。李建全的故事告诉我们，创业的过程中不仅需要进行全面分析、准确定位，以摸索出适合的商业模式来经营企业，更重要的是，要不受利益诱惑，秉持"信用为本"的原则，良心创业，方能立足根本。

资料来源：[1] 龙华区融媒体中心. 十载风华·奋斗者——长风破浪 李建全 [EB/OL]. (2022-12-14) [2024-09-15]. https://www.thepaper.cn/newsDetail_forward_20978561. [2] 新消费 Daily. 对话全棉时代：亏 2 亿到年销 40 亿，这个品牌如何用一朵棉花改变世界？ [EB/OL]. (2022-11-09) [2024-09-15]. https://wap.bjd.com.cn/news/2022/11/09/10216112.shtml.

本章小结

本章主要介绍了商业模式中的四种主要模式，即 B2B 模式、B2C 模式、B2T 模式以及 O2O 模式，并对每种模式的具体形式加以解释，旨在帮助学生了解企业运行的多种方式，进而引发学生对创业的思考与展望。

基础训练

❖ 单选题

第 5 章单选题

1. 商业模式包括企业对企业等多种形式，以下商业模式属于企业对个人的是_____。

　　A.B2B　　　　　　　　B.B2C　　　　　　　　C.B2T

2.商业模式的构成要素是多方面的，_____不是商业模式的构成要素之一。

    A.盈利模式　　　　　　　B.客户细分　　　　　　　C.商品分类

3.O2O代表的是线下线上之间的一种商业模式，_____则代表的是企业之间的商业模式。

    A.B2B　　　　　　　　　B.B2C　　　　　　　　　C.B2T

4.商业模式包含多种多样的具体模式，_____指的是一种团购模式。

    A.B2B　　　　　　　　　B.B2C　　　　　　　　　C.B2T

5.商业模式B2B的流程包括用户订单、_____、返回订单查询等一系列步骤。

    A.订单查询　　　　　　　B.运输查询　　　　　　　C.发货通知

6.商业模式的构成要素包括定位、资源与能力、业务系统、盈利模式、现金流结构、客户细分、价值主张、渠道通路、客户关系、成本结构、关键资源和重要伙伴等多个方面。其中，_____是商业模式的核心。

    A.业务系统　　　　　　　B.盈利模式　　　　　　　C.现金流结构

7.商业模式B2T中的T指的是_____。

    A.Teacher　　　　　　　B.Teenager　　　　　　　C.Team

8.在商业模式的构成要素中，_____反映了企业的资金流动情况。

    A.价值主张　　　　　　　B.现金流结构　　　　　　C.重要伙伴

9.企业所采用的B2B商业模式，具体可分为两种模式：垂直B2B和_____。

    A.区域性B2B　　　　　　B.双向B2B　　　　　　　C.横向B2B

10.商业模式分类多样化，其中_____商业模式相较于其他，是一种比较新的模式。

    A.B2B　　　　　　　　　B.B2C　　　　　　　　　C.B2T

11.商业模式O2O中的第二个O指的是_____。

    A.Online　　　　　　　B.Offline　　　　　　　C.Outline

❖ 简答题

1.列举商业模式的12个构成要素。

2.简述B2B、B2C、B2T以及O2O商业模式的区别。

❖ 阅读资料

下列两份资料充分展现了不同商业模式给企业发展带来的影响，同时，每家企业也要在发展过程中不断摸索适合自身的商业模式。各企业都需要结合自身的特点、消费者的需求、市场的变化，来综合考虑采用哪些商业模式来获得消费者的青睐，以赢得长足发展。每种商业模式并不是独立的，而是相互关联的，因此，多种商业模式的综合运用会带来更大的发展前景。

资料一　　　　　　　　　　　山姆会员商店商业模式解析

山姆会员商店的商业模式主要体现在其独特的会员制、精选商品策略、高效的供应链以及注重消费者体验等方面，接下来对山姆会员商店商业模式进行详细解析。

一、会员制

山姆会员商店采用会员制经营模式，消费者需要支付一定的会员费才能成为山姆会员商店的会员，并享受会员专属的优惠和服务。这一模式使得山姆会员商店能够筛选出高质量的消费者群体，建立起与会员之间的紧密联系，并通过会员费收入提高企业的盈利能力。同时，山姆会员商店提供的商品和服务也针对会员的需求和偏好进行优化，以增强会员的忠诚度和黏性。

二、精选商品策略

长期以来，山姆会员商店追求商品种类的全面覆盖，而在每一个细分品类中则严格筛选，通常仅提供 1 至 3 款精品供会员选择。这一策略使得山姆会员商店能够在保证商品品质的同时，降低库存成本和提高运营效率。山姆会员商店的采购团队会经过严格的筛选和质检流程，挑选出最具质价比的商品，并通过与供应商的深度合作，实现规模效应和降低成本。此外，山姆会员商店还会根据会员的需求和偏好，不断调整和优化商品结构，以满足会员的多样化需求。

三、B2B 商业模式

山姆会员商店通过 B2B 商业模式实现高效的供应链系统，即通过与供应商建立长期稳定的合作关系，实现商品的快速采购和分发。山姆会员商店的供应链系统还具备强大的数据分析能力，能够对销售数据进行实时监控和分析，以便及时调整库存和采购计划。这一高效的供应链系统使得山姆会员商店能够快速响应市场变化，提高商品的周转率和降低库存成本。

四、O2O 商业模式

山姆会员商店非常注重消费者体验，从店面设计、商品陈列到售后服务等方面都力求做到最好。山姆会员商店设计的店面宽敞明亮，商品陈列整齐有序，以方便消费者选购。同时，山姆会员商店还提供优质的售后服务，如退换货服务、会员专属服务等，以提供更好的购物体验和更高的满意度。此外，为了进一步提升消费者的购物体验和便捷性，山姆还通过 O2O 商业模式实现线上线下融合购物，让消费者不仅能在线下商店里采购自己所需的商品，也可以在线上完成购物。

五、下沉市场与扩张策略

近年来，山姆会员商店加速在中国市场扩张，特别是向下沉市场拓展。山姆会员商店看到了下沉市场蕴含的巨大消费潜力，便选择在这些地区开设门店，以满足当地消费者的需求。山姆会员商店还通过优化选址、提升商品品质和服务水平等方式，不断增强在下沉市场的竞争力。

从以上分析可以看出，山姆会员商店的商业模式具有独特的优势，其在会员制、精选商品策略、B2B 商业模式以及 O2O 商业模式等方面都体现了山姆会员商店对高品质、高效率和高满意度的追求。这些优势使得山姆会员商店能够在竞争激烈的零售市场中脱颖而出，实现持续稳健的发展。

资料来源：［1］潘笑，秦雪锐. 生鲜农产品供应链现状及优化设计——以成都山姆会员店为例［J］. 中国储运，2023（9）：86-87.［2］吴以四. 会员制零售走热：沃尔玛山姆会员店的四个秘密［J］. 商场现代化，2013（24）：21-22.

资料二　　　　　　　　　　　**京东商业模式解析**

京东的商业模式是一个复杂而全面的体系，涵盖了自营模式、平台模式、物流模式以及O2O商业模式等多个方面。以下是有关京东商业模式的具体解析。

一、自营模式

京东自营模式是其最主要的商业模式之一，也是京东集团的核心竞争力之一。在自营模式下，京东直接从品牌商或供应商采购商品，存储在自己的仓库中，并通过自己的平台销售给消费者。这种模式的优势在于，京东能够更好地控制商品的质量和售后服务，确保消费者获得优质的购物体验。同时，由于省去了中间环节，商品价格更具竞争力。

二、平台模式

除了自营模式外，京东还采取了平台模式，允许第三方商家入驻销售商品。通过开放平台，京东能够扩大商品品类，提高销售额，并为消费者提供更多选择。这种模式下，商家可以自主决定商品的种类和价格，拥有更大的灵活性。但同时，商家也需要自行负责商品的配送和售后服务，对运营能力有一定要求。

三、物流模式

京东在物流方面也有着独特的优势。京东建立了完整的物流体系，通过自有物流公司和合作物流公司，实现从商品采购到最终配送的全程控制。这种模式不仅提高了物流效率和服务质量，还为消费者提供了更加便捷的购物体验。京东的自营物流体系包括多个亚洲一号仓库和智能物流系统，能够实现快速、准确的配送服务。

四、O2O商业模式

京东还通过O2O模式进一步拓展了业务范围。在这种模式下，消费者可以通过京东平台购买附近的实体店商品，并由京东配送员送货上门。这种模式不仅满足了消费者对即时配送的需求，还帮助实体店扩大了销售渠道。京东到家是京东在O2O商业模式领域的重要布局之一，它连接了线上平台和线下门店，为消费者提供了更加丰富的购物选择。

五、全渠道零售

京东的目标是构建全渠道零售体系，通过线上渠道（如PC端、移动端、App端等）和线下渠道（如自营门店、加盟店、线下体验店等）的全面覆盖，实现消费者的全方位触达。这种全渠道零售模式不仅提高了销售效率和用户体验，还帮助京东在竞争激烈的电商市场中保持领先地位。

六、以用户为中心的多元化产品策略

京东一直秉承以用户为中心的原则，努力提供符合用户需求的多元化产品。通过引入京东智选、京东全球售和京东超市等业务板块，京东不仅提升了B2C业务在中国市场的份额，还满足了消费者对于高品质、多样化商品的需求。同时，京东还注重与品牌商家的合作，通过"合伙人计划"等方式帮助优质品牌更好地进入市场。

从以上分析不难看出，京东的商业模式是一个集自营模式、平台模式、物流模式、O2O模式以及全渠道零售和多元化产品策略于一体的综合性体系。这种商业模式不仅使京东在电商市场中取得了显著的竞争优势，还为消费者提供了更加便捷、高效的购物体验。

资料来源：[1] 潘笑，秦雪锐. 京东商城逆向物流流程优化研究 [J]. 中国储运，2023（12）：124-125. [2] 谭经伦. 网络零售业的市场环境与营销战略的实证研究——以京东商城为例 [J]. 全国流通经济，2022（24）：27-30.

第6章 创业资源的取得与利用

学习目标

通过本章学习，学生能认识到创业资源的取得在整个创业过程中的重要性，理解企业融资存在的不同阶段，掌握企业在不同发展阶段的融资策略，学会合理融资。

6.1 如何合理获得创业资源

资源是任何主体在向社会提供商品或服务的过程中所拥有或能够支配的各种要素及其组合，这些要素是实现主体目标的关键。创业资源是企业在创立及成长过程中所必需的各种生产要素和支撑条件。创业从本质上说是一种资源的重新整合。简而言之，创业资源就是创业者在进行创业活动时所需具备的各种必要条件。

6.1.1 创业资源的分类

创业资源可以从多个维度进行分类，以下是一些主要的分类方式[①]：

1）按资源性质分类

（1）人力资源

人力资源是创业过程中最为关键和活跃的资源，它包括创业者及创业团队的知识、经验、能力、判断力、视野及愿景等。此外，组织及成员的专业智慧是人力资源的重要组成部分。优秀的人力资源能够为企业带来创新思维和竞争力，是企业发展的核心动力。

（2）财务资源

财务资源是创业过程中必不可少的物质基础，是根本资源，它包括现金、存款、股票、固定资产、货币市场、存贷款和其他金融产品等。足够的财务资源是企业开展各项业务活动的基础，能够为企业提供稳定的资金流，支持企业的研发、生产、市场推广等环节的顺利进行。

---

① 吴满琳. 大学生创业基础：知行合一学创业［M］. 上海：复旦大学出版社，2017.

（3）物质资源

物质资源是指创业和经营活动所需要的有形资产，如房屋、设施、机器、办公设备、原材料等。这些资源用以维持企业内部的日常运转，直接关系到企业的生产和运营能力，是创业活动的基础。物质资源可以被细分为固定资产、材料和低值易耗品三大类。

（4）技术资源

技术资源是创业企业在产品研发、生产过程中的关键要素，它包括关键技术、制造流程、作业系统、专业设备等。技术资源一般附着在物质资源上，能够通过法律手段予以保护，形成企业的无形资产。拥有先进技术的企业往往能够在市场上占据领先地位，形成竞争优势。

（5）社会资源

社会资源是创业过程中的支持力量，主要包括政策环境、社会关系、行业协会等。良好的社会关系是一种特殊的人力资源，有助于企业寻求合作机会，提高运营效率。社会资源对于企业的市场信息获取、资源对接、市场拓展和风险控制等方面都具有重要作用。在创业过程中，企业应高度重视社会资源的积累和利用，积极构建和维护良好的社会关系网络，为企业的持续发展提供有力支持。

（6）组织资源

组织资源在创业过程中扮演着至关重要的角色，它是指企业为了实现其战略目标而构建和管理的各种结构、流程、规范、文化等内部要素的总和。组织资源包括企业的组织结构、作业流程、工作规范、质量系统等。这些资源有助于企业高效地运作和管理，确保各项创业活动的顺利进行。良好的组织资源能够提升企业的内部协同能力，增强企业的竞争力。

2）按资源来源分类

内部资源是指创业者或创业团队自身拥有或能够直接控制的资源。这些资源是创业活动的基础，对于创业初期的生存和发展至关重要，如自有资金、员工、设备等。内部资源是企业发展的基础，也是企业实现自我循环和可持续发展的重要保障。内部资源的拥有状况在很大程度上影响甚至决定获取外部资源的结果，创业者首先要致力于扩大、提升内部资源。

外部资源是指创业者或创业团队需要从外部环境中获取和利用的资源。这些资源对于补充和扩展内部资源、应对市场变化和挑战具有重要作用，如银行贷款、风险投资、合作伙伴等。外部资源可以为企业带来资金、技术、市场等多方面的支持，有助于企业快速发展和提升竞争力。

3）按资源存在形态分类

有形资源是指可见的、能用货币直接计量的资源，主要包括财务资源和实物资源。具有稀缺性的有形资源能使企业获得竞争优势，但资产负债表所记录的账面价值并不能完全代表有形资源的战略价值。

无形资源是指企业长期积累的、没有实物形态的甚至无法用货币精确度量的资源，主要包括品牌与文化价值、技术和管理资源。此外，无形资源还包括商誉、商标、组织经验、信息资源等。这些资源虽然无法直接量化，但对于企业的长期发展具有不可替代的作用，往往是撬动有形资源的重要杠杆。

6.1.2　创业资源的获取途径[①]

1）市场途径

企业通过市场途径获取资源的方式包括购买、联盟和并购。

（1）购买

购买是指创业者通过市场交易的方式，直接购买所需的各类资源以支持创业活动。对于创业者来说，购买资源是最常用的获取资源的方式。大部分资源，尤其是设备、原材料、场地等物质资源、人力资源以及技术资源等，都可以从市场上购买。但是，知识等资源可能附着在非知识资源上，很难通过市场直接购买，需要通过非市场途径积累。

（2）联盟

联盟是指多家独立的企业之间或企业和其他组织之间，在特定领域或项目上进行合作，实现资源的共同开发。联盟彼此之间的资源和能力互补，具有共同的利益，能够对资源的使用达成共识。联盟成员可以共享彼此的资源，如资金、技术、人才、市场渠道等，从而弥补自身资源的不足。此外，这种方式可以汲取到一些隐性知识资源。

联盟主要有三种类型：

第一，战略联盟，是指为了实现长期战略目标而建立的合作伙伴关系。这种联盟通常涉及更深层次的合作和资源共享，有助于企业在市场上建立持久的竞争优势。

第二，技术联盟。其专注于技术领域的合作，旨在通过共同研发、技术共享等方式提升技术水平，推动产品或服务的创新。尤其对于高科技企业来说，通过和高等院校或研究机构的联盟，其可以在不增加设备投入的同时，及时获得所需的技术资源，使企业保持可持续发展的后劲。

第三，市场联盟。其主要关注市场拓展和销售渠道的共享。通过联盟，创业者可以迅速进入新市场或扩大现有市场份额，提升品牌知名度和销售额。

（3）并购

企业并购包括兼并和收购两种方式。兼并是指两家或多家企业合并为一家企业的行为，通常由一家占优势的企业吸收一家或多家企业。收购是指一家企业购买另一家企业的股权或资产，以获得对该企业的控制权。并购的前提是双方的资源具有比较高的关联度。在创业资源获取的市场途径中，并购主要关注的是通过收购其他企业来获取其所拥有的资源。

2）非市场途径

在创业资源的获取途径中，非市场途径是创业者常用的另一种重要方式。这些途径通常不直接涉及市场交易，而是通过社会关系、资源积累、资源吸引等非市场手段来获取所需的资源。

---

① 邓汉慧. 创未来——创业基础（慕课版）［M］. 北京：中国民主法制出版社，2023.

（1）社会关系

社会关系是创业者获取非市场资源的重要途径之一。创业者可以利用自己的社交网络，包括亲友、同学、同事、业界专家等，来寻求资金、技术、人才、市场信息等方面的支持。这种方式的优点在于成本较低，且往往能够获取到更加个性化和有针对性的帮助。它要求创业者具备良好的人际交往能力和广泛的社会关系网络。

（2）资源积累

资源积累是指创业者通过自身的努力和积累，逐步构建和丰富自身资源体系的过程。这种方式不依赖即时的市场交易，而是强调长期的积累和提升。这包括技术积累、经验积累、品牌积累等多个方面。例如，创业者可以通过不断学习和实践，提升自己的专业技能和行业经验；通过精心打造产品和服务，树立起良好的品牌形象和口碑。这些积累不仅有助于提升创业者的核心竞争力，还能够为后续的创业活动提供有力的支持。

（3）资源吸引

资源吸引是指创业者通过展示自身的优势和潜力，吸引外部资源主动投入。这通常要求创业者具备清晰的创业愿景、独特的商业模式和强大的团队执行力。例如，创业者可以通过撰写商业计划书、参加创业大赛、举办路演活动等方式，向投资者和合作伙伴展示自己的项目，并争取到他们的支持和投资。此外，创业者还可以通过媒体宣传等手段，扩大自己的知名度和影响力，从而吸引更多的资源和机会。

除了上述三种主要的非市场途径外，还有一些其他的非市场手段值得创业者关注。例如，政府支持是创业者获取非市场资源的重要途径之一。政府可以通过提供财政补贴、税收优惠、贷款担保等政策措施，鼓励和支持创业者开展创业活动。此外，创业者还可以关注行业协会、孵化器、加速器等组织提供的资源和支持服务，这些组织通常拥有丰富的行业资源和专业经验，能够为创业者提供全方位的帮助和支持。

非市场途径的获取效果往往受到多种因素的影响，如创业者的个人能力、社会关系网络的广度和深度、政策环境等。创业者在选择非市场途径时，需要综合考虑自身条件和外部环境因素，制定合适的策略和计划。

6.1.3　创业资源的整合

在创业实践中，无论企业的资源拥有情况如何，资源的有效整合始终是推动企业成长壮大的核心要素。尤其是在资源相对匮乏的情况下，如何巧妙地整合并优化配置有限的资源，使之发挥最大效能，是创业者必须关注的问题。

1）创业资源整合的原则

创业资源整合的原则是创业者在进行资源整合过程中需要遵循的基本准则，这些原则有助于确保资源整合的有效性和高效性。[①]

（1）量力而行原则

创业者应根据自身的资源获取能力、开发能力和使用能力，逐步、渐进地开发和利用创业资源。初创企业尤其注意不要盲目追求大而全的资源配置，而是要根据自身的实

---

①　刘磊. 大学生创新创业基础 [M]. 北京：中国水利水电出版社，2015.

际情况，选择适合的资源进行开发和利用。

（2）渐进性原则

创业者应逐步发掘、配置和利用创业资源，不能急于求成。在资源整合过程中，创业者需要根据项目的实际需求、资源的可获得性以及成本效益等因素，逐步引入和整合各种资源。

（3）提前原则

由于外部资源的整合难度较大且需要时间，创业者应提前规划和布局，避免在急需资源时才开始整合。创业者应具有前瞻性和预见性，提前与潜在的资源提供者建立联系，了解资源的可用性和获取条件，为未来的资源整合打下坚实基础。

（4）比选原则

创业者需要在多种可能的资源中选择最适合自身需求的资源。在资源整合过程中，创业者需要充分考虑不同资源的成本、效益、风险等因素，通过比较和选择，找到性价比最高的资源。

（5）双赢原则

在资源整合过程中，创业者不仅要关注自身的利益，还要关注资源提供者的利益，实现双方的共赢。创业者需要设计合理的利益分配机制，确保资源提供者从资源整合中获得相应的利益，从而增强资源提供者的合作意愿和稳定性。

2）创业资源整合的步骤

创业资源整合是创业者将不同来源、不同层次、不同结构和不同内容的资源进行有效识别、选择、汲取、配置、激活和有机融合的过程，旨在创造出新的资源，提升企业竞争力。资源整合可以按照以下步骤进行：

（1）确定资源需求

了解市场供应：通过市场调研，了解市场上相关资源的供应情况，包括供应商、价格、质量等信息，确定创业过程中企业所需资源的种类和数量。

商业模式与战略规划：基于企业的商业模式和战略规划，明确资源需求的优先级和阶段性目标。

（2）评估资源

品质评估：评估资源的品质，确保其符合企业的需求和标准。

适用性评估：分析资源与企业业务、战略的匹配度，确保资源能够发挥最大效用。

成本与风险评估：考虑资源的获取成本和使用风险，确保资源整合的经济性和安全性。

（3）制订资源整合计划

采购计划：根据资源需求，制订详细的采购计划，包括采购时间、数量、价格等。

租赁计划：对于非核心资产，可以考虑租赁方式获取，以降低初期投入成本。

外包计划：将非核心业务外包给专业机构，以集中资源发展核心业务。

（4）配置资源

优化配置：根据企业的战略目标和业务需求，通过科学的管理方法，善用科技手段，如云计算技术和大数据分析，实现资源的灵活配置和布局，确保资源的高效利用。

资源拓展：在资源利用过程中不断发掘新的资源机会，丰富企业的资源库。

共享机制：对于一些共性资源，如办公空间、设备设施等，可以考虑建立共享机制，降低运营成本。

（5）监控与调整

持续监控：对资源整合过程进行持续监控，确保资源的有效性和适用性。

及时调整：根据市场和竞争环境的变化，及时调整资源配置和利用策略，保持企业的竞争力。

6.2　创业资金的来源与获取渠道

对于创业者来说，个人能力、创业时机等固然重要，但要转化为实实在在的创业活动，还是离不开投入真金白银。从某种程度上来说，创业是一项经济活动，离不开资金的支撑。

6.2.1　资金的分类

按照资金的占用形式和流动性，创业资金可以分为流动资金和非流动资金；按照资金在企业运营中的不同性质和用途，创业资金可以分为资本成本和营运成本。

1）流动资金

（1）流动资金的定义和特点

流动资金是指企业持有的短期资金，用于满足企业日常经营活动的资金需求。它是流动资产的表现形式，即企业可以在一年内或者超过一年的一个生产周期内变现或者耗用的资产合计。广义的流动资金包括企业全部的流动资产，如现金、存货（材料、在制品及成品）、应收账款、有价证券、预付款等项目。狭义的流动资金则指流动资产减去流动负债后的净额，即净流动资金。流动资金具有流动性强、投入和使用周期短的特点。

（2）流动资金在企业运营中的用途

第一，采购原材料和库存管理，用于支付原材料采购费用，保障库存的充足，同时减少库存积压，提高资金利用效率。

第二，支付工资和福利，保障员工的工资、社保、公积金、奖金等的及时支付，维护良好的员工关系。

第三，经营费用支付，用于支付租金、水电费、物业管理费、广告费、交通费、差旅费等日常运营费用。

第四，偿还债务，用于偿还短期债务，保证企业与银行和供应商的合作关系。

第五，应对突发事件。在市场需求变化、天灾人祸等突发事件发生时，流动资金可被用于调整生产计划、减少成本、增加市场投放等。

第六，新项目投资。虽然流动资金主要被用于短期经营活动，但也可用于支持新项目或产品的研发和投资。

（3）流动资金的管理方法

为了有效管理和运用流动资金，企业可以采取以下管理方法：

第一，预测现金流。通过深入分析销售数据、应收账款、应付账款等信息，企业要提前预判资金变动趋势，制订资金筹措计划。

第二，优化账期管理。企业要合理安排应付账款和应收账款的账期，以提高资金的使用效率。

第三，控制库存。通过优化库存管理策略，企业要减少库存积压，降低资金占用成本。

第四，加强应收账款管理。企业要及时催收应收账款，减少坏账损失，提高资金回笼速度。

第五，合理运用短期融资工具。在资金短缺时，企业要借助银行贷款、商业票据等短期融资工具，及时弥补资金缺口。

2）非流动资金

（1）非流动资金的定义和特点

非流动资金是指企业在运营过程中，其资金中一般不会在短时间内流转的部分，它涵盖了长期资金的使用。这些资金通常被用于企业的长期投资和稳定发展，以增强企业的财务安全和降低财务成本。非流动资金具有长期性、稳定性、占用资金多、周转速度慢的特点。

（2）非流动资金的类别

非流动资金主要包括以下几类：

第一，长期借款款项。这是指企业为长期投资或运营而借入的资金，通常需要按合同约定的期限偿还。

第二，政府补助资金。这是指政府为支持企业发展而提供的长期资金支持，通常具有特定的使用目的和限制条件。

第三，长期投资资产。这是指企业持有的长期股权投资、长期债权投资等，旨在通过长期持有获取稳定的收益或控制权。

第四，固定资产。这是指企业为生产商品、提供劳务、出租或经营管理而持有的、使用寿命超过一个会计年度的有形资产，如房屋、建筑物、机器设备等。

第五，无形资产。这是指企业拥有或控制的没有实物形态的可辨认非货币性资产，如专利权、商标权、土地使用权等。

第六，长期待摊费用。这是指企业已经发生但应由本期和以后各期负担的分摊期限在一年以上的各项费用，如固定资产的改良支出等。

对于非流动资金的管理，企业需要做到合理配置和有效利用。一方面，要根据企业的长期发展战略和财务状况，合理安排非流动资金的投资规模和方向；另一方面，要加强对非流动资产的管理和维护，确保其安全和有效运行。同时，企业需要关注非流动资产的变现能力和市场风险，以便在需要时能够及时调整投资策略和资金配置。

3) 资本成本

资本成本是指企业为了筹集和使用任何资金（无论是短期还是长期）所付出的代价。狭义上，资本成本仅指筹集和使用长期资金（包括自有资本和借入长期资金）的成本。实际上，资本成本不仅包括实际支付的费用，如利息、股息等，还包括因使用资金而放弃的其他投资机会的潜在收益，即机会成本。资本成本是企业财务管理中的一个核心概念，涉及企业筹资、投资、经营等多个方面。企业需要对资本成本进行全面的了解和分析，以制定科学合理的财务决策。

（1）主要构成

资金筹集费是指企业在筹集资本过程中为取得资金而发生的各项费用，如银行借款的手续费以及发行股票或债券的印刷费、评估费、宣传费及承销费等。这些费用通常在资本筹集时一次性发生，并在资本使用过程中不再发生，因此被视为筹资数额的一项扣除。

资金占用费是指企业在资本使用过程中因占用资本而付出的代价，如向银行等债权人支付的利息、向股东支付的股利等。这些费用是资本成本的主要内容，因为它们反映了企业因占用他人资金而必须支付的报酬。这些费用是企业在资金使用过程中持续支付的。

（2）计算公式

资本成本的通用计算公式可以表述为：资本成本等于年利息乘以1与所得税税率的差，再除以筹资总额与1和筹资费用率的差的积。其中，年利息如果是债务利息，则可以在税前扣除，要计算税后的年利息；如果是股利，则不用计算税后的了，因为股利已经是税后的了，也不可以在税前扣除。分母中的筹资费用率则是筹资过程中发生的一些费用（如股票发行费、公证费等）占筹资总额的比率。

（3）影响因素

第一，资本结构。企业的资本结构是指债务和股权的比例。一般来说，增加债务比重会降低平均资本成本，但同时会加大企业财务风险，进而可能引起债务成本和权益成本的提高。

第二，股利政策。企业改变股利政策，会影响权益成本的变化。根据股利折现模型，股利支付水平越高，权益资本成本通常也越高。

第三，投资政策。企业的投资政策会影响资产的平均风险水平，进而影响资本成本。如果企业向高于现有资产风险的项目投资，企业资产的平均风险就会提高，并导致资本成本上升。

第四，市场利率。市场利率上升会导致资本成本上升，降低投资的价值，从而抑制企业的投资。

第五，市场风险溢价。这是指投资者因承担市场风险而要求的额外报酬。根据资本资产定价模型，市场风险溢价会影响股权成本。股权成本上升时，各企业会推动债务融资，进而推动债务成本上升。

第六，税率。税率变化能影响税后债务成本以及企业加权平均资本成本。税率降低通常会降低税后债务成本，进而降低公司的加权平均资本成本。

（4）作用

资本成本在企业财务管理中发挥着多方面的作用。企业在选择筹资方式时，需要考虑不同筹资方式的资本成本，以选择成本最低的筹资方式。资本成本也是企业进行投资决策的重要依据。只有当项目的预期收益率高于资本成本时，项目才具有投资价值。资本成本还可以被用于评价企业的业绩。比较实际收益率与资本成本的方式可以评估企业的盈利能力和投资效果。

4）营运成本

营运成本也称运营成本或经营成本，是指企业为生产和销售产品或提供服务而发生的各种直接和间接费用。营运成本是已经确定了归属期和归属对象的各种直接费用，与营业收入直接相关，并需与营业收入进行配比，直接关联到企业的运营效率和盈利能力。

（1）主要构成

营运成本的构成见表6-1。

表6-1 营运成本的构成

人力资源成本	包括员工工资、福利、社会保险和公积金等。这是企业运营中最基础也是最重要的成本之一
物料成本	也称材料成本，是指生产产品或提供服务所需的原材料、辅料、零部件等费用。物料成本直接影响产品的成本和售价
生产成本	除了物料成本外，还包括人工成本、能源成本（如水、电、气等）、设备折旧和维护费用等
营销成本	包括广告宣传、市场推广、品牌建设等费用。这些费用用于提升企业形象和市场占有率
管理成本	涵盖企业日常管理活动所产生的费用，如办公场地租赁、办公用品采购、行政人员工资等
研发成本	指新产品研发、技术改进、工艺优化等投入。研发成本是企业创新和发展的重要保障
设备成本	包括生产设备、办公设备、交通工具等购置、维修和折旧费用。设备成本的高低直接影响企业的生产效率和产品质量
能源成本	指企业在生产过程中消耗的水、电、气等能源所产生的费用。能源价格的波动会直接影响企业的营运成本
财务成本	如贷款利息、汇兑损失、金融机构手续费等。这些费用虽不直接与生产销售相关，但会对企业的盈利产生影响
税费成本	包括增值税、企业所得税、个人所得税等各种税费。税费是企业必须承担的法定义务

（2）影响因素

营运成本受多种因素影响。市场需求增加可能导致营销成本上升，市场需求减少则可能导致生产规模缩减和库存积压增加。原材料价格如同市场的晴雨表，其波动直接牵动着企业的供应链神经。能源价格的变化也促使企业加速向绿色、低碳转型。随着人工成本上升，企业更需重视员工技能的培养与提升，探讨如何通过内部培训、外部合作等方式，提升员工效率与价值，实现成本效益的最大化。总之，由于营运成本构成的复杂性，任何一种组成成本的变化都关乎企业的脉络，创业者应时刻关注，灵活应对。

（3）管理策略

为了有效控制营运成本并提高盈利能力和市场竞争力，企业可以采取以下策略：

第一，精细化管理。企业制定和执行严格的成本控制制度，对各项费用进行精细化管理，确保成本在合理范围内波动。

第二，优化生产流程和供应链。企业改进生产工艺和流程，提高生产效率和产品质量，降低生产成本；提升生产自动化程度，减少人力成本投入；与供应商建立长期稳定的合作关系，优化采购渠道和库存管理策略，降低物料成本。

第三，创新驱动。企业加大研发投入，推动技术创新和产品升级换代，提高产品附加值和市场竞争力。

第四，风险管理。企业密切关注市场动态和政策环境变化，及时采取应对措施降低风险对营运成本的影响。

综上所述，非流动资金是企业运营中不可或缺的一部分，对于企业的长期发展和稳定运营具有重要意义。企业需要加强对非流动资金的管理和运用，以实现资产的保值增值和企业的可持续发展。

总之，流动资金是企业正常运营和持续发展的重要保障，是企业运营中不可或缺的一部分。企业应关注流动资金的合理运用和管理，通过科学的管理方法提高资金的使用效率，降低财务风险，增强市场竞争力，实现资产的保值增值和企业的可持续发展。

6.2.2 资金的来源与融资渠道

创业初期的企业具有创新力强、适应性强、机会多等优势，但也面临着很多挑战，资金来源就是其中一个非常现实的问题。稳定合理的资金来源是初创企业获得成功的关键。融资不仅是获取发展资金的手段，更是企业增强市场竞争力、分散经营风险、优化资本结构、推动创新与增长的重要战略选择。通过合理规划和运用各种融资渠道，企业可以确保其在不同阶段都能获得足够的资金支持，保持稳健的发展路径，并实现长远的市场目标。

创业者对各种融资渠道的充分了解，不仅有助于制定有效的融资策略、提高融资成功率，还有助于建立良好的投资者关系、管理风险、促进战略规划以及增强企业竞争力。对于创业者而言，了解各种融资渠道是实现创业成功的重要基础，也是实现企业可持续发展的有力保障。

一般来说，根据资金的来源和性质，融资可以分为内部融资和外部融资。企业可以根据自身的需求、发展阶段和融资目标选择合适的融资方式。

1）内部融资

内部融资是指企业从内部资源中筹集资金，而不依赖外部的投资者或贷款，是创业投资的最根本渠道。这种方式不涉及外部债权人或投资者的直接介入，因此具有一定的自主性和灵活性，适合个人创业者、中小型企业及初创企业。

内部融资的主要方式包括：

（1）个人储蓄和自有资金融资

个人储蓄和自有资金融资即创业者的个人积蓄和自有资产。一般来说，首次创业的创业者多会使用自己的个人储蓄，就是在日常生活中慢慢积累起来的钱财。这主要是因为初创企业本身存在一些不可避免的局限性，如规模较小、效益不稳定、管理经验不足、市场认知度低等，这就使初创企业难以形成对信贷资金的吸引力，很难利用像银行借款和发行债券等比较传统的融资方式来取得创业启动资金。因此，在创业者为数不多的选择中，个人储蓄和自有资金往往成为首选，将自己的部分积蓄或者全部资金投入到企业的启动和发展的过程就是一个自我融资的过程，是内部融资的一种最常见的情况，也是青年创业融资的一个非常重要的途径。以下列举出这种融资方式的优缺点，供创业者选择融资方式时加以考虑。

个人储蓄和自有资金融资具有许多优点：

①决策不受干涉。使用自有资金创业，创始人不需要给予外部投资者股权或控制权，因此，创始人可以根据自己的愿景和计划自由决策，不受干涉，这就可以完全掌控企业的决策和发展方向。

②时间短。由于不需要经过烦琐的外部融资流程（如申请贷款或寻找投资者），创始人可以迅速决定并使用自有资金投入业务，融资时间短，企业能够迅速启动或扩展运营。创业者可以将更多的时间和精力投入到企业的产品、技术和服务等方面。

③风险可控。使用自己的储蓄意味着所有风险都由创始人自己承担，不需要对外部投资者或贷款机构负责。创始人就无须担心其他利益相关者的期望并承受相关的压力，从而可以更灵活地应对市场变化。

④无债务压力。自有储蓄融资不涉及借款或贷款，因此创始人不需要承担偿还债务的压力，也没有利息支出，企业在早期发展阶段现金流压力较小，可以更灵活地使用资金。

⑤增强投资者信心。使用个人储蓄表明创始人对企业的强烈信心，在未来寻求外部融资时，可能增加投资者的信任感。投资者看到创始人对企业的高投入，可能更加愿意在后期阶段支持企业。

当然，个人储蓄和自有资金融资也存在许多缺点：

①额度有限。个人储蓄往往较为有限，特别是对于刚步入社会不久的年轻人而言，个人储蓄额通常不大，未必能达到创业所需值；即使勉强达到了创业所需值，也有可能无法满足企业扩张、研发或市场推广的后续需求，从而不能为创业初期融资提供长期性的保障。因此，企业的规模和发展速度受到创始人自有资金的限制，可能错失一些市场机会。

②个人财务风险较高。个人储蓄和自有资金融资具有风险可控的优点，但这主要是指无须对外部投资者或贷款机构负责，而所有的财务风险都将由创始人承担。个人积蓄投入企业，如果企业失败，创始人可能面临财务上的巨大损失，失去积蓄，影响个人生活，甚至背负债务。

③资金压力增加个人焦虑。由于所有资金来自创始人个人积蓄，这可能导致创始人感到很大的心理压力，尤其是在遇到困难或资金告急时，长期的财务压力可能影响决策的理性与判断，导致创始人作出不明智的决策。

④企业增长受限。个人储蓄和自有资金融资不涉及外部投资者或金融机构，这意味着企业无法获得来自外部的专业建议以及资源支持等。创始人可能错失重要的行业人脉和战略指导，尤其是在快速扩展阶段。

（2）家人和朋友融资

亲朋资助作为一种基于个人关系和信任的融资方式，在私人融资中发挥着重要作用。家人和朋友通常由于与创业者的关系而愿意给予投资支持，也能满足创业者遇到紧急情况时的筹资需求，是一种快速高效的融资方式。

很多创业者在创业初期会选择向家人和朋友借钱作为启动资金，这是许多创业者采用的方法，也是最常见、最简单通常也是最有效的方式。通常，创业者一般为涉世不深的年轻人，社会经历少，尚未建立好稳定的人际关系网络。相对来说，创业在启动时期并不需要非常大额的资金支持，所以，与创业者有感情基础的家人和朋友一般会愿意慷慨解囊，为创业者提供一笔资金，支持创业者。以下列举出这种融资方式的优缺点，供创业者考虑。

家人和朋友融资具有许多优点：

①资金获取的门槛低。与银行贷款或外部投资者相比，家人和朋友熟悉创业者，与创业者有很好的私人感情，对创业者的信任度较高。另一方面，中国是个注重亲友的国家，亲情、友情的因素使亲友在感情上通常认为自己有义务对创业者提供支持，从而使向家人和朋友融资容易行得通。融资流程可能更简单，条件更宽松，不会要求过多的审计、严格的财务计划或复杂的商业结构。由于良好的感情基础，家人和朋友可能接受更简单的合约，一般也不会中途撤资。

②还款灵活。家人和朋友通常会提供比银行或投资者更灵活的还款或回报安排。与银行贷款的严格还款时间表或投资者的股权要求不同，家人和朋友可能不太在意固定的回报时间表，也可能同意在企业财务稳定后再还款，一般利息比较低，甚至完全不要求利息，有的父母甚至不要求还款（不论父母要不要求，建议创业者都要信守承诺）。

③较少的股权稀释或控制权争议。亲友投资者一般不要求占据很大比例的企业股权，通常他们的主要目的是帮助创业者成功，而不是对企业的运营产生影响。这意味着创业者可以保持对企业更多的控制权，不用像风险投资那样让出大部分的股份或接受投资者的经营干预。

④更强的情感支持。家人和朋友不仅提供资金支持，通常还会给予情感上的支持。创业过程充满了挑战和不确定性，来自亲友的信任和鼓励可以帮助创业者度过低谷期。

家人和朋友可能比其他投资者更能包容企业发展的波折或延迟，不会施加过多的财务或其他压力。

当然，家人和朋友融资也存在许多缺点：

①资金规模有限。家人和朋友的资金通常较为有限，很难满足企业在快速增长阶段的资金需求。随着企业发展，创业者可能需要大规模的资金来扩大业务，而亲友融资的额度通常难以满足这种需求。

②可能缺少明确的协议。由于家人和朋友之间的信任，创业者可能没有与他们签署详细的协议或合同，这可能导致后期的纠纷。如果没有明确的书面协议，当企业的未来发展方向或资金使用计划与亲友投资者期望不一致时，则可能出现争议。亲友投资者可能也不具备判断项目成功与否的经验，也有可能期望较快获得回报，这会与创业企业的现实情况产生不一致的预期。

③情感负担加重。来自亲友的资金支持可能让创业者有更强的责任感和内疚感，尤其是当企业发展遇到困难时。这种情感压力可能对创业者的心理健康和决策能力产生负面影响，因为他们不希望让亲友失望。此外，亲友投资者可能因为情感因素向创业者施加压力，即使他们并不是专业的投资者，但因为关系的特殊性，创业者可能难以拒绝这些情感上的干预。

为了避免后期出现问题，建议创业者向家人和朋友融资时进行如下考虑：

①设定清晰的条款和期望，甚至签订正式的投资协议，明确投资金额、回报方式和期限，降低将来出现纠纷的可能性。

②本着诚实透明的原则，定期向投资的家人和朋友汇报公司的发展情况，诚实是维持良好关系和信任的关键。

③控制投资规模。创业者从家人和朋友那里寻求有限的资金，以确保即使企业遇到挑战，损失也在可以承受的范围内。

④设定现实合理的回报期望，不要将回报设定得过高，确保家人和朋友了解创业的风险性，并让他们有心理准备。这样如果项目发展不顺，他们也能理性面对。

可见，家人和朋友融资是创业早期的重要资金来源，但在进行这类融资时，需要处理好商业和个人关系之间的平衡。诚信清晰的沟通和正式的协议有助于避免后期的误解和冲突。

（3）客户预付款融资

客户预付款融资是指企业要求客户在交付产品或服务之前，提前支付部分或全部费用。其通常被用于小型或初创企业，以及大型订单或定制产品交易。

客户预付款融资具有许多优点：

①无债务压力。预付款不属于借款，而是相当于企业提前获得的收入，因此不会增加企业的债务负担，也不需要支付利息或费用。

②改善现金流。预付款是在生产或交付前由买家支付给企业，可以立即为企业提供流动资金，在支付材料、人工或其他费用时有助于缓解企业的现金流压力，这样企业能保持财务灵活性，避免资金链断裂。

③降低风险。客户预付款的支付大大降低了客户违约的风险，因为企业在投入生产

之前，客户就已经支付了部分或全部款项；如果其放弃订单或违约，通常也不会被退回预付款，这相应地就减少了企业的资金损失。

④客户承诺增强。当客户支付预付款时，客户往往对交易更加重视。这种方式可以增强客户对交易的承诺，从而降低订单变更或取消的可能性。

当然，客户预付款融资也存在许多缺点：

①影响客户关系。企业要求客户预付款可能影响客户关系，尤其是当客户不愿意承担过多的财务风险或不信任企业的履约能力时，部分客户可能因此选择不与企业合作。

②影响竞争力。在竞争激烈的市场中，要求预付款可能使企业处于不利地位，尤其是当竞争对手能够提供更灵活的付款方式时，企业可能因此失去潜在订单，在竞争中处于劣势。

③有限的资金获取。预付款的金额取决于客户的支付能力和意愿，并不总是能满足企业的所有资金需求。特别是在金额较大时，客户可能不愿承担相应的风险，就不愿支付大额预付款。

综上，以上方式的共同点是资金来源于企业内部或创始人的个人资产，不涉及外部投资者的参与，可以被称为内部融资，在这个过程中，企业并没有损失控制权。选择哪种方式取决于企业的具体需求、客户关系以及资金周转的紧迫性等。

2）外部融资

外部融资是指企业向外部机构或个人筹集资金，通常涉及放弃部分股权或承担债务。外部融资的主要方式包括：

（1）创业孵化器

孵化器是以服务大众创新创业、促进科技成果转化、优化创新创业生态环境、培育企业家精神为宗旨，面向科技型创业企业和创业团队，提供物理空间、共享设施和专业化服务的科技创业服务载体。创业孵化器是一种为初创企业提供支持和资源的机构，旨在帮助初期阶段的企业加速发展。

孵化器帮助初创企业度过具挑战的创业初期阶段。孵化器有的由政府或公立机构发起，也有的由私营企业、风险投资基金或其他商业机构发起，还有的由大学发起，重点支持校内学生和校友创业。[①]

创业孵化器具有许多优点：

①降低创业成本。通过提供共享办公空间和基本服务，孵化器能够大幅降低初创企业的运营成本。此外，孵化器通常能获得一些优惠政策、政府补贴或税收优惠，为企业减轻财务压力。

②提高创业成功率。孵化器通过资源、培训和导师的支持，帮助初创企业克服创业早期的挑战，避免常见错误，从而加速企业的发展进程。这种指导可以显著提升初创企业的存活率和成功率。

③建立商业网络。孵化器为初创企业提供了与其他创业者、投资者、行业专家等合

---

① 丁瑞赟. 基于创业孵化器的高职院校学生创新创业能力培养探究［J］. 投资与创业，2024，35（9）：13-15.

作和交流的机会，这有助于企业获取客户、合作伙伴、供应商等资源。

④增强企业信誉。被知名孵化器接受的初创企业，往往能提升其在外部市场中的信誉度，潜在客户、投资者和合作伙伴可能更倾向于与孵化器支持的企业合作。

当然，孵化器也存在其自身的局限性，主要表现在以下几方面：

①服务有限。尽管孵化器提供了很多支持，但其资源毕竟是有限的。孵化器通常针对早期阶段的企业，适用范围较为局限，且提供的服务在企业成长到一定阶段后可能无法满足其更大的需求。

②股权稀释。部分私营孵化器可能要求初创企业提供一定比例的股权作为回报。对于企业创始人而言，虽然这种融资方式并不会带来直接的财务压力，但股权稀释可能削弱创始团队对企业的控制权。

③过度依赖。一些初创企业可能过于依赖孵化器的支持，而没有独立解决问题的能力，在离开孵化器后会面临独立运营的挑战，尤其是在孵化器的资源和网络不再直接可用时。

④竞争激烈。因为孵化器为初创企业提供了各方面支持，所以竞争通常非常激烈，只有一小部分创业者能够成功进入孵化器，未能入选的企业则会失去获得支持的机会。

创业孵化器为初创企业提供了全方位的支持，帮助它们在最具挑战的创业初期加速发展。通过低成本办公空间、专业指导、融资机会和网络资源，孵化器大大提高了初创企业的生存率和成功率。然而，企业在依赖孵化器的同时，也需要注意避免过度依赖孵化器的资源，并在孵化器内逐步培养独立发展的能力，这些都是创业者需要提前了解并合理规划的方面。[①]

（2）天使投资

天使投资起源于美国纽约的百老汇。起初，天使投资特指一些有钱人出资帮助那些具有社会意义的公益演出行为。后来，天使投资的概念延伸为自由投资者或非正式机构对新兴企业在起步阶段进行投资。现在，天使投资的概念得到了进一步扩展，也包括了一些正式机构对有创意的项目或新兴企业进行前期投资的行为。因此，天使投资通常发生在企业的种子期或早期阶段，主要帮助企业进行产品开发、市场推广等。天使投资一般由个人投资，属于个体或者小型的商业行为，因此金额一般较小，主要用于支持初创企业的初期运营和发展。投资者通常是成功的企业家、高管或专业人士。天使投资可以采取不同形式，包括股权投资、可转债、优先股等。投资者在企业成功后，通常希望获得资本增值或股权回报。

天使投资是投资者对初创企业的第一轮小额投资，通常为该企业或项目接受的第一笔外部股权投资。这些被称为"天使"的投资者，不仅在企业或项目最早期的时候提供资金支持，并可能同时在战略、管理等方面为企业或项目成长赋能。

天使投资的特点在于直接向企业进行权益性投资；提供除资金以外其他资源的支

---

① 罗瑶瑶，许明强，蒋雨玲. 创业孵化器盈利模式研究——以创新工场孵化器为例［J］. 四川冶金，2024，46（4）：1-5.

持；投资程序简单，资金短时间即可到位。投资者通过各种渠道寻找具有潜力的初创项目，如创业大赛、行业会议、专业投资平台等。对通过初步筛选的项目进行深入调查后，投资者与创业者就投资金额、股权比例、退出机制等关键条款进行谈判，并达成投资协议。投资者会按照协议约定向初创企业注入资金，并可能参与企业的日常管理或战略规划，以确保投资回报。

天使投资具有许多优点：

①资金获取容易。对于初创企业来说，其获得天使投资通常比获得银行贷款或风险投资更容易，特别是在企业尚未具备良好的信用记录时，银行考虑到风险问题不太愿意进行贷款。

②灵活的融资条件。天使投资者通常对投资的回报期和金额有更大的灵活性，相较于传统投资者，他们可能接受更长的回报周期。

③非财务资源的支持。天使投资者通常是成功的企业家、高管或专业人士，他们拥有丰富的商业经验和资源。由于他们通常会投资于自己熟悉的行业或领域，因此他们能够为创业者提供不局限于资金的支持。例如，他们可以为企业提供战略指导、管理建议、市场推广和网络资源等非财务支持，帮助创业者更快成长。

④增强信用。获得天使投资可以为企业增添信誉，吸引其他投资者或客户的关注，促进后续融资。

⑤较少的控制权稀释。相对于风险投资，天使投资通常要求的股权比例较低，创业者可以在较大程度上保留对企业的控制权。

当然，天使投资也有它的缺点：

①投资者期望回报高。天使投资者通常会对投资有较高的回报预期，他们可能期望在企业取得成功时获得显著的资本增值。

②财务支持有限。天使投资通常金额较小，可能不足以支持企业的长期发展或大规模扩张。初创企业在获得天使投资后仍可能需要寻求后续融资。

③潜在的干预。有些天使投资者在提供资金支持的同时，可能对企业的管理和决策产生干预，特别是在对企业的发展方向有强烈看法时，可能与创业者之间产生分歧。

④投资回报的不确定性。从投资者的角度出发，天使投资属于高风险投资，许多初创企业最终可能无法取得成功，投资者可能面临部分或全部损失。

天使投资是一种有效的融资方式，关注企业的种子期、起步期。这时候企业可能还没有明确的商业模式，产品也未必成熟，主要是靠创始团队的理念和愿景来吸引投资，特别适用于初创企业和早期阶段的创业者。天使投资不仅能提供资金支持，还能带来宝贵的行业经验和人脉资源等。但如果天使投资者投资的企业没有带来他们预期的收益，他们很可能不会继续追加投资，这就可能导致创业者后期资金供应不足，甚至造成创业失败。同时，天使投资者也有可能干预企业的运营，这都是创业者在融资时需要充分考虑的问题。

（3）银行贷款

银行贷款是指银行根据国家政策以一定的利率将资金贷放给有资金需求的个人或企业，并约定期限归还的一种经济行为。银行向企业提供贷款，企业需要在规定时间内偿还本金和支付利息。初创企业进行银行贷款是一种常见的融资方式，尽管相对较为传统，但仍然在许多情况下对企业发展起到关键作用。

银行贷款具有许多优点：

①来源可靠。银行贷款被誉为创业融资的"蓄水池"，在创业者中深受喜爱，这源于银行财力雄厚，而且大多具有政府背景。因此，银行贷款通常能提供相对稳定的资金来源，尤其是对于信誉良好的企业，贷款金额往往较大，有助于满足企业的运营和发展需求。

②没有股权稀释。贷款是债务融资，借款后企业所有者仍然保留对企业的控制权，投资者不会因贷款而要求股权或参与企业管理。

③银行贷款通常有明确的还款计划和利率，使企业能够提前预算和规划现金流，这有助于企业在财务管理上有更高的可预测性。小额贷款利率较低，适用于资金需求量少的初始创业者，在一定程度上降低了创业者的压力。

银行贷款也存在相应的不足之处：

①审批流程严格。银行贷款通常需要经过严格的审核流程，包括提供财务报表、商业计划书、抵押物等，这可能导致贷款申请周期较长。此外，由于创业贷款市场需求大，申请人多，而银行毕竟是商业机构，发放贷款要考虑其资金安全，申请就具有一定的难度，从而导致青年创业者从银行成功获得贷款的比例不高。

②对财务状况的要求高。初创企业通常缺乏稳定的收入和财务记录，银行可能对其信用风险进行评估，这使得初创企业获得贷款变得困难。

③还款压力。无论企业的收入状况如何，贷款企业必须按时偿还本金和利息，这可能在企业现金流紧张时带来财务压力，甚至可能导致企业破产风险。

对于初创企业而言，银行贷款既有其优势，也有其不足。它可以提供可靠的资金来源和财务可预测性，但也面临严格审核和还款压力等挑战。在决定是否申请银行贷款时，初创企业需仔细评估自身的财务状况、未来的收入预期以及对资金流动性的需求，以作出明智的融资决策。

（4）众筹

众筹（crowdfunding）即大众筹资或群众筹资，是指通过互联网平台向大众筹集资金，以支持发起的个人或组织的行为。众筹是一种新兴且受欢迎的融资方式。这种方式打破了传统融资的界限，利用互联网平台和社交网络，将项目或创意展示给大众，从而吸引公众的资金支持，使得更多有创新想法但缺乏资金支持的创业者有机会实现自己的梦想。

众筹的类型可以根据项目发起人向投资者提供的回报类型来划分，主要可以分为股权众筹、债权众筹、奖励众筹（产品众筹）、捐赠众筹、预售众筹、收益权众筹等。[①]

第一，股权众筹，是指投资者通过购买创业企业或项目的股权，成为企业的股东，与企业共同承担风险，并享有企业发展带来的收益。其适合具有明确商业模式、高成长潜力的创业项目。股权众筹不仅能够为创业者提供资金支持，还能引入战略投资者，助

---

① 吴满琳. 大学生创业基础：知行合一学创业 [M]. 上海：复旦大学出版社，2017.

力企业快速发展。国内有许多股权众筹平台（如天使汇、原始会等），其为创业者和投资者搭建了对接的桥梁。

第二，债权众筹，是一种借贷模式，也称借贷式众筹，投资者对项目或企业投资，获得一定份额的债权，在未来约定的期限内可以收回本金并获得利息。债权众筹通过有信用的贷款或抵押贷款等方式进行，类似于传统的银行贷款，但借助互联网平台提升了融资效率和便利性。其适合短期内需要大量资金且有稳定还款能力的创业项目。债权众筹为创业者提供了低成本的融资渠道，也为投资者带来了稳定的收益。

第三，奖励众筹，是最早的众筹方式之一，投资者对项目或企业进行投资，获得产品或服务作为回报。这种众筹方式通常以"团购+预购"的形式进行，投资者不仅支持了项目或企业的发展，还能在项目或企业成功后获得所需的产品或服务，实现双赢。这种方式有助于创业者提前测试市场需求，并降低生产风险。众筹网、京东众筹、淘宝众筹等平台都提供了奖励众筹的服务。

第四，捐赠众筹，是一种通过互联网平台向公众募集资金的方式，用于支持各种慈善和公益项目。投资者通过捐款支持创业项目，但不期待获得经济回报。这种方式适合那些具有社会价值的创业项目，如教育、环保、医疗等领域。捐赠众筹不仅能够为创业者提供资金支持，还能提升项目的社会影响力，吸引更多人的关注和参与。

第五，预售众筹，是指创业者通过预售产品或服务的方式筹集资金，投资者在购买产品或服务的同时也支持了创业项目。其适合那些具有创新产品或服务的创业项目。预售众筹能够帮助创业者提前锁定市场需求，降低生产风险。

第六，收益权众筹，是指投资者购买创业项目的未来收益权，享受项目盈利带来的回报。其适合那些具有稳定盈利预期的创业项目。收益权众筹为投资者提供了更为直观的投资回报，也为创业者提供了更多元化的融资选择。

众筹融资具有许多优点：

①资金来源广泛。众筹允许项目发起人从大众中筹集资金，能够接触到大量潜在投资者，而不是仅依赖少数富有的投资者。任何人都可以参与众筹，投资者通常为大众，资金来源多样。众筹融资通过专门的众筹网站，进行项目发布、资金募集和支持者交流。互联网众筹能够打破地域限制，使得来自不同地区的投资者参与项目的资金支持。

②融资速度快。在网络平台模式下，项目信息公布后立即进行宣传和扩散，可以吸引潜在投资者，沟通主要在网络上进行，项目的发展和实施情况也在网络平台上更新。在项目投资完成后，支持资金也会及时转入借款人的账户，大幅缩短了项目资金到位所需的时间，提高了融资速度。

③相对低的融资成本。众筹融资通常不需要支付高额的利息或放弃大量的股权，尤其是奖励型众筹。互联网众筹实现了投融资双方的信息对称，提升了透明度和公开性，降低了投资和融资的成本。

众筹融资作为一种新兴的融资方式，也存在自身的缺点：

①成功率不高。我国互联网众筹模式目前仍处于发展阶段，大众对众筹项目的了解并不多。同时，科技型中小企业难以在短时间内实现盈利，资金回笼较慢，周转时间较

长，使得许多参与众筹的潜在投资者不愿将资金投入长期的项目中。因此，科技型中小企业在互联网众筹中能够获得的融资项目较少。

②投资风险高。从投资者的角度看，投资风险较高。新兴的互联网众筹融资渠道吸引了大量普通投资者的关注和参与。然而，这些投资者往往比较欠缺投资经验，从而难以有效评估项目，使得投资存在较大的盲目性，进而提高了投资风险。

众筹融资为初创企业和项目提供了一种新颖的资金筹集方式，具有广泛的资金来源和市场验证的优势。然而，项目发起人需意识到众筹的成功率不高，以及可能面临各种风险。在决定使用众筹融资时，发起人应制订清晰的计划和市场推广策略，以提高项目融资的成功率。

（5）政府资助

政府资助在创业融资中发挥重要作用，为创业者提供宝贵的资金支持和政策优惠。创业者应积极主动了解并申请相关政策，以充分利用政府资源实现自己的创业梦想。

政府资助的类型有无偿资助、贷款贴息、税收优惠、创业补贴等方式。

政府建立专项资金，用于资助中小企业创业创新或支持大学生创业，通常数额不大，但足以帮助初创企业渡过难关。许多地方政府都设立了大学生创业专项资金，如四川的"千名高校毕业生创业"计划、杭州对大学生创业的无偿资助等。

政府对创业者的贷款利息进行部分或全部补贴，以降低其融资成本。如上海市的初创期小微企业贷款贴息补贴，对符合条件的小微企业给予贷款利息的50%作为贴息补贴，最高不超过20万元，连续补贴不超过3年。

政府通过减免税费、降低税率等方式，减轻创业者的税收负担。持"就业创业证"（注明"自主创业税收政策"或"毕业年度内自主创业税收政策"）的毕业年度内高校毕业生可享受多种税费减免政策。

政府为鼓励创业而提供的各种补贴，包括孵化补贴、场地租赁补贴、带动就业补贴等。上海市政府提供的创业补贴政策涵盖了孵化、场地租赁、就业带动等多个方面，最高补贴额度高达10万元。

一般来说，申请政府资助的创业者需要满足一些条件，如项目或企业符合政策要求、属于政府鼓励的产业领域、具有创新性和市场潜力等；要求创业者身份符合要求，如为高校毕业生、返乡青年、失业人员等特定群体；对企业要求正常运营并有一定经营稳定性，如已注册成立、有固定的经营场所和稳定的经营收入等；需要提交完整的申请材料，如包括营业执照、项目计划书、财务报表等相关文件。

近年来，我国各级政府为了鼓励大众创业，相继出台了一系列资助政策，甚至是一些无偿资助，解决了部分创业者的燃眉之急。要完善就业创业扶持政策，降低就业创业成本，支持广大劳动群众积极就业、大胆创业。加强人才投入，优化人才政策，营造有利于创新创业的政策环境，构建有效的引才用才机制，形成"天下英才聚神州，万类霜天竞自由"的创新局面。[①]

① ［1］吴满琳. 大学生创业基础：知行合一学创业［M］. 上海：复旦大学出版社，2017.
［2］刘磊. 大学生创新创业基础［M］. 北京：中国水利水电出版社，2015.

（6）风险投资

风险投资（venture capital, VC）是一种为初创企业或快速成长的企业提供资金支持的投资方式，通常被用于那些具有高增长潜力但也伴随较高风险的项目。风险投资者通过为企业提供资金换取企业股权，寄希望于企业成功后股权价值大幅上升，从而获取高额回报。[①]

风险投资者多关注以高新技术为基础、生产经营技术密集型产品的投资，如IT、电子产品制造业等，在承担风险的基础上为融资者提供长期股权资本和增值服务，培育企业快速成长，数年后通过上市、并购或其他股权转让方式撤出投资，并取得高额回报。

风险投资具有许多优点：

①快速增长的资金支持。通过风险投资，企业能够迅速筹集到足够的资金来进行技术研发、市场推广、团队扩展等，从而在短时间内实现业务的快速增长。这种资金注入往往是在企业无法通过传统融资渠道（如银行贷款）获得资金的情况下进行的，因此风险投资为企业的早期发展提供了至关重要的"燃料"。

②战略支持和经验丰富的投资者。风险投资者通常是行业内有经验的专家，其拥有丰富的管理和行业经验，不仅提供资金，还为企业提供重要的指导，如战略规划、市场进入策略、资源整合以及如何应对竞争等。此外，投资者通常拥有广泛的行业人脉，可以帮助初创企业与潜在客户、合作伙伴甚至其他投资者建立联系，从而加速企业发展。

③风险分担。初创企业通常面临极高的失败风险。风险投资属于股权融资，不是债务融资；即使企业最终失败，创始团队通常也不需要偿还这些资金。风险投资者为企业提供资金时，承担了大部分的财务风险。这让创始人可以更大胆地去尝试创新和拓展，财务压力较小。

④资本退出机会。风险投资的最终目标是在企业成功后退出，通常通过企业被其他企业收购或上市的方式实现。对于企业而言，风险投资的退出意味着企业的成功发展和价值实现。如果被收购，在并购中，创始人及早期投资者通常也能获得丰厚回报。如果成功上市，企业不仅能获得更广泛的市场认可，还能筹集到更多资金用于扩展业务。

风险投资也存在相应的缺点：

①股权稀释。风险投资是股权融资，通常以交换股权的方式进行，这意味着企业创始团队必须让出一部分股权以换取资金支持。随着融资轮次的增加，创始团队的股权比例会逐渐被稀释，甚至在某些情况下，创始人可能失去对企业的控制权。如果投资者持有了较大的股权比例，他们可能在企业决策中占据更大的话语权，创始人就无法独立作出战略决策。

②管理干预。风险投资者通常要求在董事会中占据席位，并对企业的重大决策拥有表决权。虽然这种干预有时能够为企业提供宝贵的战略建议，但它也可能导致创始团队

---

① 张真. 什么是风险投资 [J]. 农机市场，2024（9）：15.

的自主权受到限制，特别是在创始团队与投资者的意见产生分歧时。投资者更关注的是企业的盈利能力和快速增长，而创始团队可能更看重长期愿景和创新。

③高压力和增长要求。风险投资通常要求被投资企业在短时间内实现高速增长，以便在较短的时间内实现资本回报。这种压力可能导致企业在业务扩展上过度冒进，而忽视了长远的可持续发展。如果企业无法满足投资者的预期增长速度，可能面临额外的融资困难，甚至被迫进行削减或重组。

④高退出风险。虽然风险投资的目标是通过并购或成功上市而退出，但这并非每家公司都能顺利实现的。这与多种因素有关，如市场环境变化、企业发展进程、退出时机和途径等。如果无法实现并购或上市，则不仅会影响投资者的回报，也可能阻碍企业的发展。

风险投资在提供战略支持和资金、推动企业快速成长方面具有明显优势，但也伴随一定的股权稀释、管理干预和增长压力等问题。[1]企业选择风险投资时，需权衡资金支持带来的机会与潜在的管理和控制权风险。对于那些愿意快速扩展并承受高压力的企业，风险投资可能是理想的选择；但对于保持独立性要求较高和希望长期发展的企业来说，风险投资的限制也需要慎重考虑。

（7）私募股权投资基金

私募股权投资基金是一种通过非公开方式向高净值投资者和机构投资者募集资金，投资于未上市企业或进行其他非公开市场投资，最终在合适的时机通过各类退出方式实现其资本的增值收益的投资基金。其通常会通过收购、增资、并购、资产重组等方式参与企业的运营与管理，以期在一定时间内实现资本增值。科技创新是发展新质生产力的核心要素，科技创新企业通常具有高投入、高风险、周期长等特征，往往需要投资周期长的私募股权投资基金的支持。对于融资企业特别是初创和成长前期企业而言，私募股权投资基金是一种重要的融资途径。[2]

私募股权投资基金具有很多优点：

①资金支持量大。私募股权投资基金通常能够提供大量的资金支持，帮助企业进行扩张、研发、市场推广或并购等，满足企业的资金需求。

②投资具有长期性。私募股权投资基金通常具有较长的投资周期，能够支持企业进行长期战略布局，而不是仅仅关注短期盈利，帮助企业实现可持续发展。

③专业管理与支持。私募股权投资基金的管理团队通常具备丰富的行业经验和专业知识，能够为企业提供战略规划、运营管理、市场拓展等方面的指导和支持，提升企业的管理水平。

④提供其他增值服务。除了资金支持，私募股权投资基金通常能够利用其广泛的网络为企业提供资源，如引入客户、合作伙伴、行业专家等，助力企业成长。

⑤增强市场信任。获得私募股权投资基金的投资往往被市场视为对企业商业模式和前景的认可，可以增强客户、合作伙伴和其他潜在投资者的信任感，有助于企业进一步

① 杨贤武. 关于风险投资对企业发展的影响分析 [J]. 商场现代化，2024（16）：142-145.
② 曹新英. 中小企业私募股权融资中如何选择投资人分析 [J]. 中国证券期货，2013（4）：49.

吸引投资或客户。

私募股权投资基金也存在一定的缺点：

①控制权稀释。引入私募股权投资基金的投资通常会导致创始团队和现有股东的控制权稀释，可能影响企业的决策权和战略方向。私募股权投资基金可能要求参与企业的日常管理和决策，这可能导致管理层与投资者之间的冲突，影响企业的运营效率。

②高额的股权成本。私募股权投资基金的投资要求通常较高，企业需要给予基金一定比例的股权，未来的回报可能需要支付较高的成本。

③时间和精力成本。在融资过程中，企业需要花费大量的时间和精力进行尽职调查、撰写商业计划书、与投资者沟通等，这可能影响企业的正常运营和发展。

④退出压力。私募股权投资基金通常会在一定时间内寻求退出（并购或上市等），这可能导致企业面临并购、上市等压力，影响企业的长期发展规划。

获得私募股权投资基金投资可以带来资金、专业支持和市场认可等诸多优势，但也面临着控制权稀释和财务透明度要求提高等挑战。企业在决定是否引入私募股权投资基金时，需综合考虑自身的发展阶段、战略目标以及对外部资本的需求，作出明智的选择。[1]

（8）战略投资者

战略投资者是指具有资金、技术、管理、市场、人才优势，能够促进产业结构升级，增强企业核心竞争力和创新能力，拓展企业产品市场占有率，致力于长期投资合作，谋求获得长期利益回报和企业可持续发展的境内外大企业、大集团。

战略投资者的投资通常与其自身业务有密切联系，目的是通过合作实现技术共享、市场扩展或供应链整合。战略投资者通常希望与被投资企业建立长期的合作关系，他们的投资往往是为了更长远的战略目标。[2]

战略投资者具有许多自身的优势：

①资源共享。战略投资者可以为被投资企业提供除了资金以外的宝贵资源，如技术支持、销售渠道、品牌影响力等，帮助企业加速发展。战略投资者可以通过投资帮助企业进入新的市场，特别是在国际市场或特定行业领域中，利用战略投资者的资源和经验实现市场扩张。企业可以引入战略投资者来优化供应链管理，尤其是当战略投资者处于供应链上下游时，投资有助于保障供应链的稳定性和效率。

②长期支持。战略投资者更应注重与企业的长期合作关系，而非短期退出，这可以帮助企业更加稳健地发展。

③行业协同。战略投资者的投资可以促进企业在业务层面的协同合作，帮助企业优化业务结构、提升运营效率，并获得更大的市场份额。

战略投资者也具有相应的局限性：

①影响企业独立性。由于战略投资者往往有自己的战略需求，他们可能对企业的决

---

① 李宜霖. 中国私募股权基金投资策略研究［J］. 投资与合作，2024（8）：44-46.

② 王斌，刘一寒. 论战略投资者［J］. 财务研究，2021（5）：3-14.

策产生较大的影响，限制企业的独立性。被投资企业可能需要在某些关键决策上考虑战略投资者的需求，甚至可能不得不调整自己的发展方向。

②限制未来融资和退出机会。战略投资者的股权和合作关系可能影响企业未来的融资选择或退出机会，尤其是在其他潜在投资者或买家与战略投资者存在竞争关系的情况下。

过去，战略投资者往往在企业较晚阶段甚至在企业首次公开募股（IPO）之后介入，但今天的战略投资者可能参与从企业拥有初步客户的阶段到企业的更晚阶段，并进行大量的投资。战略投资者可以为企业带来许多优势，但企业在引入战略投资者时也需要慎重考虑其可能带来的影响，特别是独立性和未来发展的灵活性问题。

综上，以上方式的共同点是资金来源于企业外部，资金的获取以付出股权或者支付利息为代价，为外部融资，在这个过程中，企业或多或少地损失控制权。选择哪种方式取决于企业的发展阶段、资金需求量、需求周期以及创业者对企业控制权的把握期望等因素。[①]

6.3　融资的时机与金额

对于初创企业来说，融资是其发展过程中非常重要的一个环节。一般情况下，创业者在创业过程中必须及时合理地获得恰当的资金支持，才能使创业活动持续良性发展，从而使企业不断壮大。创业者和创业团队只有深入了解在当今的互联网时代、全球化时代如何获得投资，才能在创业的道路上少走弯路。然而，在很多情况下，两个基本问题令创业者感到非常困惑：一是什么时间是融资的最佳时机；二是融资的最佳金额是多少。

6.3.1　融资时机

融资时机也就是什么时候应该融资，通俗讲，就是在需要钱的时候进行融资。这里说的"需要钱的时候"并不是企业的账上没有钱了，甚至还有许多欠款，那么很难融到钱了，因为投资者并不是做慈善事业，投资者是希望看到企业的发展前景才去投资，而不是来救创业者的。所以，这里所说的"需要钱的时候"是指企业有进一步发展需求，从而需要更多的资金的时候。创业企业的融资时机对其长期成功至关重要。选择正确的融资时机不仅能帮助企业获得所需的资金，还能最大程度地降低融资成本和风险。一般来讲，融资时机取决于多种因素，可以从以下几个方面综合考虑：

1）市场机会

第一，主动抓住商机，即当有新的市场机会出现或行业趋势发生变化时，企业可

---

① 母晓培. 科技型初创企业融资路径选择、比较与探析［J］. 中国中小企业，2024（2）：171-173.

以通过融资来快速响应市场变化，从而抓住机会。

第二，被动的情况，即如果竞争对手已经获得了新一轮融资并迅速扩张，初创企业可能需要融资以增强自身的市场地位。

2）业务发展阶段

第一，在初期阶段，企业通常需要大量资金来支持运营和扩展。此时，企业可以通过融资获得启动资金，用于产品研发、市场推广等方面。

第二，在产品验证阶段，当完成初步产品开发并获得市场反馈时，融资可用于改进产品或服务，以满足用户需求。

第三，在快速扩张阶段，企业已经获得了一定的市场份额，并且准备快速扩张，发展新产品和进入新市场，此时融资可以支持生产能力提升、市场营销和团队扩展。

第四，在盈亏平衡阶段，当企业接近盈亏平衡但仍需要资金来维持运营或进一步发展时，融资可以帮助企业缓解短期的资金压力。

3）财务状况

第一，现金流状况。当企业的现金流紧张，面临资金短缺状况时，企业可以考虑融资，以确保运营稳定。

第二，财务健康状况。如果企业的财务报表显示出良好的增长潜力和盈利能力，则可能是融资的良好时机，能吸引更多投资者。

4）投资者关系

企业与投资者建立了良好的关系，并获得积极的反馈，此时通常是融资的一个好时机。投资者的信任和支持可以增大融资成功的可能性。在投资者关注行业或领域的周期内，适时进行融资能够吸引更多的资金和资源。

5）宏观经济环境

在经济增长和资本市场活跃的时期，融资环境通常更为宽松，投资者更愿意投资于新兴企业。政府的政策和激励措施（如税收优惠、创业补贴等）可能为融资提供有利条件。在利率较低、投资者信心较强的时期，融资可以降低企业的融资成本，提高融资的成功率，为企业的长远发展提供有力支持。

6）战略目标

在实现重要的商业里程碑（如用户数量增多、收入增加、产品上线等）之后，融资可以帮助企业进一步巩固这些成就。当有战略性的并购机会出现时，企业可以通过融资来获得资金支持，以实现收购目标。

融资时机并不是一成不变的，企业应根据宏观经济环境、自身的发展阶段、发展目标、市场动态等进行综合判断。过早融资可能导致资金闲置，增加财务成本，错过最佳融资时机，可能使企业错失发展良机。因此，企业需要密切关注市场动态，合理评估自身资金需求，以选择最佳的融资时机。

6.3.2　融资金额

融资金额的大小通常取决于企业规模、行业前景、盈利能力、发展计划等因素。对于初创企业来说，融资金额通常较小，可能几百万到几千万美元不等；对于已经发展成熟的企业，融资金额可能达到数亿美元。企业在确定融资金额时，需要综合考虑多种因素，以确保企业获得足够的资金支持，同时避免过度融资带来的股权稀释和其他潜在问题。以下是确定企业融资金额时需要考虑的关键因素。

1）企业资金需求

第一，运营资金。企业需要评估其日常运营所需的资金量，包括工资、租金以及营销、研发、生产费用等成本。

第二，扩展资金。如果企业计划扩展业务、开发新产品或进入新市场，就必须计算这些项目所需的资金。

第三，缓冲资金。企业应预留一部分资金作为应对不可预见情况的缓冲，以避免资金链断裂从而影响正常运营，甚至倒闭。

2）融资目的

第一，扩张与增长。如果企业融资的目的是快速扩张或进行资本密集型投资（如购买设备、进入国际市场），则融资金额应该与这些目标相匹配。

第二，短期还是长期需求。企业需要明确融资是为了解决短期需求还是支持长期战略。如果是长期发展项目，则融资金额通常较大。

融资金额的确定需要创业者对融到的这笔钱的使用目的有清楚的认识，也就是要分析清楚融到了这笔钱以后，企业计划利用这笔钱经过多长的时间发展到什么样的阶段，要能够用融到的这笔钱达到预定的发展目标。这需要对企业的业务有深入的了解，对企业的发展有合理的预期。

一般来说，企业在发展中具有阶梯式上升的特点。在这个过程中，企业的价值是阶梯式上升的。阶梯式上升是指企业发展到一个阶段，企业的价值就上升到一个新的台阶，进入下一个阶段，在扩大规模、提高竞争力以后又会再上升一个台阶，这样逐步上升。把握好融资金额就需要对企业的发展过程进行准确的预先估计。基于此，企业当前的融资要起到确保企业的价值上一个台阶的作用，并在之后进行一定的发展，发展到下一次的融资时间。这样就能让企业的价值达到最大化，创始人的股权被稀释程度也就最少。总的来说，预测企业的业务发展对于融资金额的确定是至关重要的。

3）企业估值

估值影响融资金额，企业估值决定了融资金额占总股权的比例。企业在融资时需要合理评估自身的估值，确保获得的资金与股权分配相匹配。股权稀释是一个考虑的重要方面，融资金额越大，企业的股权稀释比例就越高。因此，企业需要权衡股权稀释的代价，避免失去对企业的控制。

4）融资轮次和类型

（1）融资轮次

在不同的融资轮次（种子轮、A轮、B轮等），企业的资金需求和增长目标不同，融资金额也会有较大差异。早期融资轮次通常融资金额较小，后期融资轮次则融资金额较大。

（2）融资类型

不同的融资类型，如股权融资、债权融资或混合融资，会影响企业所需资金的计算方式。股权融资可能筹集更多资金，而债权融资需要考虑还款能力和利息支付。

5）财务预测和盈利能力

（1）财务预测

企业应根据未来的财务计划和现金流预测来决定融资金额，确保融资金额能够覆盖未来一段时间内的开支，避免频繁融资。

（2）盈利能力

如果企业盈利能力较强，未来能通过运营收入支持资金需求，则融资金额可以适当减小。如果企业尚未盈利，融资金额就可能需要更高，以保证未来持续运营。

6）市场和竞争环境

（1）竞争对手的融资情况

如果竞争对手正在快速筹集资金并扩大市场份额，则企业可能需要更高的融资金额，以保持竞争优势。

（2）市场状况

在资本市场环境良好、融资活跃的情况下，企业可以考虑多融资一些，以备将来使用。如果市场不稳定或融资难度加大，企业就需要精打细算，确保获得最低必要的资金。

7）投资者的资金实力和战略合作

（1）投资者的资金实力

投资者的资金实力会影响融资金额。与大型风投或私募基金合作时，融资金额往往较大，而与天使投资者或小型基金合作时，融资金额可能较小。

（2）战略合作

一些投资者可能不仅提供资金，还能带来战略资源。如果战略合作对企业发展具有重要价值，则企业可以根据与投资者合作的潜力适当调整融资金额。

8）融资成本和融资频率

（1）融资成本

每一次融资都涉及时间和资源成本，因此企业需要平衡融资金额与融资频率，避免频繁融资带来的资源消耗。一次性筹集较多资金可以减少未来的融资次数。

（2）未来融资计划

企业需要考虑此次融资后未来还会有进一步的融资需求，在确定融资金额时，需保证此次融资能够支撑企业发展到下一个融资阶段。

9）经济环境和政策支持

（1）经济环境

企业需要考虑当前的经济状况，经济上行时融资环境宽松，企业可能有机会融资更多；在经济不景气或资本市场波动较大的时候，融资金额可能需要更加谨慎。

（2）政策支持

政府的政策导向（如补贴、税收优惠等）可能影响企业的资金需求和融资金额。如果企业能获得政策支持，所需融资金额就可能减少。

综上，企业确定融资金额时，需要综合考虑自身的资金需求、业务发展阶段、市场状况、估值、融资类型以及股东利益等因素。合适的融资金额能够帮助企业顺利扩展，同时减少不必要的股权稀释或财务压力。

6.3.3 融资的准备及阶段

创业者在融资前需要作一系列充分的准备，以保障融资过程的效率和成功率。以下是一些关键的准备步骤：

1）融资的准备

（1）明确融资目标和需求

第一，确定融资金额。这是指根据企业的发展阶段、资金需求和市场前景，合理确定所需融资金额。

第二，规划资金用途。这是指明确融资所得资金将用于哪些方面，如产品研发、市场推广、团队建设、运营扩张等。

（2）制订融资计划和策略

第一，融资轮次计划。这是指根据企业的发展阶段和资金需求，规划融资的轮次和每轮的目标。

第二，选择合适的融资方式。这是指如股权融资、债权融资等，根据企业实际情况和市场环境选择最合适的融资方式。

第三，制定估值策略。这是指结合市场情况、企业前景和同行业水平，合理确定企业的估值范围。

（3）完善企业资料和文件

第一，商业计划书。企业要撰写详细、有说服力的商业计划书，包括企业简介、市场分析、产品介绍、盈利模式、团队介绍、财务预测等内容。

第二，财务报表。企业要准备最新的财务报表，包括资产负债表、利润表、现金流量表等，以展示企业的财务状况和经营成果。

第三，市场调研报告。企业要收集和分析相关市场数据，以证明企业所在市场的潜力和竞争力。

（4）组建专业团队

第一，核心团队。企业要确保企业有稳定、专业的核心团队，包括创始人、高管和技术骨干等。

第二，顾问团队。企业要根据需要，邀请行业专家、投资顾问和法律顾问等加入顾问团队，为企业提供专业建议和支持。

（5）寻找和筛选投资者

第一，了解投资者。企业要通过各种渠道了解潜在投资者的背景、投资偏好和成功案例等信息。

第二，建立联系。企业要通过参加创业大赛、创业活动、投资者论坛等方式，与潜在投资者建立联系并展示项目。

第三，筛选投资者。企业要根据投资者的投资阶段、资金规模、行业经验和资源背景等因素，筛选最合适的投资者。

（6）进行融资谈判和签署协议

第一，准备谈判材料。企业要整理好所有与融资相关的资料和数据，以备在谈判过程中使用。

第二，明确条款。企业要与投资者就投资金额、估值、股权比例、投资条件等关键条款进行充分沟通和协商。

第三，签署协议。企业要在达成一致后正式签署融资协议并办理相关手续。

（7）其他准备工作

第一，法律咨询。企业要在融资过程中咨询专业律师的意见，确保所有法律文件的合规性和有效性。

第二，财务审计。如有必要，企业要进行财务审计，以证明企业的财务状况和经营成果的真实性。

第三，保密工作。企业要在融资过程中注意保护企业的商业秘密和核心技术，避免敏感信息泄露。

2）融资的各阶段

创业融资的过程通常可以被分为多个阶段，每个阶段都有其特定的特点和目标。

（1）种子阶段

企业刚刚成立，处于起步阶段，通常只有团队和想法，还没有具体产品或服务。此时的企业尚未形成稳定的商业模式，产品或服务还在研发或初步推广阶段，市场认可度低，客户群体不稳定。融资主要用于产品开发、市场调研和团队建设等初期工作。资金来源主要是创始人自有资金、亲友投资或个人借贷等。融资额度较小，一般在几十万元到几百万元之间。

（2）天使轮

企业在种子阶段之后，需要进一步的资金来推动产品开发和市场推广，此时会吸引天使投资者或机构的关注。企业在此阶段开始形成初步的商业模式，但仍处于不稳定状态，可能还未实现盈利。

天使投资者通常是富有的个人，他们愿意在企业早期阶段承担较高风险以换取未来可能的高回报。天使投资者看重的是创业团队的能力和创意，当然也会关注市场前景和商业模式等因素，融资额度一般在几百万元到数千万元之间。

（3）A轮融资

这是企业首次正式引入风险投资者的阶段。企业应已有一定的产品原型和市场验证，开始正常运作一段时间并有完整详细的商业及盈利模式，在行业内拥有一定地位和口碑，但可能依旧处于亏损状态。投资者会关注企业的成长潜力、市场竞争力和盈利能力等因素。A轮融资用于扩大产品规模、增强市场推广和销售等方面。融资额度较大，一般在数百万元到数千万元之间，甚至更高。

（4）B轮融资

在A轮之后，企业经过了一轮"烧钱"，获得较大发展，已经开始盈利。如果企业需要更多资金来继续增长，会进行B轮融资。企业可能需要推出新业务、拓展新领域，进一步扩大市场份额、优化产品或服务、加强团队建设等。资金来源可能包括风险投资、私募股权投资基金或其他机构投资。融资额度较A轮更大，能达到上亿元，具体数额根据企业发展情况而定。

（5）C轮融资

C轮融资通常在企业已经具有稳定增长和明确盈利模式后进行。这时企业已经非常成熟，离上市不远了，在行业内基本处于领先地位。这轮除了拓展新业务，也有补全商业闭环、写好故事准备上市的意图。资金主要用于加速企业增长、扩展新市场或进行战略并购等方面。投资者会关注企业的市场占有率、利润水平和未来发展潜力等因素。资金来源主要是私募股权投资基金，有些之前的风险投资也会选择跟投。融资额度往往达到数亿元甚至更高。

（6）后续轮融资（如D轮、E轮等）

若存在后续轮融资，这些轮融资通常在企业快速发展和扩张过程中进行。融资目的和用途与C轮类似，但可能更加侧重于企业的战略布局和市场扩张。融资额度可能继续增加，具体数额取决于企业的发展阶段和市场需求。

（7）首次公开募股

首次公开募股是企业发展的一个重要里程碑，标志着企业从私有制向公众公司转变，这是企业首次在证券市场上向公众出售其股份的行为，意味着企业将其所有权的一部分转移给公众投资者，以换取资金，同时实现股东财富的增值。首次公开募股不仅为早期投资者提供了退出机会，也为企业提供了大量的资金和公众认可。

6.3.4　融资常见问题分析

资金无疑是创业的命脉，是创业者迫切寻求的启动资源。然而，筹集资金的过程对创业企业来说往往充满挑战。据统计，风险投资公司一年内要听取数百位企业家的创业计划，但最终获得投资的企业仅约占1%。因此，做好充分准备，把握机遇，积极争取创业融资显得尤为重要。

对于创业者而言，筹资过程实质上是一场推销企业、产品和梦想的战役。成功的企业家之所以能够成功，一个关键原因在于他们懂得如何向经验丰富的投资者巧妙地推销他们的初创企业，从而获得宝贵的资金支持。

然而，在这种推销与争取风险投资的过程中，许多创业者常常陷入误区。

1）误区一：廉价出售，丧失灵魂

在资金饥渴的驱使下，许多创业者急于求成，容易陷入"只要能拿到钱就行"的误区，从而廉价出让自己的技术或创意。这不仅是对自己劳动成果的不尊重，更是对未来发展的短视。创业者应清晰认识到，技术和创意的价值不仅在于眼前的启动资金，更在于其长远的发展潜力。

然而，随着时间的推移，创业者在对企业运营有了更深入的了解后，往往会对当初的投资协议感到不满。此时，一些人可能轻率地提出毁约，这种行为不仅不利于创业项目的长远发展，还可能损害创业者在资本市场上的商业信誉。

2）误区二：烧钱游戏，信用危机

对投资不负责任的使用情况普遍存在，特别是在当前的网络中小企业融资中尤为明显。创业者必须明白，创业不仅是实现个人理想的过程，更是使投资者实现投资保值增值的过程。创业者和投资者是两个相互依存的部分，只有通过企业这个载体不断发展壮大，才能实现双赢的目标。

"烧投资者的钱圆自己的梦"，其实质是信用和品质的问题，持有这种思想的人不可能成为成功的创业者。只有能为股东创造价值的企业家，才能获得更多的企业融资机会和成长空间。创业者不仅要提升自身的技术能力，还需要加强道德修养，培养和具备企业家的诚实、守信的道德风范。

3）误区三：战略缺失，盲目航行

融资并非简单的资金筹集过程，而是需要精心策划与充分准备的战略行动。许多创业者缺乏完善的融资战略设计，导致在融资过程中屡屡碰壁。制定完善的企业融资战略是融资成功的关键。从选择合适的投资者到准备充分的谈判资料，每一个环节都需要精心策划与充分准备。

创业者要深入了解投资者的需求和偏好，制定有针对性的融资战略，提高融资效率与成功率。战略策划的内容应包括：哪些风险投资者对你这类别的项目感兴趣？他们一般可能采取哪种投资合作形式？如何得到创业资金？在第一次接触时可能涉及哪些问题？你应该作哪些准备才能展现本项目的优势和特点？在第一次交往时如何阐述清楚本项目的价值，既引起投资者的兴趣，又进行必要的调查，为后续谈判打好基础？

需要注意，这些战略设计的内容不应被直接写入商业计划书。

4）误区四：缺乏认知，错失良机

许多创业者怀有强烈的融资意愿，却缺乏相应的融资知识。真正深入理解融资的人并不多，许多融资者寄希望于托人打电话、找熟人、撰写商业计划书的方式，以为这样就能轻松获得贷款，忽视了用心去研究融资知识的重要性。他们往往将融资简单化、随意化处理。

由于缺乏必要的融资知识，这些创业者在选择融资方式时视野狭窄，通常只看到银行贷款或股权融资等传统方式。他们不知道除了银行贷款和股权融资之外，还有租赁、担保、合作、并购以及无形资产输出和转让等多种融资途径。这样的认知限制了他们的融资的选择范围。

实际上，企业融资是一项非常专业的活动，需要丰富的融资经验、广泛的融资渠道以及对资本市场和投资者的深入了解和认识，还需要具备强大的专业策划能力以及解决融资过程中遇到的各种现实问题的运作能力。企业必须重视学习和理解融资知识，也可以考虑聘请专业的融资顾问协助，从培育和铸造企业资金链的高度出发，打造稳健的资金支撑体系。

5）误区五：盲目扩张，忽视管理

企业的规范化管理是其自身融资能力的重要体现。然而，许多民营企业在快速扩张的过程中忽视了企业内部管理的精细化与科学化。这些企业在发展过程中未能及时完善治理结构，导致其融资能力受限，且难以有效规避扩张过程中的经营风险。尤其是一些初创企业，过于关注业务拓展，却忽视了企业文化的塑造。随着企业规模的扩大，原有的凝聚力逐渐减弱，企业内部及各部门之间缺乏共同的价值观念，导致协同能力下降。这样的企业往往不具备银行评估的基本贷款和融资条件，这也是造成中小企业融资难的一个重要原因。

6.4 股权及股权分配

股权是有限责任公司或者股份有限公司的股东对企业享有的人身和财产权益的一种综合性权利，即股权是股东基于其股东资格而享有的，从企业中获得经济利益，并参与企业经营管理的权利。股权是股东在初创企业中的投资份额，即股权比例。股权比例的大小直接影响股东对企业的话语权和控制权，也是股东分红比例的依据。

创业如逆水行舟，只有同行者目的明确、方向一致、公平和激励并存，才能成就长远、稳定的关系。股权分配是一个落实到"人"的过程，不仅要通过"丑话说在前头"来确立规则，还要明确企业价值观、达成股东间的共识。企业在股权分配中应遵循一定的原则，以保障股权分配的合理性。

6.4.1 股权分配原则

1）公平原则

第一，持股比例与贡献成正比。股权分配应确保每位股东的持股比例与其对企业的实际贡献（包括资金投入、技术投入、资源投入、时间投入等）成正比，避免利益冲突。

第二，避免平均主义。企业要避免简单地平均分配股权，这可能导致决策效率低下和股东责任不明确。

第三，透明化操作。股权分配的过程应公开透明，所有相关方都应了解并同意分配方案，避免出现信息不对称和误解的状况。

2）控制力原则

第一，保障创始人控制权。在融资过程中，企业应确保创始人或核心团队对企业的控制权不被过度稀释，创始人应持有足够的股份。一般来说，创始人持股比例应保持在一定水平（如51%）以上，以确保在重大决策中的话语权。这有助于维护企业的稳定性和长期发展方向的一致性。为此，企业可以通过设置特殊投票权、一致行动人协议等方式来保障创始人的控制权。

第二，平衡投资者利益。企业要兼顾投资者的利益，明确他们在股权结构中的位置，确保他们有足够的动力支持企业的发展。

6.4.2 股权分配方法

股权分配是一个需要综合考虑多种因素的过程。在分配股权时，企业应遵循公平原则和控制力原则，并根据企业的实际情况和股东的具体需求来制订合理的分配方案；同时，要关注公司章程和股东会决议等法律文件的规定，确保股权分配的合法性和有效性。最终目标是通过合理的股权分配来激发团队的积极性和创造力，推动企业的持续发展。股权分配通常可以按照以下方法进行：

1）按出资比例分配

这是最基本的股权分配方式，即按照各股东实际投入的资金比例来分配股权。这种方法简单明了，易于操作，且符合《中华人民共和国公司法》的相关规定，即股东有权按照实缴的出资比例分取红利和优先认缴新增资本。然而，这种方法可能忽略了其他非资金因素的贡献，如技术、专利、管理经验等。

2）协商分配

除了按照出资比例分配外，全体股东还可以通过协商来确定股权的分配方式。这种方法更为灵活，可以根据各股东的实际贡献、角色重要性、企业战略需求等因素进行综合考虑。协商分配可以确保股权分配更加公平合理，也有利于增强股东之间的合作和信任。

3）预留股权池

为了吸引和留住优秀人才，企业可以在股权分配时预留一部分股权作为激励股份，用于未来对核心员工、管理人员或业绩突出的员工进行奖励。这种方法可以激发员工的积极性和创造力，促进企业的长期发展。

4）分阶段授予

股权可以分阶段授予股东或员工，而不是一次性全部授予。这可以根据项目的进展、员工的绩效或企业的业绩来设定条件。例如，企业可以按照项目进度、融资进度或运营业绩来分阶段授予股权。这种方法有助于确保股东或员工与企业的长期利益保持一致，也有利于企业根据实际情况调整股权结构。

5）遵循公司章程或股东会决议

如果公司章程对股权分配有具体规定，或者股东会通过了关于股权分配的决议，那么应当遵循这些规定或决议进行股权分配。公司章程是企业的基本法，具有最高的法律效力，股东会决议则是企业内部的最高决策机构所作出的决定，具有约束力。

6）结合企业实际情况

股权分配方法的选择应结合企业的实际情况和发展阶段。例如，在初创阶段，为了保持创始人对企业的控制权，可能需要采取较为集中的股权结构；在快速发展阶段，为了吸引更多的投资者和优秀人才，可能需要采取更为分散和灵活的股权结构。

综上所述，创业融资中的股权分配方法多种多样，企业应根据自身实际情况和发展需求选择合适的分配方式；同时，应确保股权分配过程公平、透明、合法，以维护企业的长期稳定发展。

6.5 选择合适的投资者

选择合适的投资者对创业者至关重要。企业通常要综合考虑多种因素，选择合适的投资者。

6.5.1 投资者的特点

1）投资者的资金实力与投资偏好

投资者是否有足够的资金来支持企业的融资需求至关重要。如果企业计划进行多轮融资，投资者的资金实力应该能支持未来的增长。投资者通常有不同的投资偏好，有些专注于早期（种子轮或天使投资），有些专注于中后期（A轮、B轮或Pre-IPO）。企业应选择与自身所处发展阶段相匹配的投资者。投资者是否有专注于特定行业的经验和成功案例也是需要考虑的，选择在企业所在行业内有成功投资经历的投资者，能带来更多专业的资源和洞察力。

2）投资者的资源与增值能力

投资者能否为企业带来行业资源对企业十分重要，如通过投资者介绍客户、合作伙伴、供应链或市场资源等。投资者是否能够在战略规划、市场拓展、产品开发或人才招聘方面提供有效的建议和支持，也是需要考虑的一个因素，因为具备这些能力的投资者能够帮助企业提升运营管理水平。此外，一些投资者可能曾是成功的企业家或高管，他们的经验可以为创业团队提供管理上的帮助，包括企业治理、市场扩展、融资技巧等。

3）投资者的声誉与信任度

选择具有良好声誉的投资者可以提升企业的市场形象和信用度，帮助企业获得更多机会和资源。通过了解投资组合中的企业表现，企业可以判断投资者的投资眼光和后续支持能力。成功的案例能说明投资者对企业发展阶段的把控以及帮助企业上市或被收购的能力。

4）投资者的决策风格与干预程度

有些投资者可能希望积极参与企业的日常运营，有些则更偏向于提供战略性指导，放手让创始团队自己执行，选择时需了解投资者的管理风格是否与团队匹配。企业应注意保护创始团队的控制权，避免投资者过度干预决策，尤其是在战略方向和团队管理方面。

5）投资者的长期承诺与合作态度

有些投资者偏好短期回报，可能在企业尚未发展成熟时寻求退出，而长期视角的投资者会更加耐心，支持企业实现长远的战略目标。如果投资者有能力且愿意在多轮融资中增持股权，这表明他们对企业的长期发展有信心。

企业选择与企业文化和战略方向一致的投资者，能避免合作过程中产生矛盾和分歧，有助于形成良好的合作关系。

6）投资者对企业未来发展的期望

有些投资者可能期望高回报和快速增长，有些投资者则对企业的长期发展有耐心。企业要确保投资者的回报预期与企业的发展节奏相符；了解投资者的退出策略，避免在企业还未准备好上市或被收购时面临投资者退出的压力。

7）投资协议条款

投资协议中的融资条款是否合理十分重要，如股权稀释、优先清算权、董事会席位、反稀释条款等。企业应仔细审查这些条款，确保不会过度稀释创始团队的股权或丧失控制权。投资者既要给予公正的估值，也要提供后续帮助，避免融资后企业面临管理困境。

8）投资者的其他投资组合企业

避免选择在直接竞争对手中有大量投资的投资者，以防止潜在的利益冲突。如果投资者已经在类似的行业投资，则可能带来协同效应。投资者投资的其他企业可能成为企业的合作伙伴、客户或供应商，帮助企业更快地扩大业务。

6.5.2　投资者对企业的影响

投资者对企业的影响非常深远，他们不仅提供资金，还可能影响企业的战略决策、公司治理、市场拓展等多个方面。

1）资金支持与资本结构影响

（1）提供成长所需资金

投资者提供资金帮助企业进行产品开发、市场扩张、团队建设等。没有足够的资金，企业可能错失关键市场机会。

（2）资本结构变化

每次融资都会影响企业的股权结构。投资者通过股权融资进入企业，创始人和早期投资者的持股比例会被稀释。投资者在融资过程中的条款（如优先股、反稀释条款等）也可能影响企业未来的融资和股权分配。

2）战略影响

（1）战略方向调整

有些投资者会对企业的战略决策提出建议甚至施加影响。特别是具有丰富行业经验或掌握资源的投资者，他们可能引导企业向他们认为更有前景的方向发展。

（2）长期和短期目标

有些投资者可能更关注短期回报，推动企业快速扩张或采取高风险策略，以便尽早实现退出。然而，过度追求短期回报可能导致企业忽视长期的可持续发展目标。

3）治理结构影响

（1）董事会席位与控制权

投资者在融资后通常会要求在董事会中占有席位，这会直接影响企业的治理结构。投资者通过董事会参与企业重大决策，如收购、融资、业务扩展等。特别是在后期融资中，投资者的话语权会越来越大，创始团队的控制权可能受到影响。

（2）公司治理优化

投资者通常会要求企业建立更加规范的治理结构，包括加强财务透明度、制定内部控制机制、引入外部专业管理团队等。这对于早期创业企业而言，有助于其提高管理效率和减少风险。

4）管理与运营支持

（1）管理支持

投资者可以通过其广泛的网络为企业引入高级管理人员或顾问，增强企业的管理团队能力。这对企业在快速扩展阶段至关重要。

（2）运营支持

经验丰富的投资者通常能为企业提供具体的运营指导，包括市场拓展策略、产品开发路径、供应链管理等方面的建议。通过投资者丰富的行业知识和经验，企业可以更有效地应对市场挑战。

5）客户资源与品牌提升

（1）客户资源

投资者可能利用其广泛的行业关系，帮助企业接触到新的市场、客户、合作伙伴和供应商。尤其是当投资者有行业背景或相关经验时，他们的资源网络可以帮助企业迅速扩大市场份额。

（2）品牌提升

与知名投资者合作有助于提高企业的市场认可度和品牌形象。知名的风投或私募投资者进入企业后，往往会吸引更多的媒体关注、客户信任和其他潜在投资者的兴趣。

6）融资影响与退出压力

（1）融资影响

投资者往往在企业后续融资中提供重要支持，包括协助企业寻找新的投资者，参与后续融资轮次，或者帮助企业优化融资结构。

（2）退出压力

投资者的目标是最终退出，以获得回报。这可能导致企业面临上市、并购或被要求在特定时间内实现盈利的压力。如果投资者过早或不适当地推动企业上市或并购，则可能对企业的长期发展产生负面影响。

7）企业文化与管理风格

（1）企业文化

投资者的价值观和企业文化的契合度会直接影响企业的内部文化。选择与企业核心价值观相近的投资者，能帮助维持企业的初衷和使命；如果文化差异过大，则可能导致内部冲突。

（2）管理风格

投资者参与企业管理的程度不同，他们的管理风格可能对企业日常运营产生深远影响。如果投资者过于强势或频繁干预决策，则可能影响团队的自主性和执行力。

8）对创新与风险管理的影响

（1）对创新的影响

投资者可能支持企业的创新项目，帮助企业通过风险资本进行实验和创新，促进技术进步。然而，有些投资者可能更关注短期的安全回报，限制企业在高风险领域的投入，抑制创新。

（2）对风险管理的影响

经验丰富的投资者往往对风险有深刻的理解，并会帮助企业引入更有效的风险管理机制。他们会推动企业加强合规性、信息披露和内部控制，减少法律和财务风险。

9）退出策略的影响

（1）推动IPO或并购

投资者通常在特定时间内有退出计划，如通过IPO或并购实现资本回报。这种退出压力可能影响企业的长期发展策略，甚至在企业尚未完全准备好时被迫上市或出售。

（2）估值与企业发展匹配度

投资者在退出时追求高估值，这对企业的财务表现和市场定位产生了显著影响。如果企业估值被人为推高，则可能在后期市场表现中承受压力。

6.5.3 融资谈判

融资谈判是创业企业在特定发展阶段中，在需要资金支持时与潜在投资者或机构沟通和协商的关键过程。谈判的成功与否取决于谈判者是否能够有效实现企业的目标，而这需要谈判者具备一定的谈判素养。谈判素养主要体现在以下方面：

1）诚信至上

诚信是融资谈判的基础。在谈判中，首要是让对方感到你是可信赖的，并且具备合作的潜力。言行一致、透明沟通能让对方对你产生信任，并愿意进一步商讨合作。只有在建立了相互信任的前提下，双方的合作才有可能顺利推进。

2）战略思维

在讲诚信的基础上，谈判者必须具备战略眼光。了解谈判双方的需求、利益以及整体市场格局至关重要。谈判者应当明确己方的核心需求，并深入分析对方的利益和立场，甚至考虑到涉及的竞争对手及潜在的投资者或收购者可能提出的方案。掌握全面信息并知己知彼，才能在谈判中达到双赢的局面，实现双方共同的利益。

3）创造性思维

谈判并不是讨价还价，而是一种具有创造性的过程。优秀的谈判者应当在信任的基础上，深入分析双方的优势与需求，并有创造性地提出合作方案，探索合作后的互补性和双赢局面。如果面临竞争对手，则谈判者应当善于找出对方与竞争对手合作的弊端，并将其作为己方的优势进行突出展示。如果谈判陷入僵局，那么谈判者需具备跳出固有思维框架的能力，提出新的解决方案，为双方搭建起一个共识的合作框架。

通过诚信、战略和创造力的综合运用，谈判者能够有效地推动融资谈判，达成对双方都有利的合作结果。

综上所述，选择合适的投资者对创业企业至关重要，投资者不仅提供资金，还可能带来战略支持、资源网络和管理经验。融资谈判也是企业通往成功的一个重要途径，企业要综合考虑多种因素，选择合适的投资者。

素养园地

如何巧妙驾驭创业资源

创业，这片充满创新与挑战的沃土，吸引着无数怀揣梦想的创业者竞相耕耘。然而，在这条充满未知与变数的道路上，创业者们常常面临资源匮乏与有效利用的双重考验。创业者如何在这浩渺的创业海洋中巧妙地驾驭资源的风帆，驶向成功的彼岸呢？

一、识资源之百态，明自身之所需

在创业的征途中，我们需要深入理解资源的丰富内涵。资源，如同土壤中的养分，种类繁多且各具价值。它们或如涓涓细流，为项目提供源源不断的动力——人力资源；或如磐石般坚实，为创业之路奠定基石——资金资源；又或如阳光雨露，滋养着项目的成长——物质资源与信息资源。创业者需细致梳理，明确自身项目所需资源的类型与数量，如同园丁根据花卉的需求，精准施肥浇水。

二、善用已有之资源，化劣势为优势

创业者应审视自身已有资源，巧妙运用，让每一份资源都发挥出最大价值。或许你的资金有限，但你的创意和热情是无尽的宝藏；或许你缺乏专业设备，但你可以借助亲友的力量，共同开辟新天地。只要有心，劣势亦可化为优势。

三、寻志同道合之伙伴，共谋资源共享之策

资源整合并非闭门造车，而是需要广结良缘。创业者应积极寻求与拥有相似或互补资源的创业者合作。通过共享技术、设备或市场渠道，创业者能实现资源共享，降低创业成本，提升竞争力；同时，积极参与创业生态系统中的各类活动，如创业大赛、行业展会等，与行业精英交流互动，获取更多宝贵的资源和信息。

四、融入生态之环，借力打力促成长

创业并非孤军奋战，而是与整个创业生态系统紧密相联。创业者应主动融入创业生态圈，与同行、投资者及行业专家建立联系；通过寻求经验丰富的导师指导或加入创业孵化器等方式，获取更多支持和帮助；关注市场动态和行业趋势，灵活调整资源策略，以适应不断变化的市场环境。

五、持续创新优化资源利用

资源整合并非一蹴而就的终点，而是一个需要不断优化的过程。创业者应时刻保持敏锐的市场洞察力，不断探索新技术、新工艺和市场机遇，通过引进新技术、优化生产流程等方式提高资源利用效率；通过市场调研和用户反馈优化产品设计和营销策略；通过创新商业模式和拓展业务领域提升品牌影响力。只有持续创新和优化资源利用方式，创业者才能不断提升自身创造力，并推动创业项目的可持续发展。

创业资源的整合与利用是通往成功的关键所在。创业者需明确项目所需资源的类型与数量，充分利用已有资源，寻求合作伙伴并进行资源共享，积极参与创业生态系统建设，持续创新并优化资源利用途径。只有扎实努力、拼搏进取才能更好地实现创业目标。

【价值塑造】该资料探讨了创业过程中如何驾驭资源的问题，强调了创业者需明确所需资源的类型和数量，充分利用自身已有资源，寻找合作伙伴进行资源共享，融入创业生态系统并积极参与其中，持续创新优化资源利用。通过深入理解资源的丰富内涵并运用这些方法有效整合，创业者可以更好地应对资源匮乏的挑战，提高资源利用效率，实现创业目标。

资料来源：[1] 吴满琳. 大学生创业基础：知行合一学创业 [M]. 上海：复旦大学出版社，2017. [2] 刘磊. 大学生创新创业基础 [M]. 北京：中国水利水电出版社，2015.

本章小结

本章主要围绕创业资源的取得和利用讲述了创业资金的来源、融资与股权分配、合理获得创业资源、投资者的选择和影响，以及融资谈判等内容。本章的重点是掌握创业融资的渠道。在进行创业融资时，企业应综合考虑各种融资渠道的优势和劣势，根据企业发展的阶段，在诚信的基础上进行创造性、战略性融资谈判，获得适合企业发展阶段和支撑企业发展目标的融资金额。

基础训练

❖ 单选题

第6章单选题

1.企业用于日常经营时支付的房租租金，按照资金的流动性分类属于创业资金的是_____。

　　A.营运成本　　　　　　B.流动资金　　　　　　C.非流动资金

2.企业在发行股票时产生的宣传费用属于资本成本构成中的_____。

　　A.资金筹集费　　　　　B.资金占用费　　　　　C.营运成本

3.创业者使用自有房产、车辆等资产作为抵押物，向银行申请贷款，属于的银行贷款形式是_____。

　　A.信用贷款　　　　　　B.商业抵押贷款　　　　C.质押贷款

4.以"团购+预购"的形式进行，投资者对项目或企业进行投资，获得项目完成后制作的产品或服务作为回报的众筹模式是_____。

　　A.债券众筹　　　　　　B.捐赠众筹　　　　　　C.奖励众筹

5.企业具有了一定的产品原型和市场验证，开始正常运作一段时间并有完整详细的商业及盈利模式，在行业内拥有一定地位和口碑，于是开始首次引入风险投资者。这属于的创业融资阶段是_____。

　　A.A轮融资　　　　　　B.B轮融资　　　　　　C.天使轮

6.为了吸引和留住优秀人才，公司在股权分配时保留了一部分股权作为激励股份，用于未来对核心员工、管理人员或业绩突出的员工进行奖励。这属于股权分配方法中的_____。

  A.分阶段授予   B.预留股权池   C.按出资比例分配

7.按照资源的存在形态来说，一家企业拥有的核心文化价值属于创业资源中的_____。

  A.无形资源   B.有形资源   C.社会资源

8._____一般附着在物质资源上，能够通过法律手段予以保护，形成企业的无形资产。

  A.社会资源   B.技术资源   C.组织资源

9.在消费品行业，一些知名国际品牌经常与当地零售商或电商平台合作，通过共同营销和渠道共享来扩大市场覆盖面。国际品牌途径获取市场资源的途径是_____。

  A.资源积累   B.并购   C.联盟

10.著名的电子商务企业亚马逊对物流体系的整合采取以下方式：在一些市场密度高、订单量大的地区，选择自建仓库和配送团队，以实现更快速的配送；在一些市场密度低、订单量小的地区，会选择与第三方物流公司合作，以降低成本。这体现了亚马逊在资源整合过程中遵循的原则是_____。

  A.双赢原则   B.提前原则   C.比选原则

11.以下不属于初创企业优势的是_____。

  A.创新力强   B.适应性强   C.资金雄厚

12.很多创业者在创业初期会选择向家人和朋友借钱，作为启动资金，这成为创业者最常见、最简单通常也是最有效的方式。这种方式的优点是_____。

  A.较多的股权稀释 B.资金获取的门槛低 C.资金规模有限

13.稳定合理的资金来源是初创企业获得成功的关键。初创企业通过以下_____种方式更容易获得资金的支持。

  A.天使投资   B.银行贷款   C.私募股权投资基金

14.银行贷款具有来源可靠、没有股权稀释等优点，可以为创业者提供可靠的资金来源和财务可预测性，但是，银行贷款通常_____，这令许多创业者望而却步。

  A.对财务状况的要求低   B.审批流程严格

  C.还款灵活

15._____是一种新兴的融资方式。

  A.银行贷款   B.自我融资   C.众筹

16.在企业发展过程的较晚阶段，战略投资者的加入通常能够使企业得到很大的发展。但是战略投资者也存在其局限性，其中对企业影响最大的是_____。

  A.影响企业独立性 B.资源共享   C.长期支持

17._____的时候是企业的最佳融资时机。

  A.企业账上没钱了

  B.企业需要进一步发展

  C.企业欠债

18.企业确定融资金额时，需要综合多种因素，_____不是其中之一。

A.宏观经济和政策环境　　　　　　　　　　B.企业估值

C.个人喜好

19._____是融资谈判的基础。

A.战略思维　　　　　　B.诚信　　　　　　C.创造性思维

20.在企业已经获得了一定发展的中后期阶段，通常选择_____类型的投资者。

A.战略投资者　　　　　B.天使投资者　　　　C.家人和朋友

21.在各种融资类型中，_____不会稀释股权。

A.私募股权投资基金　　B.银行贷款　　　　　C.战略投资者

❖ 简答题

1.阐述创业资金的获取渠道。

2.请从融资企业的角度阐述风险投资的优点和缺点。

❖ 阅读资料

我们通过下面两份资料，学习企业成长过程中不同阶段的融资方式以及企业融资与股权分配之间的密切关系。

资料一　　　　　　　　　　　**优质平台　助力创业**

近年来，我国高度重视创新创业的发展，为众多创业者提供了政策与资源的支持。在上海青浦区，"留创园"为众多归国学子提供了一个优质的创业发展平台。留创园的全称为上海青浦（长三角）留学人员创业园，是针对海外留学回国人员的综合性创新创业孵化基地。

在建设站点服务高层次人才方面，留创园采取了多项特色做法和特色服务项目，旨在吸引和培育国际化人才，打造一个有利于人才发展和创新创业的环境。留创园为留学人员和海外人才提供了一系列扶持政策，包括免场租费、租房补贴、人才公寓、创业开办资助、就业补贴、贷款贴息等。

在留创园完成合作的津加科技总经理对留创园赞不绝口，他的初创企业正好赶上这一波红利。"虽然是小公司，但是在事业起步阶段给予这样的减免力度，不仅减轻不少压力，还能把资金真正用在企业发展的刀刃上。"这些政策旨在减轻创业者的初期负担，提供必要的资金支持，助力其快速成长。对入驻留创园的留学人员，园区提供最长3年的场租费减免和创业开办资助，有效降低了创业初期的经济压力。

得益于背靠长三角的天然优势，留创园还会定期举行人才交流活动。通过定期组织创业大赛、创业沙龙、创业讲座、专家讲座、学习交流、政策宣讲等丰富多元的人才交流活动，为留学人才提供交流互动的平台，进一步促进了信息共享和资源整合。通过参与这些活动，人才可以拓宽视野，了解行业动态，结识合作伙伴，为创业项目的成功打下坚实基础。

不仅如此，留创园提供的"一站式"服务，涵盖企业注册、税收代办、商务信息咨询、培训、项目申报、法律咨询等全方位的综合服务，极大地简化了创业流程，使留学人员能够更专注于项目本身，从而加速项目从想法到实际落地的转化过程。通过一站式服务平台，创业者可以高效地解决各类企业运营初期的问题，提高创业成功率。

自 2022 年 9 月开园以来，留创园深受留学生的欢迎。截至 2024 年 12 月，留创企业累计入驻 99 家，留创孵化项目累计入驻 102 个，累计引进留学人员 309 名，其中，博士留学人员 26 名，硕士留学人员 224 名，本科留学人员 59 名，助力留学人员实现从创业点子到项目落地的转变。

通过与人才新政相结合，留创园还致力于打造更加开放的人才引进环境，营造出有利于各类人才施展才干、实现价值、成就梦想的环境。园区内设有多种功能区，如留学生驿站、行政管理中心、休闲区、直播室、会议室、开放式工位、独立办公室，这些都可以为创业者提供良好的办公环境和交流氛围。通过这些特色做法和项目，留创园不仅为高层次人才提供了一个良好的创新创业环境，还通过政策和服务的创新，有效地促进了人才的集聚和项目的孵化，为区域经济社会发展注入了新的活力。

随着国家对创新创业的重视和大力推进，各种资源开放平台正在逐步搭建和完善，创业者们应积极关注并寻找各地提供的优质创业平台，获得更多资金、技术以及其他资源的支持，避免埋头苦干，主动寻求合作，借力打力，实现顺利创业。

资料来源：龚莎. 信息共享、资源整合，长三角留创园助力海归创业者"平地起高楼"［EB/OL］.（2024-12-09）［2024-12-26］. http://sh.people.com.cn/n2/2024/1209/c134768-41069955.html.

资料二　　　　　　　　　　"去哪儿"的融资之路

"去哪儿"是一家领先的中国在线旅游平台，提供机票和酒店预订等多种旅行服务，凭借强大的搜索引擎赢得了众多用户的青睐。其融资历程从自我融资、天使投资、风险投资到最终上市，充分展示了中国互联网行业的蓬勃发展与资本市场的变迁。通过多轮融资，"去哪儿"逐步成长为国内的行业先锋，持续拓展业务范围，提升用户体验，并在激烈的市场竞争中保持活力。"去哪儿"的融资过程为企业在发展中把握融资时机的阶段化策略提供了极佳的示范。

2005 年 5 月 18 日，"去哪儿"在北京成立，是中国第一个旅游搜索引擎，开创了线上机票比价模式。两位创始人不仅投入了自己的资金，还引入了一些天使投资者的资金。在一年多的时间里，他们开发了公司的原型系统，为早期阶段建立用户基础和市场验证奠定了基础。

2006 年 7 月，"去哪儿"成功引入了早期投资者金沙江创投基金（GSR Ventures）和 Mayfield Fund（著名的硅谷风险投资者），完成了第一轮融资，共计投资 200 万美元。此次融资使"去哪儿"的公司估值达到 400 万美元，公司用户数量逐渐增多。第一轮融资的资金也帮助他们进一步发展。在第一轮融资资金的支持下，客户群增长到约 500 万。

2007 年 9 月，公司进行了第二轮融资，风险投资者 Mayfield Fund、GSR Ventures 以及 Tenaya Capital 完成了对"去哪儿"的第二轮投资。第二轮融资总计约 1 000 万美元，使"去哪儿"的公司估值大幅增加，达到 3 000 万美元。在此期间，公司进行了积极的市场扩张，获得了良好的行业评价和认可，用户和访问量增加到每月超过 3 000 万。这时，公司基本上达到了收支平衡。

2009 年 11 月，"去哪儿"在北京宣布完成第三轮融资，金额为 1 500 万美元。该轮融资由纪源资本（GGV Capital）领投，之前的所有投资者，包括 Mayfield Fund、GSR Ventures 和 Tenaya Capital，均参与其中。这笔融资使"去哪儿"的公司估值增加到1亿美元，主要用于市场扩张和增长阶段的战略发展。

2011年6月，"去哪儿"获得百度战略投资约3亿美元，百度成为"去哪儿"的第一大机构股东。到2011年，"去哪儿"已发展到拥有约5 000万名用户，成为一家成熟的酒店和机票预订平台。此时，公司面临选择：继续独立发展，直到下一步IPO还是寻找战略合作伙伴。为此，"去哪儿"团队评估了市场情况，并与一些业内顶尖旅行公司进行了谈判，获得了相当有吸引力的估值。同时，他们与提供良好垂直整合的投资者百度进行了商谈，百度可以通过其平台和搜索引擎为"去哪儿"带来大量用户。经过深思熟虑，"去哪儿"最终接受了百度的报价：以约3亿美元收购其约60%的股份。这一战略合作关系对双方都非常有利。合作后，"去哪儿"能够充分利用百度带来的流量，实现快速增长，并保持相对独立的运营。同时，作为旅游行业的领先企业，"去哪儿"为百度在该领域提供了活跃的市场参与。双方发挥了各自的互补优势，产生了良好的协同效应。

2013年11月，"去哪儿"（股票代码QUNR）在美国纳斯达克成功敲钟上市。上市后，公司在市场上获得了较好的反响，估值也显著提升。上市是"去哪儿"发展历程中的一个重要里程碑，进一步巩固了其在中国在线旅游市场的领导地位，并为后续的业务扩展提供了更多资金支持。当公司最终通过IPO退出时，所有相关方，包括投资者、管理团队、创始人以及战略投资者都从公司估值的增长和IPO的成功中获得了收益。

在这个资料中，"去哪儿"在创始和发展过程中采取阶段性融资的策略，从种子阶段的自我融资、天使投资者，到早期阶段的第一轮融资，增长和扩张阶段的第二轮融资、第三轮融资，再到战略投资者百度的加入。"去哪儿"在企业发展的各个阶段选择了合适的投资者，直到成功上市。

资料来源：去哪儿官网. 公司大事记［EB/OL］.［2024-12-17］. http://www.qunar.com/site/zh/zh-Milestones.shtml.

第7章 创业计划书

学习目标

通过本章学习，学生能认识到创业计划书在创业活动中的重要性，明确其作为项目规划的作用，重点掌握创业计划书的基本格式和撰写原则。

7.1 创业计划书的目的和用途

创业计划书也叫商业计划书（business plan，BP），是创业者为达到某发展目标如招商融资等，在对商业项目展开科学的调研与分析、充分地搜集与整理相关资料的基础上，按照一定格式和内容要求编辑整理的书面文件。创业计划书向投资者全面展示了企业的目前状况、内在价值和发展潜力，其内容涉及经营理念、市场营销、生产制造、产品服务、组织结构、人力资源、财务预测以及融资需求等各方面。创业计划书是创业者对创业过程进行的目标设计和思路规划，是帮助创业者创建新企业的重要工具。[①]

7.1.1 创业计划书的目的

创业计划书进行全方位的项目计划阐述，是创业活动中的重要一环，在现代商业环境中扮演着至关重要的角色。[②]创业计划书通常解答以下问题：我们的项目目标是什么？我们的执行计划是怎样的？我们的发展愿景是什么？此外，它还给出潜在投资者、供应商和合作伙伴的需求和疑问解答。创业计划书的目的主要体现在以下两方面：

第一，创业计划书通常是向潜在投资者说明企业或项目的情况和前景，以便投资者作出判断，促成投资者对企业或项目的投资。创业计划书对于企业融资至关重要。一份高质量且内容丰富的创业计划书能够吸引投资者，特别是风险投资者，使其快速且有效地了解投资项目，增强对项目的信心，并最终实现资金筹集目标。在竞争激烈的融资市

---

① 蓝荣. 中创科技公司商业计划书［D］. 广州：华南理工大学，2023.

② 李震. 案例：LR公司创业过程的思考［D］. 成都：电子科技大学，2005.

场中，创业计划书的质量和专业性决定了企业是否能成功获得投资，因此，创业者应将创业计划书的制作置于首要位置。

第二，创业者通过创业计划书的制定可以全面了解企业各个方面，这有助于分析目标客户、规划市场范畴并制定定价策略，也能够明确竞争环境并制定相应业务策略，以谋求成功。创业计划书的制定确保了各方面考虑协调一致。同时，在制定过程中，创业者可能发现具有竞争优势的新机遇或挑战，这有助于创业者增强企业管理能力。另外，创业计划书也是向合作伙伴提供信息的重要途径。它可以为业务合作伙伴和其他相关机构提供必要的信息，寻找战略合作伙伴，促使企业充满活力，促进多方共同发展。在制定创业计划书的过程中，创业者也可以及时发现并解决出现的偏差，为未来做好充分准备，防患于未然。[①]

7.1.2 创业计划书的功能

1）融资功能

创业计划书为新企业向投资者、供应商、潜在的合作伙伴及其他人士提供了一种展现自我的途径，是企业的推销性文本。对于正在寻求资金的创业企业，创业计划书是一张名片——介绍企业值得融资的名片，是寻求新的投资机会的敲门砖。一份翔实的创业计划书描述了企业的成长历史，展现了企业未来的发展方向和愿景，同时量化了潜在的盈利能力。成熟的创业计划书需要创业者对自己的企业有全盘的了解，对所有存在的问题都有所思考，对可能存在的隐患做好预案，并能够提出行之有效的解决方案。

2）管理功能

创业计划书有助于创业者系统地思考新创企业的各个因素，这是一项重要的工作，不可轻视。在寻求创业融资之前，创业计划书首先是为创业者自己准备的。创业不是儿戏，创业者需要以认真的态度对自身资源、市场情况和竞争策略进行详尽分析，并提出初步的行动计划，以使自身有清晰的认识。此外，创业计划书是创业资金准备和风险分析的必要手段，利用创业计划书梳理思路可以使创业者逐步将模糊的融资计划调整到最清晰的状态。对于初创企业而言，创业计划书尤为重要，因为刚开始的项目往往模糊不清。通过制定创业计划书，将正反理由写下并逐条推敲，创业者可以理清思路，对项目有更明确的认识，并能够预测和应对潜在的风险。

3）承诺功能

创业计划书是一份承诺的文本工具，这一点在企业利用创业计划书执行融资工作时体现得尤为明显。类似于法律文件，在企业与投资者签署融资合同时，创业计划书通常作为合同附件存在。与创业计划书这一附件对应的是主合同中的估值调整条款。估值调整条款和创业计划书共同构建了业绩承诺。当管理者未完成创业计划书所约定的目标时，投资者和企业家将重新进行利益的分配。在辅助执行企业内部管理时，创业计划书也是一种有效的承诺工具。一旦企业上下级就特定目标达成一致，他们合作完成的创业

---

① 王贝姿. "马上创业" 项目商业计划书 [D]. 广州：华南理工大学，2020.

计划书就记录了对目标的约定。这种约定是保障各类激励工具实施的重要基础。此外，创业计划书体现了上级对下级的承诺。企业战略的执行意味着必要的资源投入。只有经过慎重思考的战略，才能让管理者具备投入资金的决心。尽管人们可以理解因环境变化或知识增长而带来的行动计划甚至战略的调整，但没有人愿意与朝令夕改、缺乏战略思考能力的管理者共同工作。

7.2 创业计划书的基本样式和核心内容

7.2.1 创业计划书的基本样式

尽管大多数创业计划书都按照一定的格式编写，但它们的各个部分标题可能有所不同。然而，创业计划书之间的真正差别不仅体现在标题上，还在于写作质量、计划的实质性内容以及让读者信服的程度上。投资者是否被项目所吸引、计划的可行性和逻辑性等特征，以及创业者是否有能力实现这一计划，都会影响创业计划书的效果。[①]因此，要撰写一份全面的创业计划书并不是一件轻松的事情。创业计划书的基本样式主要包括以下方面：

1）企业概述

企业概述包括企业业务、背景、标识、目标、产品、营销、市场等各个方面的详细内容，并对成功的关键因素以及达到目标所需的战略可行性进行分析。对于新成立的创业企业来说，创业计划书不仅是吸引风险投资的介绍，突出了创业企业的理念和战略目的，也是制订和执行计划的重要工具。对于投资者而言，一份清晰展现企业构成、长期目标以及达成目标所需战略的创业计划书，是判断一家企业是否真正值得投资的重要依据。[②]

2）产品与服务

产品与服务包括产品的定位、价格策略、利润水平等方面。在撰写创业计划书之前，创业者必须进行充分的可行性研究，对各种因素进行详尽分析，以确保产品与服务的市场需求和竞争优势。可行性研究涉及产品与服务的需求、商标权、竞争对手、市场状况、发展趋势等方面的分析。创业者必须确保产品或服务具有创新性和市场潜力，并与竞争对手进行比较；对于已经试用过的产品与服务，可以通过案例证明其可行性；通过市场调查来量化产品与服务的需求，这将对创业计划书的可信度产生重要影响。

3）行业分析

行业分析包括行业概况和市场形成的背景趋势。但如果研究结果不理想，创业者应该考虑市场的前景、发展过程和速度，现有市场的规模和特点，市场发展的动力和前景，用户群体的性质和特点，目标用户群体的需求及发展变化预测，以及政府和行业政

---

① 王仕达. 商业计划书写作研究［D］. 长春：长春理工大学，2012.
② 岳小越. S-Green轻食项目商业计划书［D］. 大连：大连理工大学，2022.

策规定等方面。创业者需要充分利用各种信息资源，对即将进入的行业和市场进行深入分析，以估计产品或服务真正具有的潜力。此外，创业者还应进一步分析可能影响需求和市场策略的因素，以帮助潜在投资者判断企业目标的合理性和相应的风险承担。[①]

4) 目标市场分析

目标市场分析针对产品技术类、市场定位、产品定位、市场分析等方面需重点聚焦目标细分市场与目标客户群。定位需准确清晰，确定目标细分市场的位置和市场切入点。创业者必须考虑市场进入门槛、市场特征、目标市场规模、市场占有率和增长率等因素；对目标细分市场的主要竞争对手和竞争优势进行定性与定量分析。对文化创意与服务咨询类，除了上述内容，创业者还需描述企业运营的商业模式和盈利模式，要求具有创新性、独特性、竞争性和可行性。服务模式的定位也应准确清晰，细分目标服务市场和目标服务客户。同时，创业者需要澄清商业模式与盈利模式的区别。商业模式强调如何将日常运营和长期策略具体化，而盈利模式侧重于收入和利润的产生途径。

5) 竞争分析

竞争分析需要分析现有和潜在的竞争对手，了解其优势和劣势，以及相应的本企业优势和战胜竞争对手的策略。制订营销计划时，创业者要考虑产品与服务定价、分销渠道、广告和促销活动，以及规划和开发计划，包括开发状态、目标、可能遇到的困难和风险等。另外，企业竞争环境分析也是至关重要的。波特的五力模型是一种用于竞争战略分析的重要工具，它能有效地评估行业的竞争态势。该模型涵盖了同行业企业之间的竞争、潜在进入者的威胁、替代品的威胁，以及供应商和购买者的讨价还价能力，有助于全面把握企业所处的竞争环境。

6) 营销策略

营销策略包括现有的市场机构和销售渠道、现有的销售队伍和管理方式以及现行的价格策略；同时，应明确预期的分阶段销售目标。为了尽可能清晰和完整地介绍产品投放市场的策略、理念和计划，创业者可以选择集中性市场营销、差异性市场营销和无差异性市场营销等不同的策略。创业计划书除了描述产品本身的特点和优势，还应该建立有效的销售团队和管理机制。另外，价格策略也是一个重要的考虑因素，需要清楚地说明制定价格策略的原因、目标以及未来的调整计划。在介绍销售策略时，创业者应该考虑产品的定位和目标市场，选择适合的市场营销策略。对于集中性市场营销、差异性市场营销和无差异性市场营销，创业者都需要根据产品的特点和市场需求来制定相应的策略。通过清晰地阐述这些策略和计划，创业者可以使投资者更加了解企业的市场定位和发展方向，从而增强对投资的信心。

7) 创业团队

这部分包括企业的组织结构、董事和高级职员等内容。在企业的组织结构部分，创

---

① 张鲲. 大学生商业计划书教学设计重点和路演核心要素分析 [J]. 科教文汇（下旬刊），2021（9）：27-28.

业者需要清晰地描述企业的层级结构和管理体系，确保管理职能明确并与企业规模相适应。董事和高级职员的介绍是重点之一，应列出他们的姓名、职务，并简要介绍他们的背景和个人经历。对于董事会成员、关键管理人员以及关键咨询人员，创业者应介绍他们在创业企业中扮演的重要角色。对高级管理人员的介绍应包括其教育背景、工作经历以及任何特别的培训、技能、能力或成就。这些信息将有助于投资者了解企业管理团队的素质和能力，并评估其对企业发展的贡献。通过清晰地展示企业的组织结构和管理团队，创业者可以确保企业的管理体系能够支撑企业的规模和发展需求。

8）重要里程碑

这部分包括企业的发展规划，即企业短期、中期和长期的阶段发展。发展规划是创业者梳理思路的重要工具，也是向投资者清晰展示未来发展路线的关键步骤。短期规划着眼于产品的迭代优化、团队的招募和培养以及营销推广等方面。中期规划着眼于拓展产品功能和品类，以满足不同用户群体的需求。长期规划着眼于拓展新的业务领域和构建生态链，以实现企业多元化发展。发展规划旨在实现企业长期目标，并根据不同成长阶段制定相应的策略和措施。通过合理展示企业的发展规划，创业者可以确保行业生态链的构建，与投资者实现互利共赢，并实现长期的商业价值和社会影响。

9）关键风险

这部分包括技术风险、市场风险、财务风险、管理风险和行业风险等各方面的风险。创业企业很少能完全按照计划执行，每个创业企业都会面临其固有的风险，因此，重要的是勇敢地面对这些风险。风险主要表现在技术、市场、财务、管理以及行业等多个方面。针对这些风险，创业者需要提出有效的对策；但同时不能为了获取风险投资而隐瞒或缩小风险，这样做会失去投资者的信任。因此，在描述风险时，创业者应真实地反映企业面临的挑战，并提出合理的解决方案。在面对技术风险时，创业者应重视技术研发和创新，确保产品或服务的技术水平满足市场需求。在市场风险方面，创业者需要进行市场调研和分析，了解目标市场的需求和竞争情况，制定有效的市场推广和销售策略。在财务风险方面，需要做好资金管理和财务规划，确保企业的资金链充足。在管理风险方面，需要建立良好的管理体系和团队，提高组织运作效率。在行业风险方面，需要密切关注行业发展趋势和政策变化，及时调整战略。

10）融资需求

这部分包括总资金需求和运营周期，以及选择合适的合作方式。创业企业应该在不同的资金来源中进行选择，包括风险投资者、投资公司、政府机构、其他企业、个人和金融机构等。对于企业的融资条件、资本结构、担保、技术入股以及风险投资者对企业经营管理的介入，都需要作出详细的说明，以避免投资者对企业产生过多的疑问。在选择资本构成时，创业企业应该根据自身的需求和情况，权衡各种资金来源的优缺点，以确保企业的资金需求得到充分满足；同时，需要明确总资金需求和运营周期，以便制订合理的资金筹集和运营计划。合作方式也是创业计划书需要考虑的重要内容之一。创业者可以选择与投资者、合作伙伴或其他企业进行合作，共同实现业务目标。在选择合作方式时，创业者需要考虑合作方的资金实力、资源优势以及业务目标的契合程度，以确保合作取得良好的效果。[①]

7.2.2 创业计划书的核心内容

在当今竞争激烈的商业环境中，一份出色的创业计划书是创业者吸引投资和实现梦想的关键。[②]一份好的创业计划书不仅要罗列数据和图表，还要通过条理清晰、脉络明晰、层次分明的内容，为投资者呈现出一幅清晰的创业项目蓝图。为了达到这个目标，创业计划书通常包括以下主要内容：

1）摘要

在一份优秀的创业计划书中，摘要部分的重要性不言而喻。这部分通过简明扼要地介绍项目的核心内容，为投资者提供了一个快速了解项目基本情况的入口，有助于他们决定是否进一步深入了解。创业计划书的首页摘要旨在概括项目的关键信息，让投资者在短时间内了解创业计划书的要点，从而吸引他们关注后续内容。这部分内容一般包括企业介绍、主要产品、业务范围、市场概貌、销售计划、生产管理计划、管理者及其组织、财务计划、资金需求状况等。

创业计划书摘要部分是投资者阅读创业计划书时首先关注的内容。这部分尽量简洁生动。建议创业者在完成创业计划书后，在对项目有了充分理解的基础上再撰写摘要。摘要的内容应根据创业计划书的整体结构和重点内容进行提炼，只包括具体情况的说明，而不需要包含详细的论证材料。[③]

2）产品或服务介绍

这部分需要详细展示项目所涉及的产品或服务，包括其特点、优势以及与竞争对手的区别。投资者需要清楚了解项目的产品或服务在市场中的定位和竞争优势，以评估项目的市场潜力。产品或服务介绍需要明确描述产品或服务的基本概念、性能指标以及独特特征，以展示产品或服务在市场中的独特性。创业者可以从以下几个方面进行展示：

第一，主要产品或服务介绍。这一般是指介绍项目的核心产品或服务，包括功能、用途等方面的信息，突出产品或服务的核心竞争优势；产品或服务的市场竞争力方面要对比产品或服务与竞争对手的优势和劣势，以及顾客选择本企业的产品或服务的原因；产品或服务的研发过程需要简要概述产品或服务的研发历程，突出企业的技术创新或研发成果。

第二，发展新产品或服务的计划和成本分析。这是指详细展示未来产品线的发展计划，并进行相关的成本分析。

第三，产品或服务的市场前景预测。这是指基于市场趋势和需求分析，预测产品或服务在未来市场的表现。

① 姜宝山，郑策. 商业计划书的写作与高科技中小企业融资 [J]. 技术经济，2002（8）：24-26.

② 王戈. 精酿啤酒项目商业计划书 [D]. 成都：电子科技大学，2022.

③ 赵静，袁霞光. 商业计划书对于企业融资的重大意义 [J]. 经贸实践，2018（1）：110-111.

第四，产品的品牌和专利。这是指介绍产品的品牌形象和相关专利信息，突出产品的知识产权保护。

创业者应该对以上内容作出详细的说明，确保准确性和易懂性，使投资者清晰理解。

此外，产品或服务介绍部分还应该回答以下问题：产品或服务如何解决现实生活中的问题，顾客可以从中获得什么益处等。切记不要夸大产品的优势或作出空口承诺。每一项承诺都是一种债务，需要在未来的企业运营中努力兑现。企业与投资者之间建立的是长期合作关系，遵循诚信至上原则，空口许诺只会损害企业的信誉。如果企业不能兑现承诺，那么最终只会以创业失败告终，这是所有参与者都不愿意看到的结果。

3）管理团队展示

在创业计划书中，创业者需要展开对团队成员的详细介绍，特别是主要团队成员的经历、成就以及在团队中的角色，这些信息能够反映出团队的管理能力和执行力。一个成功的创业项目往往离不开一个强大的管理团队，团队的管理能力和执行力直接影响着项目的实施和发展。

首先，创业者需要全面介绍企业的管理团队，包括主要股东、董事以及其他高级职员。对于主要股东，创业者需要说明其股权结构以及对企业的投资和参与程度。董事和高级职员的介绍应包括其个人背景、专业经历以及在企业中的职责和角色。

其次，创业者要清晰展示企业的管理机构，包括股东情况、董事情况以及各部门的构成情况。创业者可以采用一览表的形式或其他明晰的形式来呈现，以便投资者一目了然地了解企业的组织结构。创业者在介绍团队成员时，特别需要突出其能力和独特性。这包括团队成员的职业道德、专业能力以及团队合作精神。投资者需要被说服，相信企业的管理团队具有足够的能力和素质来应对未来创业过程中的各种挑战。

再次，创业者应重点强调团队成员在关键领域的专业能力。无论是在产品设计与开发、财务管理还是市场营销方面，团队成员都应该展现出独特的能力和经验。这不仅能够增强投资者对团队的信心，也能够为企业未来的发展奠定良好的基础。

最后，创业者要强调团队的凝聚力和团结战斗精神。一个团结一心、共同努力的团队能够更好地克服困难，实现项目的成功。投资者需要相信，企业的管理团队不仅具有优秀的个人能力，还能够团结一致、共同奋斗，为企业的长远发展打下坚实的基础。

总之，创业者对团队成员进行详细介绍是创业计划书中不可或缺的一部分。通过清晰地展示团队成员的背景、能力和团队精神，创业计划书可以增强投资者对企业的信心，为项目的成功奠定良好的基础。[①]

4）市场分析

市场分析部分直接影响着投资者对项目的认可和支持程度。通过深入分析内外部环境，包括市场趋势、目标客户群体和竞争对手情况，进行充分的调研以及合理的预测，制定清晰的市场营销策略，投资者可以评估项目的市场定位和竞争优势，同时企业可以为自身的发展提供可靠的市场基础和竞争优势。

---

① 文科. JH射频功率放大器芯片商业计划书［D］. 广州：华南理工大学，2017.

一些创业计划书被拒绝的主要理由是产品市场不够大或不能创造足够多的盈利。因此，创业者需要在充分的市场调研基础上，对自身产品或服务的市场进行合理的预测，并制定相应的市场策略。如果市场前景不被看好，企业就没有必要继续发展下去。企业只有在有光明的市场前景或可观的盈利潜力时，才有可能获得投资者的资金支持。介绍市场状况方面的内容目的在于让投资者相信企业有光明的市场前景。一般来说，内容主要包括已有的市场用户情况、新产品或服务的市场前景预测以及市场营销策略等。

企业需要考虑自身在以往经营中拥有的用户数量和类型、市场占有率、竞争情况和营销网络的完整程度等因素，对产品或服务的市场前景进行预测。尽管预测不一定与实际相符，但投资者希望在创业计划书中看到企业对自身市场的初步预测，以便确定自己要承担的风险。因此，企业需要回答一系列问题，包括所在行业的前景、市场需求规模、潜在目标顾客等。

市场营销策略是投资者极为关心的问题之一。市场营销的成功与否直接反映了创业者的能力。因此，在创业计划书中，企业的市场营销策略应该涵盖营销机构和队伍、渠道选择和网络构建、广告和促销策略、价格策略、市场渗透和开拓计划，以及应对意外情况的对策等方面。通过对产品定价、渠道推广、销售策略和客户服务等方面的规划，投资者能够更好地了解项目的市场推广和销售计划。

5）财务规划

完善的财务规划是决定创业者创业成功的关键因素之一。财务规划需要创业者进行充分的专业分析和策划。很多创业计划书在寻求资金支持时遭遇失败，主要是因为它们过于偏重技术或产品等方面，而忽略了财务规划。我国一些企业的财务制度还不规范，甚至有些优秀的企业家在财务管理方面知识匮乏，这严重影响了他们获得创业投资的机会。财务规划对于企业的发展至关重要。对于投资者而言，一家企业的财务规划可以反映其对财务管理的重视程度和实际能力，以及是否能够确保投资者获得预期回报。财务规划通常包括创业计划书中的财务规划条件假设，以及预计的资产负债表、利润表及附表、现金流量表及资金需求表等。

创业计划书中的财务规划条件假设是财务规划的前提，也是保障财务规划符合未来经营情况的重要基础。预计资产负债表反映了企业在未来某一时刻的财务状况，投资者可以通过资产负债表中的数据来衡量企业的经营状况和可能的投资回报率。预计利润表及附表反映了企业未来的盈利状况，是企业在一段时间运作后的经营结果。预计现金流量表则反映了企业未来的现金流动状况。流动资金对企业而言至关重要，特别是在初创或扩张阶段，创业者需要对流动资金进行充分的规划和严格的控制。资金需求表反映了企业需要对资金的筹集情况、数量、时间以及使用状况等进行分析，也需要考虑投资的回报情况。

财务规划是创业计划书中比较专业的内容之一，对于企业的长远发展至关重要，它不仅是企业获得资金支持的关键，也是投资者判断企业价值和投资回报的重要依据。创业者应当充分重视财务规划的编制，并在需要时寻求专业人士的帮助，以确保财务规划的合理性和可行性，从而为企业的成功发展奠定坚实的基础。①

6）项目风险分析

创新项目的开始往往伴随着机会和风险，并且这两者密不可分。因此，创业计划书需要对项目的风险和机会进行全面分析。投资者需要了解项目所面临的潜在风险和机遇，以及如何通过项目的独特技术或团队能力来应对这些挑战。

尽管风险投资的高风险性是众所周知的，但风险投资者仍然渴望尽可能全面地了解风险企业可能面临的各种风险、风险的大小以及创业者将采取何种措施来降低或防范这些风险。因此，他们可能向创业者提出一系列问题，以确定项目可能面临的各种风险，并了解创业者打算采取的风险管理措施。因此，创业者需要在创业计划书中专门设立一部分来说明风险分析和应对策略。然而，创业者绝不能为了增加获得投资的机会而故意淡化、掩盖或人为地缩小项目的风险因素。这种做法只会导致投资者对创业者产生不信任，最终可能导致合作的失败。实事求是、诚实坦白是投资者最为看重的品质之一。创业者应当以开放的态度对待项目的风险，并提供充分的信息以使投资者作出理性的决策。

风险的评估和管理应该建立在严谨的数理逻辑基础之上。创业者需要运用科学方法和数据分析来识别、评估和应对各种风险。这可能涉及市场分析、竞争对手分析、技术评估、财务模型建立等方面的工作。通过对项目进行全面、系统的风险评估，创业者可以更好地了解项目所面临的挑战，并制定有效的应对策略，从而增强投资者对项目的信心，提高项目的成功概率。

7）企业战略

在创业计划书中，创业者需要对企业的目标、使命以及采取的竞争策略进行明确的阐述。投资者需要清晰了解企业的战略定位和未来发展方向，以便评估其在未来市场中的表现。

首先，企业的使命和愿景是其发展的基石。使命是企业存在的根本原因，愿景则是企业未来发展的目标。在创业计划书中，创业者应该清晰地描述企业的使命和愿景，以便让投资者了解企业的核心理念和长远目标。

其次，企业的总体战略是关键。这包括战略规划或目标的设定以及战略实施的方式。企业应该描述其采取的战略，如成本领先战略、差异化战略、专注于特定市场细分战略等。同时，企业需要描述企业的核心竞争力，即企业相对于竞争对手的优势和特点。

最后，企业管理是项目成功的关键因素之一。根据企业的战略和目标市场，创业者应该描述企业的选址、组织结构、厂房设备安排、工艺流程与质量管理、生产计划、人力资源管理、酬薪与激励政策、采购与供应链管理以及企业文化等方面的安排。这些方面的合理规划和有效管理将有助于企业顺利实现其战略目标，并获得市场竞争优势。企业战略在创业计划书中的描述应该全面、清晰，并与其他部分相互配合，以确保项目的

---

① 王歆，聂艳萍. 基于财务视角的大学生创业商业计划书探究 [J]. 科技创业月刊，2020，33（12）：98-102.

成功实施和持续发展。通过明确企业的使命、战略、团队和管理安排，创业者可以增大获得资金支持和市场认可的可能性。

综上所述，一份成功的创业计划书应该包含以上内容，并通过清晰、详细的描述，为投资者提供全面、准确的信息，从而吸引投资、实现项目的成功。

7.3 创业计划书的撰写原则和技巧

7.3.1 创业计划书的撰写原则

每位创业者都有自己的独特风格和创业理念，因此会形成各具特色的创业计划书。尽管一些风险投资网站提供创业计划书模板作为参考，但不同的技术项目、不同的创业计划以及不同的创业者都会使创业计划书呈现出差异。[①]在创业计划书的撰写过程中，创业者可以遵循以下几项原则：[②]

1）项目展示明确化

创业计划书的目的在于获取风险投资，而非与投资者聊天。投资者的时间宝贵，通常只能快速浏览创业计划书，无法将时间浪费在阅读与主题无关的内容上，因此吸引他们的注意力和兴趣至关重要，这一点初次创业者尤其需要注意。考虑到资金供给有限的现实情况，投资者成为众多创业者追逐的对象。投资者收到的创业计划书堆积如山，但大部分以失败告终，只有少数幸运者能够成功获得投资。因此，一份成功的创业计划书必须直截了当，避免过多废话和复杂的文风。

投资者最感兴趣的是创业者的身份、计划内容、实施方式、地点和时间。因此，创业计划书的表述方式应该简洁有力，让投资者一目了然。只有这样，才能更容易与他们沟通，打动他们的内心，从而降低被忽视的风险。在撰写创业计划书时，创业者应着重突出项目的核心优势和独特之处，强调创业者的团队背景、市场需求、解决方案以及盈利模式等关键要素，以便投资者迅速理解项目的价值和可行性。创业计划书应尽量避免使用复杂的行业术语和技术性语言，确保投资者轻松理解创业者的商业计划。成功的创业计划书是以投资者为中心编写的。在撰写过程中，创业者要不断考虑投资者的需求和期望，以确保创业计划书吸引他们的注意并引发他们的兴趣。通过简洁清晰的表述和突出项目的核心优势，创业者将更有可能赢得投资者的青睐，从而实现项目的成功发展。

2）调查分析客观化

创业计划书是创业者向风险投资者介绍创业项目的说明书，投资者以创业者提供的

---

① 冯国涛. 商业计划书执行摘要的体裁分析［D］. 哈尔滨：黑龙江大学，2012.

② 洪涛，陆陈波，陈涛. 大学生创业计划书撰写要点与原则［J］. 文教资料，2014（17）：122-123.

创业计划书为基础，与创业者进行磋商和谈判。创业计划书应该展现项目的完整信息，帮助投资者评估判断创业计划的可行性与发展前景。因此，创业计划书的观点必须真实客观，不偏不倚，不夸大项目优势和市场潜力，也不掩饰其缺陷和不足之处。创业计划书不能含有欺骗性或误导性的信息。所有数据要客观、切合实际，不要主观臆断或随意估计。在作价值评估及预测分析时，创业者应尽量选用行业内公认的方法或及技术。创业计划书要明确说明所采用的假设、财务预估方法与会计方法，也应该说明市场需求分析所依据的调查方法与事实证据，一切都要做到有理有据。在分析发展机会与项目潜在威胁时，创业者容易犯一个错误，即倾向于按有利于项目的方向来分析市场形势，极力搜集一切可能支持自己观点的证据，而对于那些明显不利的证据，则忽略不计或轻描淡写。这明显不是客观、负责的态度，投资者需要的不是报喜不报忧的虚假信息，而是了解真实的情况。因此，能否本着客观、务实、严谨、负责的精神编写创业计划书成为投资者考察创业者的一个重要标准。

在商业领域，激情是必要的，没有激情的人不是缺乏创造力，就是没有足够的动力来承担把一项创意从空想转变为实业，把一家企业从小到大地发展壮大的艰巨任务。但是，激情的表达需要适度，过度的激情可能导致冲动，而冲动的人往往缺乏理智，难以接受别人的意见。当今社会充满着各式各样空洞的说教，商业项目发展需要的是冷静、客观和真实的调查分析，华美夸张的语言和计划可能适得其反，大大降低投资者投资创业计划书的可能性。

3）内容介绍平实化

创业计划书的写作风格应该力求通俗易懂，这意味着句子要简短有力，避免使用冗长复杂的句法。描述和分析问题时，要避免过度学术化的语言，因为商业语言和学术语言之间存在较大差异。并非所有的投资者都接受过专业训练，也并非每个投资者都偏好学术式的风格。因此，通过通俗简洁的语言向投资者传达创业者的信息，有助于树立创业者精干务实的形象。另外，通俗易懂的语言可以让投资者更清晰地理解创业者的计划，而不会让他们感到迷茫或被专业术语所困扰。这种语言风格展示了创业者的沟通能力和实践经验，而不是空洞的理论知识。但是，要注意，通俗易懂并不意味着通俗到流俗，过于贫乏的语言可能让创业者的形象显得平庸。因此，在创业计划书语言表达上要找到一个平衡点，在学术化和平淡之间寻找一个合适的度，这需要一定的技巧和经验。

为了确保创业计划书语言风格的适当性，创业者可以考虑向相关专家咨询。他们可以提供宝贵的建议，帮助创业者在写作过程中找到恰当的表述方式，使创业计划书既具有专业性又不失通俗易懂的特点。通过这样的努力，创业者能够更有效地与投资者沟通，展示出其项目的内在价值和商业潜力，从而增加成功的机会。

投资者是投资及经营管理的行家，但并非所有投资者都具备深厚的专业背景。因此，在编写创业计划书时，技术描述是必要的，但应该注意不要过分陷入技术细节中。大多数情况下，投资者更关心技术的基本原理和概述，一张简明的技术流程图可能已经足够解释清楚了。如果非要涉及一些技术细节，则可以将它们放置在附录中；对于必须引用的专业术语和特殊概念，也应在附录中给予必要的解释和说明。

在编写创业计划书时，创业者要保持严谨的作风。创业者要将编写创业计划书视为一项严肃的任务，认真对待，耐心搜集所需资料和数据，并踏实地进行调查研究工作。创业者要将创业计划书作为一个整体来统筹规划，精心安排各部分的内容和陈述方式，确保相互之间的衔接合理流畅，注意避免出现结构松散、主题不明、格式混乱等现象。在分析问题时，创业者要做到详细周密，不要漏掉任何相关的影响因素；应该全面包括事业经营的各个功能要项，但对于与主题不相关的资料，则不必列出，以免使文档过于冗长。严谨的作风和清晰的语言表达可以确保创业计划书的质量，进而增强投资者对项目的理解和信任。这样的书写风格有助于展示创业者的专业素养和严肃态度，为项目成功获得投资打下坚实的基础。[①]

4）文本叙述规范化

创业计划书没有统一的格式，但每份创业计划书根据创业项目种类的不同通常具备自己独特的风格。只有这样，才能相对完整地陈述必要的内容，增强创业计划书的说服力，同时体现出专业素质。创业计划书的编写工作往往不是由单一创业者完成的，而是由多人合作完成的。

首先，每个人都有自己习惯的写作风格。例如，有些人写作风格沉稳老到，有些人则慷慨激昂；有的人习惯使用第一人称，而有的人使用第三人称等。因此，如果不解决风格不协调的问题，将会导致创业计划书不伦不类，可读性极差。创业计划书是获得风险投资的敲门砖，写作质量直接影响到风险投资者对创业者的评价。因此，对于完成的创业计划书，最终应该进行风格统一的工作，使其看起来显得统一和专业。例如，所有标题的大小和类型都应与全文的内容和结构相协调，以保持整洁美观。

其次，除了写作风格之外，应用的数据也应该前后一致。数据的准确性是一份严谨计划书的基本要求，它是任何分析、预测、推论的前提。因此，在编写过程中，创业者对数据的处理必须细致，切不可出现数据前后不一致的现象。例如，在财务预测中要用到市场分析和技术分析所得的结果，如果数字前后不一致，计划书就难以自圆其说，会引起读者对数据真实性的怀疑，甚至可能导致对创业者的诚信度和创业计划的可信度的怀疑，这是任何一个创业者都不愿看到的。因此，完成创业计划书后，创业者还应着重检查文中各部分相关联的数据是否冲突。

综上所述，创业计划书的完成不仅要注意写作风格的统一，还要确保应用的数据前后一致，这样才能使创业计划书更具说服力和可信度，增加获得风险投资的机会。[②]

5）阶段任务条理化

优秀的创业计划书要条理清晰、主题明确、格式规范、可读性强，避免数据和表格胡乱拼凑堆叠。创业计划书要做到目标具体、阶段任务条理化。任何一个商业项目的成功都不可能一蹴而就，风险创业更是如此。投资者一般被认为是不回避风险的人，但是

---

① 周勇. 商业计划书写作刍议 [J]. 应用写作，2008（4）：18-20.

② 王东翔. 撰写商业计划书的注意事项 [J]. 中国科技财富，2009（17）：20.

他们在挑战风险的同时，也不喜欢风险无休止地膨胀。因此，大多数投资者为尽量降低风险，在与创业者签订投资合同时，往往选择分段投资方式，即将创业进程划分为几个阶段，给每一阶段设定不同目标，如果能够实现，就追加投资；否则，将重新考虑与创业者的合作。创业者需要在创业计划书中明确阶段目标，给出企业不同的努力方向，并且要充分考虑投资者的心理，设计合理的分段投资方式，让投资者对创业项目的发展有清晰的预期。创业计划书要保持逻辑严密，避免浮夸和夸大其词，力求让投资者对创业者的信心更加坚定。阶段目标需表明创业者对创建项目的信心，一份能将每一阶段该怎么做、做到什么程度介绍得一清二楚的创业计划书，至少说明创业者进行了充分的设计与准备，其了解创业计划的各个步骤，知道项目的发展方向和具体操作，清楚所面临的困难及克服困难的可能性和措施等。

一份阶段目标明确的创业计划书有助于加深投资者对创业者的了解，也使投资者对创业项目的可行性有了更深刻的认识，增大了创业计划获得风险投资的可能性。一份创业计划书不仅是创业者知识、智能、才华的集中展现，更是对创业项目可行性的充分展示。创业者需要认真并全身心地投入写作之中，力争给风险投资者呈现一份令人满意的创业计划书。①

7.3.2 创业计划书的撰写技巧

一份优秀的创业计划书在撰写上可以采用"2H4W"模式。②2H4W 是"What-Why Now-Who-Why You-How-How Much"的缩写：What 是指创业项目做什么，解决什么样的问题，如何提高效率，实现何种结果；Why Now 是指创业的行业背景和市场现状；Who 是指由谁执行、团队的重要性和适应性；Why You 是指创业的核心竞争力；How 是指商业模式和实现路径；How Much 是指明确需要多少资金，制订融资计划和财务预算。掌握了 2H4W 模型，创业者撰写创业计划书就能得心应手，不再感到困难。③

1）What

项目的"What"部分要简洁明了地阐述创业者打算做什么、如何做以及期望达到什么样的结果。注意围绕"问题痛点—解决方案—数据验证"的思路。最好通过图文结合的方式突出关键信息，让读者一目了然。一份优秀的创业计划书至少要回答投资者以下几个问题：项目的核心是什么？产品或服务解决了什么痛点？打算采取何种策略？期望达成什么样的结果？是否值得投资？另外，要介绍项目的运营模式和产品体系。运营模式部分需要说明如何开发种子客户、获得核心客户，以及如何进行客户运营；还需阐明定价策略、市场推广、宣传活动、人才招聘等各项运营策略。产品体系部分需要明确向市场推出的产品是什么以及产品研发的规划，包括产品的特点、优势、功能等方面的介绍。要确保对以上问题有清晰明确的回答，不要模糊其词，要突出专注点，且逻辑清晰。

① 张玉春. 商业计划书写作相关概念论析 [J]. 商场现代化，2007（24）：65.
② 孟繁玲. 商业计划书里必备的"2H6W"[J]. 成才与就业，2020（10）：36-37.
③ 方富贵. 设计一份好的商业计划书 [J]. 大众理财顾问，2019（3）：50-54.

2）Why Now

项目的"Why Now"部分分析行业背景和市场现状。

行业背景是通过对市场和行业的分析来获取的，主要涵盖行业规模、市场现状、市场需求、竞争情况等指标，需要借助数据进行分析，并制作图表来清晰呈现。在进行行业痛点分析时，首先，要了解行业是否处于风口，即是否正处于发展的有利时机，或者已经错过了这个机会。其次，需要分析行业的竞争格局，是分散还是集中；了解竞争对手是谁，它们在做什么，以及它们与本企业产品的差异在哪里；明确行业所面临的问题，以及其产生的原因；客户需求分析则要深入了解客户的真实需求，包括需求的性质、频次等方面，以区分真实需求和虚假需求。在项目概述中，创业者应全面介绍解决行业痛点的思路和方法，突出项目的解决方案。

市场现状可以从三个方面展开：市场预测、供给端分析及客户分析。市场预测部分需要对目标市场和周边市场进行预测，了解市场规模和发展趋势。这包括市场的当前规模以及未来的发展趋势，以便确定项目的发展方向和策略。供给端分析部分需要分析目前市场上存在的问题和解决方案，以及这些解决方案是否最佳；同时，需要了解替代方案的市场占有率和发展趋势，以便评估项目的竞争优势和定位。客户分析部分需要确定种子客户和核心客户，了解他们的特点和需求。这有助于确定目标客户群体，并制定有针对性的营销和销售策略。

创业者需要让投资者感觉到，他们遇到了一个优秀的项目。这意味着创业者必须在创业计划书中清晰地展示项目的市场潜力、竞争优势以及未来的发展前景，以吸引投资者的眼球并获得资金支持。以上的信息可以通过分析政府数据、行业数据以及同行业数据来获取，以确保市场分析的准确性和全面性。这一部分的内容要提醒创业者在正确的时间做正确的事，而且市场空间大。

3）Who

项目的"Who"部分分析由谁做。这一部分的内容需要介绍团队主要成员的背景和特长，强调每个人的能力适合其职能岗位。重点阐释团队的重要性、适合性、匹配性。团队的构成对于任何项目的成功都至关重要。投资行业经常有"投资就是投人"的说法，投资者往往更加关注团队的素质和领导能力，而不只是项目本身的创意或商业模式。团队也因此被很多投资者作为重点关注的对象。介绍团队主要成员时，创业者需要强调他们的背景、专长以及如何与项目的职能岗位相匹配。创业团队的核心是领导者，其视野、决策能力和领导风格直接影响着团队的发展和项目的成功。团队成员的介绍应突出每个人的专业能力和在项目中的角色分工。团队的股东结构也是投资者关注的重点之一。清晰合理的股权结构能够有效地保障团队的稳定性和资源的合理分配。团队周边的关键人物也是项目成功的重要保障。他们可能是行业领域的专家、重要合作伙伴或者对项目有影响力的支持者。

4）Why You

项目的"Why You"部分要讲述自己的优势，包括项目优势和团队优势、核心竞争力、竞争优势以及产品的差异化。在商业发展中，核心竞争力是决定企业未来发展前景的最重要因素之一。创业计划书要进行清晰的展示和说明，让投资者理解。竞争的本质就在于制造差异化。随着市场竞争的加剧，差异化变得愈发重要。如果产品缺乏差异化，将导致市场饱和与价格战，最终可能带来无法预料的挑战和困扰。因此，差异化的重要性不言而喻。所谓的差异化，即是做到创新、优异、独特等，这样才能在激烈的竞争中脱颖而出，赢得市场和客户的青睐。

5）How

项目的"How"部分要介绍实现商业模式的具体方案，分析商业模式和实现路径。商业模式是投资者评估企业前景的重要依据之一，因为其直接决定了企业的盈利能力。商业模式的核心在于利润的产生，即收入减去成本。因此，商业模式需要清楚地展示企业未来如何实现盈利，并解释为什么当前的产品形态和发展趋势能够支撑未来的盈利模式。简单来说，就是要说明企业将用多少时间和资金来实现盈利目标，以及如何持续不断地保持盈利。商业模式不应该是神秘的，而是需要清晰、透明地呈现。任何无法清楚解释的商业模式都不是好的商业模式。在清晰阐述商业模式的基础上，创业者需要提出实现项目的具体方案，包括项目的执行路径以及最终实现的目标。这涵盖了产品研发、生产、市场营销、销售等运营策略。当创业者呈现创业计划书时，虽然表面上是向投资者介绍实施路径，但实际上也是在与投资者进行思想的碰撞和对话。以上所说的"What""Why Now""How"都是创业计划书中的"事"，强调了项目实施的关键性。这凸显了一个原则：做项目要以事为先。这是因为事情是最直接的切入点，它能够显示出所处行业的潜力，以及是否能够引领根本性的变革趋势，进而推动整个产业链的发展和变革。

6）How Much

项目的"How Much"部分介绍融资多少，包括融资计划和财务预算。在向投资者展示时，创业者需要回答以下关键问题：

①打算出让多少股份？确定需要出让的股份比例，以及出让股份的合理性和利益分配情况。

②稀释多少股份？考虑到股权稀释对现有股东的影响，需明确未来融资计划可能导致的股权稀释情况。

③融资资金去干什么？明确融资资金的用途，包括但不限于产品研发、市场推广、团队建设等方面。

④大概多久能够用完融资资金？估算融资资金的使用期限，确保资金合理利用并在规定时间内实现预期目标。

⑤下一轮融资什么时候启动？制订明确的融资计划和时间表，确保项目的持续发展和资金的充分保障。

⑥未来3年有何发展规划？展示项目未来3年的发展规划，包括市场扩张、产品升级、盈利预期等方面。①

---

①　莫静玲. 高校学生商业计划书编写技能培训综述［J］. 现代经济信息，2017（13）：383-384.

素养园地

创业蓝图与创业人生

在撰写创业计划书的过程中，通过深入分析市场需求和行业趋势，大学生不仅关注自身利益的实现，更能通过实践锻炼自己的创新能力和领导力，思考如何通过创新创业为社会创造价值，更好地服务于社会和国家的发展。创业活动不仅是个人成长的契机，也是推动社会进步的重要动力。

牛文文曾担任一家知名杂志社的总编辑，十年如一日地为读者提供精彩的故事。随着时间的推移，他开始思考为自己创造一些与众不同的东西。他常常向一位朋友谈及那些关于创业的想法。终于有一天，朋友不再耐心，简单地说道："如果你如此渴望尝试，那就去行动吧。"这句话点燃了他的创业决心。于是，他踏上了创业之路。创业就是需要等待内心的那团火燃起来。

创业者都会经历看不到希望的时刻，而这正是需要等待和坚持的时刻。许多人轻易开始创业，却也轻易放弃。坚持理想，坚持选择，当感到崩溃时，鼓励自己。至暗时刻的开始，就是柳暗花明的契机。创业之路充满荆棘和困难。面对困难选择逃避，结果可能是彻底的失败。当原有路线计划被打乱时，勇于面对，总有另一个方法可以解决问题。遭遇失败时，创业者要勇于承担责任，积极反思之后重新出发。梦想美好，但更重要的是在至暗时刻的坚持不懈。

无论何时，只要内心的渴望足够强烈，就该义无反顾地追寻。每一个时代都有其独特的机会，拥抱人生的至暗时刻，坚持信念和勇气，或许正是通往成功的钥匙。面对挑战，不畏困难，勇于创新，往往能在绝境中找到新的希望。我们每个人都有可能在逆境中发现独特的机遇，只要不失去对梦想的追求，一定能在未来的某个时刻收获意想不到的成功。

【价值塑造】牛文文的经历启示我们要勇于追寻内心的梦想。无论在何种境遇下，坚定的信念与勇气是实现目标的关键。面对生活中的各种挑战和困难，我们应当保持创新的精神，敢于突破常规，寻找新的可能性。要始终相信自己，勇于尝试并付诸实践。这不仅是追求成功的过程，更是自我成长和价值实现的旅程。通过积极的行动，我们往往能够在逆境中找到新的希望，开创属于自己的未来。

资料来源：牛文文．［开讲啦］牛文文：创业是你一生的机会［EB/OL］．［2024-09-15］．https://m.app.cctv.com/vsetv/detail/VSET100173543987/e748d9b0e30b74ba3366487dad95d664/index.shtml#0.

本章小结

本章重点阐述了创业计划书的重要性和实际用途，特别强调了其核心内容、撰写原则及技巧。一份优质的创业计划书应包含多个关键部分，如企业概述、产品或服务描述、行业与目标市场分析、竞争环境评估、营销策略、创业团队介绍、重要里程碑设定、关键风险识别以及融资需求。这些组成部分共同构成了一份全面的计划，帮助创业者系统化思考和有效沟通其商业构想，从而提高成功创业的概率。

基础训练

❖ **单选题**

第7章单选题

1.创业计划书是创业者对创业过程进行的目标设计和思路规划，其用途主要体现在融资、管理和_____。

A.预测　　　　　　　　B.实践　　　　　　　　C.承诺

2.创业计划书是创业者按照一定格式编辑整理的书面文件，其基本样式不包含_____。

A.个人爱好　　　　　　B.企业概述　　　　　　C.行业分析

3.成功的创业项目往往离不开一个强大的管理团队，团队的管理能力和_____直接影响企业项目实施和发展。

A.领导力　　　　　　　B.执行力　　　　　　　C.生产力

4.创业计划书往往各具特色，表现出不同的特点，其撰写主要遵循的原则不包括_____。

A.阶段任务条理化　　　B.复杂术语多样化　　　C.项目展示明确化

5.创业计划书为新企业向投资者、供应商、潜在的合作伙伴及其他人士提供了一种展现自我的途径，是企业的推销性文本。创业计划书要求条理清晰、主题明确、_____、可读性强，避免胡编乱造。

A.一蹴而就　　　　　　B.格式规范　　　　　　C.马马虎虎

6.创业计划书是创业者知识、智能、才华的集中展现，不仅是对创业者的展示，更是对创业项目可行性的充分展示。一份优秀的创业计划书在撰写上可以采用_____模式。

A.2N4W　　　　　　　B.2H4O　　　　　　　C.2H4W

7.在创业计划书"What-Why Now-Who-Why You-How-How Much"的撰写模式中，What是指创业项目做什么，Why Now是指创业的行业背景和市场现状；Who是指团队的重要性和适应性；How是指商业模式和实现路径；How Much是指需要明确需要多少资金，Why You一般是指企业的_____。

  A.项目   B.核心竞争力   C.预算

  8.在创业计划书撰写过程中，创业者要对行业背景和市场现状有充分的调研。行业背景主要涵盖行业规模、市场现状、市场需求、竞争情况等指标，市场现状一般从三个方面展开，分别为_____、供给端分析及客户分析。

  A.市场规模   B.市场预测   C.市场前景

  9.创业计划书的语言风格应_____，树立创业者精干务实的形象，充分展现其良好的沟通能力和实践经验，而不是空洞的理论知识。

  A.简洁易懂   B.冗长复杂   C.学术浓厚

  10.产品介绍是创业计划书中重要的一部分，通过描述产品的基本概念及性能指标等，帮助投资者清楚了解项目的产品与服务在市场中的定位和竞争优势，进而评估项目的市场潜力。产品介绍部分主要涉及产品的定位、价格策略和_____等。

  A.生产日期   B.利润水平   C.风格种类

✦ **简答题**

1.阐述创业计划书的基本样式。

2.阐述创业计划书的撰写原则。

✦ **阅读资料**

下列两份资料为读者展示了创业计划书的编写示范，仅供参考。

资料一   **创业计划书范例（一）**

一、执行概要

（一）公司简介

公司名称：××××××××××××

（二）项目概述

××青年旅舍主要是为青年旅者提供"经济、环保、安全、卫生、友善、舒适"的住宿服务。青年旅舍向人们展示一种健康、回归自然的生活方式，鼓励青年热爱旅游，热爱自然，广交朋友，促进不同地域年轻人之间的文化交流，推广自助且健康的环保旅游。

（三）技术与产品

本项目主要包括住宿、餐饮服务及旅客票务代理。

二、产业背景概述

（一）项目背景

青年旅舍近年来发展极其迅速，中国可以说是青年旅舍发展最快的区域之一。青年旅舍在一个地区的发展规模是与当地的旅游产业发展水平密切相关的。全国的青年旅舍每年接待万余人次，是许多青年旅游爱好者住宿的首选。青年旅舍鼓励青年热爱旅游，热爱自然，促进交友和交流。

（二）参考案例

一位教师带领一班学生春游，途遇大雨，只能在一个乡间学校里，以稻草铺地当床，度过了艰难的一夜。彻夜未眠的教师萌发了建立专门为青年提供住宿旅馆的想法。青年旅舍受到了青年人的广泛欢迎。我们创立青年旅舍的想法也是如此，希望能为广大青年旅游爱好者提供经济环保的旅行居住场所。

三、项目建设

（一）项目目的

（1）通过品牌的确立，让更多的人了解青年旅行爱好者。

（2）通过旅舍的居住，使人们更加了解当地的历史文化，增强传播的广度。

（3）文旅结合，以文化带动当地经济发展。

（二）项目原则

××青年旅舍遵循"以游客为中心"的原则，把青年旅馆同当地特色相结合，促进当地旅游经济发展。

（三）项目成品形式

项目组针对××市文化收集了大量的资料，如××广场、××公园和××路等优美旅游景点；在房间设计时融入相关元素，同时制作明信片、冰箱贴、海报等周边，增加收益。

四、管理团队

（一）管理人员介绍

（1）××首席执行官（CEO）

特点：有着较强的领导能力和策划能力，是带领项目走向市场的最佳人选。

（2）××营运总监（COO）

特点：组织能力极强，熟悉产品的供销渠道，实践经验丰富。

（3）××信息总监（CIO）

特点：担任班级干部，组织活动及宣传经验丰富，有较强的策划能力。

（4）××财务总监（CFO）

特点：参与多个项目担任财务分析工作，并都取得了良好成果。

团队成员及职能展示表见表7-1。

表7-1 　　　　　　　　　　　**团队成员及职能展示表**

名称	姓名	职能
项目负责人	×××	负责整个项目的正常运营，统筹整个执行团队的项目以及协调和统一管理各个部门的工作
文案宣传设计	×××	落实项目策划文案纸面、项目宣传视频、PPT等制作
财务	×××	负责制订团队财务计划、掌管经费；主管团队资金的收入和支出，保证团队资金的正常运转并做好相应记录
技术	×××	负责项目的施工验收等
设计	×××	负责旅舍的设计及衍生品的设计工作
售后	×××	负责处理客户意见等售后工作

（二）团队优势

团队成员年轻且具有大胆的创造力，了解市场青年的想法，分工明确，执行力、合作力较强。

五、项目优势分析

（一）区位优势

优越的地理位置：位于滨海城市××，靠近景区等。

（二）基础设施优势

旅舍是小洋楼式样，楼高两层，采用智能化设备，舒适温馨；大厅提供当地特色小吃，提供免费水饮；遵循以客为先的服务原则。

（三）文化优势

文化是一座城市发展的灵魂。它不但是一个城市经济发展的基础，而且是一个城市文明程度的重要标志，更是一个城市综合实力和竞争力的重要组成部分。近几年来，××市连续获得了"国际花园城市""国家环境保护模范城市""全球文明城市""中国旅游休闲示范城市"等荣誉。这些荣誉的获得与××市上下高度重视文化发展密不可分。

坚持文化惠民，积极培育和践行社会主义核心价值观，推动优秀传统文化创造性转化、创新性发展。随着文化知识水平的提高，人们对旅游文化品位的要求也越来越高。文化和旅游部门将坚持以文化促旅游、以旅游弘扬文化的原则，充分发挥文化资源优势。

六、市场分析

（一）市场定位

本项目采用线上线下营销组合方式，主要为青年旅游爱好者提供经济舒适住宿环境。

（二）目标市场

（1）90后及00后青年群体。

（2）海外旅客。其通过住宿更好地认识××市，也能加深对中国的了解。

（三）文化产业市场需求

随着生活水平的提高，人们对精神性的需求（如旅游交友等）日益提升。我们选择将二者结合，为现代人放松休闲提供便捷服务。本项目注重短期目标和中长期战略相结合，稳步进军。本项目在发展初期，立足当地，打造品牌，再根据盈利情况适当扩大规模；在发展中期，在其他旅游城市开设分店，力图改善创新，成熟经营模式，打响品牌在全国知名度；在发展后期，传播品牌形象，树立品牌文化，让××青年客栈与大行业发展紧密相联。

（四）竞争分析

我们选择以一定范围内的价格定位相似、产品相似的旅馆为竞争对象。依据此方法，结合调查访问结果，我们将竞争对象分为两类：简易装修的旅馆与纯青年旅舍。

竞争描述：前者财务力量小，而且是一种缓慢的直营模式，信息共享狭窄，运营模式简易，但由于地理环境所限、消费者选择匮乏，其依然属于该市场的重要组成部分，占据不可忽视的市场份额。而后者竞争能力较强，所以本旅舍要展现出自己的特色，提高竞争力。

（五）团队核心竞争力

（1）创新是真正的核心竞争力，因为它不易或无法被竞争对手所模仿。

（2）统一思想，角色定位。全才往往不如专才，选择合适的人分配在合适的岗位，效果定是事半功倍。

七、营销策略

（一）产品特征策略

产品特征策略见表7-2。

表7-2 产品特征策略

产品或服务种类	功　能	特　色
后勤设施	包括总服务台、仓库、储存间、卫生清理间等	服务态度好，设施优良，储存间大
辅助产品设施	包括休闲吧、酒水吧和厨房，都是小型的	主要以温馨浪漫的色调和轻缓的音乐营造轻松和谐的聊天休息环境，也可为部分顾客提供特别服务，如设雅座，顾客可在此进行风景欣赏和写作等个人活动；还有山地车自行车出租服务，方便游客体验式旅游
自助厨房	主要为顾客提供当地特色食品。如果旅行者愿意自己下厨，可为其提供厨房和用具，开设自助服务通道	店里出售西餐，供国外游客食用

（二）线上和线下营销

（1）线上宣传：

第一，随着互联网的发展，新媒体的影响越来越大，可通过短视频平台的视频发布进行宣传。

第二，通过软文、百度知道、微博、微信等进行传播和营销。

第三，在各大媒体投放一定的广告。

第四，通过付费方式与网络"大V"合作，进行宣传营销。

（2）线下营销：

第一，在景点区域宣传推广。

第二，在人流量大的地方进行推广。

第三，和各大高校合作，通过青年群体吸引更广泛的群众。

（三）盈利模式

目前采用线上、线下结合的方式。

（1）线上收入：通过网络销售获得利益。

（2）线下收入：通过住宿及推广旅游周边获取收入。

八、财务分析

（一）投资估算依据

（1）《投资项目可行性指南》。

（2）《基本建设财务管理规定》。

（3）《建设项目环境影响咨询收费规定》。

（二）投资估算表

计划前期投资×××万元，两年内实现盈利（见表7-3）。

表7-3 **投资预算表**

资金支出预算	金额（万元）	占投资总额的比重（%）
1.人工费	××	××
2.差旅费	××	××
3.通信费	××	××
4.维修费	××	××
5.基建费用	××	××
6.流动资金	××	××
7.其他费用	××	××
合 计	××	××

（三）资金流向

资金用于客房建设、广告宣传支出，以及组织线下活动。

九、预计经济效益分析

（一）经济效益分析依据

该项目属于年轻一代产品的热潮，具有社会效益，有利于旅游业的发展，为广大青年人提供帮助。

（二）销售预测表

销售预测表见表7-4。

表7-4 **销售预测表** 单位：万元

项 目	2023年	2024年	2025年
线上收入	×××	×××	×××
线下收入	×××	×××	×××

十、社会效益分析

（一）品牌形象与示范效应

青年旅舍所代表的是一种全新的住宿模式和理念，它不是单一的住宿场所形式，更是一种文化宣传。旅行住宿能传播城市的文化。青年旅舍是一个载体，其理念融入了自然、环保、经济与便捷。

青年旅舍可以带来一定的社会及经济效益。其不仅为青年提供了一个安全经济的旅游住宿地，而且是以文化宣传为主导的新型自助旅游活动。

（二）社会效益

（1）使人们认识到××市的特色，从而带动当地旅游业的发展，增加当地居民收入。

（2）××市依据自身旅游环境、旅游特色，会吸引更多企业入驻××市。

（三）带动就业情况

随着我国社会经济的快速发展，旅游行业兴起，并成为社会大众欢迎的一个行业。旅游行业的发展使得酒店与旅舍的生意越来越好。青年旅舍作为旅舍行业的重要组成部分，其在中国也占有一定的市场份额。就目前情况来看，虽然青年旅舍在中国有了一定的发展，但是许多人对于青年旅舍的性质与特点不是很了解。在营销过程中，我们主要应用知识营销理念、绿色营销理念、网络营销理念、个性化营销理念、连锁营销理念宣传青年旅舍所提供的服务。这样会给年轻人更多机会加入我们，能创造出更多的可能。

十一、风险分析

（一）市场风险

（1）潜在竞争者加入，产品组合要求比较高。

应对策略：完善公司代理模块和分部模块，建立广大全面的市场网络，丰富客栈业务。

（2）市场变化转折快，容易被更加专业强势的酒店所取代。

应对策略：及时有效地把握信息反馈渠道，随时了解市场动态，走在市场前沿。

（二）项目经营风险

青年旅舍的定位过于狭窄，难以打开额外市场，技术效果不确定，技术生命周期不确定，社会环境变化、意外灾害发生而造成失败等。

应对策略：提高技术能力，培养有能力的人。看好市场，分析一切可能因素，应对处理。

十二、结论

青年旅舍旨在为热爱旅行的人提供安全经济、舒适温馨的旅行住所。青年旅舍要树立正确的经营理念，通过采取有效的营销策略，实现可持续发展。青年旅舍向人们提供的不仅是一个干净的床位，还是轻松休闲的场所，促进旅游者更多地了解当地的习俗、欣赏当地的风光，促进不同区域旅游者的文化交流。

资料来源：李蒙. Prun连锁青年旅舍创业计划书［D］. 兰州：兰州大学，2017.

资料二　　　　　　　　　创业计划书范例（二）

一、执行概要

（一）公司简介

公司名称：×××××××××公司。

主打产品：自助快餐。

（二）产品概述

本公司线下连锁店主要的客户群是高校学生、邻近居民以及打工人员，经营面积为50平方米左右，主要供应早餐、午餐、晚餐以及特色冷饮和休闲餐饮等。早餐以浙江等南方风味小吃为主打特色，当然北方小吃也是少不了的。品种多，口味全，营养丰富，使就餐者有更多的选择。午餐和晚餐则有南北方不同口味菜式。非餐点供应各种冷饮，如果汁、刨冰、粥、冰镇甜汤、冰镇咖啡、水果拼盘等。本餐厅采纳自助快餐的方式，顾客有更轻松的就餐环境与更多的选择空间。

（三）主要产品

主要产品是早餐、午餐和晚餐；特色休闲小食；饮品。

二、行业分析

（一）行业历史

"快餐"起源于美国，20世纪50年代起现代快餐业高速发展，并在全球流行。美国从1902年开始就已经有人利用工业化生产流水线的概念来经营管理餐厅，对食品生产建立了标准，严格管理，但规模都不大。第二次世界大战后，美国人的生活习惯发生了巨大的改变。美国的文化越来越崇尚速度和效率，花两三个小时吃午餐的人少了，午餐的形式和内容都变得越来越简单。20世纪40年代末和50年代初，汽车开始走入美国中产阶级的家庭，人口的流动性大大增加，很多人开始住在郊外。在这一系列变化的冲击下，传统的餐饮就不符合人们的需要了。麦当劳就是在这个时期崛起，成为这种新快餐模式的第一个成功的代表，并且带动了一大批其他品牌。其专营某种食品，注重速度和方便，以更加低廉的劳动力和原料成本形成了明显的竞争优势。

（二）行业现状

近年来，中国餐饮业市场规模持续壮大，2015年突破3万亿元，2018年达到4.27万亿元。尽管近年来增速有所下滑，2018年为9.5%，但仍高于GDP增速，成为拉动GDP增长的重要动力。2019年1—9月，中国餐饮业累计收入为32 565亿元，同比增长9.4%。在门店总数上，快餐连锁企业要多于正餐连锁企业。

（三）行业发展趋势

1.快餐店的发展趋势较好

随着日益忙碌的生活，很多的人往往忙碌于家庭与工作之间，没有太多的时间去做饭，这就促使快餐生意的发展越来越好。快餐也凭借方便美味，吸引了很多的消费者，一直呈现上升的发展趋势。现在，人们的餐饮消费观念和家庭用餐习惯逐步改变，外出就餐更趋经常化和理性化。快餐仍以其品种优势、价格优势占据了大部分的国内快餐市场。所以对于投资者来说，经营一家快餐店是较好的选择之一。

2.快餐店的发展前景较为广阔

快餐一般分为中式快餐和西式快餐，这两种快餐形式都有较为广阔的发展前景。中式快餐是一直存在的，并且是很多消费者就餐的选择。西式快餐是逐渐从其他国家传入我国的，很多的消费者在尝试一次过后就被西式快餐所吸引。所以对于投资者来说，在进行快餐类型的选择时，选择较多，不管是中式快餐还是西式快餐店都是适合的。在较为广阔的发展前景下，快餐店生意一定越来越好。

3.快餐店的经营优势较为明显

随着中国经济的持续高速发展，快餐业已成为支持餐饮业持续发展的重要力量和经济增长点，成为国内消费需求市场中发展速度较快的行业之一。我国对快餐店的发展也有较多的支持，这使得投资者们在经营快餐店后能够获得较多的发展优势。投资者一定要充分地了解消费市场，选择好快餐店的店面位置，进行适当的宣传，促进快餐店的发展。

（四）参考案例

大多数麦当劳快餐厅都提供柜台式和得来速式两种服务方式，同时提供室内就餐环境，有时也提供室外座位。得来速通常拥有几个独立的站点：停车点、结账点和取货点，而一般而言后两个站点会并在一起。×××快餐店采纳自助快餐的方式，使顾客有更轻松的就餐环境与更多的选择空间。

三、市场分析

（一）主要竞争对手

×××快餐店共有3种主要竞争对手，分别是规模较大的校内食堂、大型和小型快餐店。这几家饭店经营期均在2年以上。校内食堂不对外开放，等餐时间长；大型快餐店，中西兼营，价格较贵，客源稀少；另外几家小型快餐店卫生状况较差，服务质量较差，就餐环境拥挤脏乱。本店抓住了这几家快餐店现有的弊端，推出"物美价廉"等营销策略，力争在激烈的市场竞争中占有一席之地。

（二）目标客户

×××快餐店的目标顾客有：商业步行街购物消遣的一般消费者，约占50%；四周学校的学生、商店工作人员、小区居民，约占50%。客源数量充足，消费水平为中低档。

四、营销方案

（一）经营方案

（1）快餐店主要面向大众，因此菜价不太高，属中低价位。

（2）大力发展便民小吃，早餐要品种繁多，价格廉价，因地制宜地推出中式早餐套餐。

（3）午餐和晚餐供应经济型、营养丰富的菜肴，并提供优雅的就餐环境。

（4）随时预备开发新产品，以适应变化的市场需求，如本年度的目标是提供"送餐到家"服务。

（5）经营时间从早到晚。

（6）对于以上方案，×××快餐店的员工将分工协作，各尽其职，在卫生、服务、价格、营养等方面下功夫，争取获得更多的客源。

（二）人事方案

×××　　收银员

×××　　前期宣传、服务员

×××　　厨师

×××　　选购员、送货员

（三）销售方案

（1）开业前进行一系列企业宣传工作，向消费者介绍本店"物美价廉"的销售策略，还会发放问卷调查表，依据消费者的需求，完善本店的产品和服务内容。

（2）推出会员制——季卡、月卡，从而吸引更多的顾客。

（3）每月累计消费××元者可参与每月月末大抽奖，中奖者（1名）可获得××元的礼券。

（4）每月累计消费××元者，赠送价值××元的礼券；每月累计消费×××元者，赠送价值×××元的礼券，以此类推。

（四）财务方案

对于账目，要做到日有日账，月有月账，季有季账，年有年终总账，这样企业的盈亏在账面上一目了然，就避免了经营管理工作的盲目性。因刚开业，所以在各种开销上要精打细算，但要保证饭菜的质量，尽量把价格放低。

五、创业团队

（一）成员介绍

团队成员有餐饮经营专家、餐饮管理专家、餐饮人力资源管理专家、餐饮厨政专家、餐饮服务专家、餐饮财务专家，是针对企业餐饮经营管理目标，为筹划和组织餐饮产品的供、产、销活动而专门组建的管理技术团队。团队刚组建，不必设想一步达到完美。用人之长是前提，有潜质、愿学习就是合作的基础。团队运行后，在磨合中不断学习、逐步提升并达到相互认同，共同奋斗。关键岗位经理不可一时空缺，特别是房务、餐饮、营销、人力资源、财务、工程等，要选用专业技能好、经验足的人员。职位安排要合理，每岗只能选择一位责任人（特殊岗位另可安排一位协助人员）。

（二）早期核心员工介绍

早期核心员工介绍见表7-5。

表7-5 早期核心员工介绍

名　称	姓名	职　能
餐饮经营专家	×××	负责整个快餐店的日常经营，统筹整个项目以及协调和统一管理各个部门的工作
餐饮管理专家	×××	制定适合快餐店自身的管理制度与方法，对员工进行定向培训，评估完成的工作，制定工资等级，确定各部门职权和职责的范围
餐饮人力资源管理专家	×××	根据其管理目标及使命，选择合适的人员，在人员搭配上将技能互补放至首位，其次是职业经历、工作风格、个性等
餐饮厨政专家	×××	建立菜品创新机制，保证厨房出品质量
餐饮服务专家	×××	负责前厅管理，包含人事、排班、值班、训练等系统管理工作；负责协助店长一起做好门店 QSC 提升，做好门店运营管理
餐饮财务专家	×××	进行会计审核，正确计算和分配运营收益，协调各部门关系的工作人员

六、企业目标

（1）由于地理位置处于商业街，客源相对丰富，但竞争对手也不少，特别是本店刚开业，想要打开市场，需要在服务质量和产品质量上下功夫，并且要进一步扩大经营范围，以满足消费者的不同需求。短期目标是在南大街商业步行街站稳脚跟，争取1年收回成本。

（2）本店将在3年内增设3家分店，逐步发展成为一家经济实力雄厚并有一定市场占有率的快餐连锁集团，在××市众多快餐品牌中闯出一片天地，并成为餐饮市场的知名品牌。

七、关键风险

（一）原材料成本上升的风险

餐饮企业原材料成本占主营业务成本比重较大，原材料的价格对餐饮企业盈利有重要的影响。而原材料由于受动物疫情和自然灾害、养殖成本、通货膨胀等因素影响价格波动很大，如果未来原材料价格大幅上涨而餐饮企业不能及时将材料成本的上升消化或转移出去，餐饮企业毛利和净利润会大幅降低。

解决办法：可以减少原料购买的环节，选择直接从菜农的蔬菜大棚或水产批发市场购进，杜绝从二道贩子或三道、四道贩子手中购进。这样，采购员虽然更辛苦一些，但是原料的成本会适当地降低，因为各个中间环节引起的涨价因素被削弱或抵消了。另外，减少购货环节还便于追溯进货源头，有效控制原料质量。

（二）动物疫情风险

肉品是餐饮企业必不可少的原材料，猪肉、鸡肉等畜类农产品是餐饮企业生产所需的重要原材料。若我国主要家禽、家畜养殖地区发生大规模的疫情或自然灾害，畜禽养殖行业可能难以及时、充足地向餐饮企业供应符合要求的原材料，餐饮企业从而面临原材料供应中断或供应数量不足的风险。此外，畜禽类动物疫情的发生可能降低消费者对于肉制品的消费预期，导致市场需求总量减少，从而对包括餐饮企业在内的行业整体经营业绩带来不利影响。

解决办法：在如今的情势下，我们会减少进货的数量，以保证食材的新鲜与安全。同时，我们要求供应商出具工作人员的体温记录和健康证明，同时对于我们自己的员工和快递员也会进行及时的体温测量。

八、融资需求

场地：××平方米，租金××××元，预付3个月的店租：××××元。

店面装修：×××××元（视条件而定，可以简单装修，价格更低）。

桌子：一张×××元，8张共××××元。

凳子：一把××元，32把共××××元。

碗（一次性纸碗）：一个×元，500个共×××元。

电器：二手的冰箱一台，二手的消毒柜一个，合计××××元；电饼铛一个，×××元；空调一台，××××元；六孔煤气炉一个，×××元。

其余：零散物品×××元。

资料费：××元。

运作资金：××××××余元。

营业执照、税务登记等证、照、费、税，以及一些其他管理费，共计×××元。

合计：××××××元。

资料来源：步少芳. 如意小面商业计划书［D］. 成都：电子科技大学，2024.

第8章 创业名家"面对面"

学习目标

通过本章学习，学生能加深对创业的理解，树立良好的创业观，重点培养学生未来的企业家精神，力争优秀的企业家精神得到传承并成为他们的人生追求。

8.1 创业名家谈创业

本节通过创业名家谈创业的方式，阐述和创业相关的各个环节，如赚钱和创业的关系、创业领域的选择、创业的心理准备、创业目标的确定以及如何为企业命名等。通过对相关问题的阐述和分析，创业变得具体且生动，让学生对创业有更直观的认识和更深入的了解。

8.1.1 创业领域的选择

创业领域的选择是创业者成功的关键。创业名家雷军在谈创业领域选择时提到，在创业的时候，要选择自己能力覆盖的、喜欢干的、市场规模越大越好的领域，也就是要选择做最肥的市场。因此，创业者应根据市场需求、自身优势、行业发展趋势等因素综合考虑，选择适合自己的创业领域。

首先，市场需求是创业者选择行业的第一要素。没有市场需求，就没有消费者，也就没有收入和生存的可能。创业者需要分析所选行业的市场规模、增长率、潜力、趋势等，了解市场的现状和未来的发展方向。市场需求可以分为旺盛需求、潜在需求和衍生需求，创业者应根据自身能力、资源、目标等选择适合自己的市场需求类型，并做好相应的准备和策略。

其次，自身优势也是选择行业的重要考虑因素。自身优势包括专业知识、经验积累、人脉资源等。专业知识可以帮助创业者提升竞争力和信誉，经验积累则能让创业者更好地应对各种挑战和问题。创业者应对自己进行深入的剖析和了解，包括兴趣、技能、经验和资源等方面，选择自己擅长和感兴趣的领域，这将使创业者更加投入和专注。

再次，行业发展趋势和未来前景也是创业者需要考虑的重要因素。随着科技的进步和经济的发展，一些传统行业可能逐渐衰落，而一些新兴行业会崛起。创业者需要敏锐地捕捉市场的变化和趋势，选择具有潜力和前景的行业进行创业。同时，关注政策环境和法律法规的变化，确保企业的合法经营和稳健发展。

最后，风险和收益情况是不可忽视的因素。不同的行业具有不同的风险水平和收益潜力，创业者需要根据自己的风险承受能力和收益预期来选择行业。对于风险较高的行业，创业者需要更加谨慎地评估风险并制定相应的应对策略；对于收益潜力较大的行业，则需要更加积极地投入资源和精力来开拓市场并获得更多的收益。

8.1.2 创业目标如何确定

确定创业目标的关键在于深入了解自身条件、行业状况和市场需求，并根据目标的SMART原则制定具体的（specific）、可衡量的（measurable）、可实现的（achievable）、相关的（relevant）、有时限的（time-bound）目标，这有助于确保目标既具有挑战性又具有可操作性，从而激发创业者的热情和动力，使创业者更有效地管理项目，提升工作效率，也能激发团队的潜力，推动创新和成功。[①]

创业名家雷军在谈到确定创业目标时强调了几个关键点：专注、极致、口碑、快以及创新。[②]这些原则不仅适用于小米的创业初期，也对今天的创业者具有指导意义。

首先，专注是雷军反复强调的创业原则之一。他认为，无论是企业业务布局还是产品设计，都应该专注于解决一个最迫切的需求。这种专注不仅帮助小米在竞争激烈的市场中立足，也为其他创业者提供了宝贵的经验。

其次，极致是雷军提倡的另一个重要原则。他认为，只有将一件事情做到极致，才能超越竞争对手。极致不仅意味着在能力上的极限，更是在认知上触达行业和用户需求的本质。

再次，口碑也是雷军非常重视的一个方面。他认为，好的产品和服务会带来口碑传播，这种口碑效应是推动企业发展的重要动力。快则强调了在快速变化的市场环境中，企业需要迅速响应和调整策略。雷军认为，快速迭代和调整是适应市场变化的关键。

最后，创新是雷军一直倡导的企业发展动力。他鼓励员工敢于尝试、勇于创新，不断推出具有行业影响力的产品和服务。[③]

8.1.3 如何为企业命名

企业的名称是其身份和形象的核心元素之一。一个好的企业名称应该能够传达出该企业的核心价值、文化和愿景，并能够在竞争激烈的市场中脱颖而出。同时，它应该易

---

① 李字庆. SMART原则及其与绩效管理关系研究［J］. 商场现代化，2007（7S）：148-149.
② 雷军. 大道至简的互联网创业［J］. 中国企业家，2012，406（8）：49-51.
③ 雷军. 互联网创业七字秘诀［J］. 经理人，2012（6）：8-9.

于记忆、引发共鸣，并且在不同文化和市场中都能够传递相同的意义。

一家初创企业，如果想最终成长为一家伟大的企业，首先要有一个好的名字。一个好的名字是需要具备一些因素的，如可记性、易发音、独特性，还需要考虑域名是否可用等。接下来，我们就如何为企业命名这一问题进行探讨。

1）简短且有吸引力

一个好的企业名称，应该是简短、易拼写、易记忆、易发音且有吸引力。我们要尽量避免使用太长或者太复杂的名字，因为太长或太复杂的名字不利于记忆，会影响企业在早期形成市场影响。

企业命名应简短且具有吸引力，以便于记忆和传播。简短的名字不仅易于记忆，还能迅速传达企业的核心价值和理念，从而在市场竞争中脱颖而出。

简短的名字有助于提升认知度和传播力。名字的字数越少，认知程度越高，传播力也越强。例如，"南货店"的"南货"两字概括了其经营的内容与特性，好记好懂。此外，简短的名字还能引起大众的遐想，寓意更加丰富。

对于便于记忆的名字，有几种取名方法，如取动物名字，如天猫、小天鹅、红牛、飞鹤等；还可以取食物的名字，如苹果、小米、瓜子、西瓜、芒果、土豆等。

2）突出品牌形象

要确保企业名称与品牌形象相匹配，反映品牌的核心价值观和使命，这有助于建立品牌识别度和信任感。名称应与品牌理念紧密结合。名称中可以直接融入企业的核心价值观和理念，或者通过隐喻和象征手法传达出企业的独特气质和愿景。例如，"华为"寓意"中华有为"，"德朋"则体现了道德和团队合作的理念。

要确保企业名称能够体现企业的文化、服务特色和品牌形象，从而帮助塑造企业形象。例如，蓝鸟大厦的"蓝鸟"两字象征宁静、祥和，为人们提供一方憩息之地，树立良好的企业形象。当然，品牌的形象和企业名称是相辅相成的，如果企业在市场中有好的表现，也容易在消费者心中建立好的品牌名声。

3）确保域名的可用性

在确定企业名称之前，还需要确认企业名称的域名没有被注册使用，即确保域名的可用性。企业名称的选择要确保所选名称与域名之间的匹配性和可用性，因为域名可以有效地提升企业的在线可见性和品牌识别度。

首先，企业名称应与域名保持一致，以便客户能够轻松地将品牌与网站关联起来。选择一个简洁、易记的名称，避免使用过长或复杂的词汇，这样可以确保名称在域名中的适用性。例如，苹果（Apple）和谷歌（Google）都是简短而易于记忆的名称，也成为广为人知的品牌。

其次，检查所选名称的域名是否可用是非常重要的步骤。利用注册域名查询工具来验证域名的可用性。选择一个可用的.com或.cn等主流域名后缀，可以增加网站的信任度和专业形象。

最后，考虑域名的国际化使用也是必要的。如果企业有国际化的发展计划，则应确保名称在不同语言和文化中的适用性，避免使用可能在外语中有负面含义的词汇。同时，确保企业名称在主要目标市场的语言中易于发音和理解。

4）确保不侵犯商标权

为企业命名时要确保不侵犯商标权，即对该名称进行充分的商标检索，并避免与已有商标相似。在选择企业名称时，应尽量避免与已注册或已知名的商标相同或相似，通过市场调研和商标检索，了解同行业或相关领域中已存在的商标，以避免潜在的侵权风险。

具体操作步骤包括：

（1）进行商标检索

在选定企业名称前，进行商标检索是非常重要的步骤。通过商标检索，企业可以了解是否存在相同或近似的已注册商标，从而避免侵权风险。企业可以向专业的商标代理机构或律师事务所寻求帮助，进行更全面和准确的商标检索。

（2）避免与已有商标相似

企业在命名过程中须避免与现有商标相似，防止因相似性引发的侵权纠纷。法律顾问应协助企业制定科学合理的商标命名策略，确保商标名称的独特性、显著性和合法性。

（3）尊重他人的商标权

未经商标注册人的许可，不得在同一种产品或服务上使用与其注册商标相同或近似的标志作为店铺名称。这包括不直接复制、模仿或翻译他人的注册商标。

（4）加强内部管理和监测维护

企业应加强对店铺名称、标志等商业标识的管理和保护，建立完善的内部管理制度，规范员工行为，防止内部泄露商业机密和侵权行为的发生。

总之，避免店铺名称侵权需要企业在选定名称前进行充分的市场调研和商标检索，确保名称的独特性和合法性。同时，企业应加强内部管理和监测维护，及时发现并制止侵权行为。

5）注意事项

此外，在命名过程中，企业还需要注意避免使用禁用或限用字词。根据《企业名称登记管理规定实施办法》，企业名称中不得含有法律法规禁止的内容。字号应具有显著性，由两个以上的规范汉字组成，不可使用异体字、繁体字和阿拉伯数字。组织形式需准确标注，如"有限责任公司""有限公司"等不需要带括号，而合伙企业、个人独资企业等需要标明相应的字样。企业名称不得含有有损国家、社会公共利益的内容和文字，确保名称的合法性和合规性。在命名前进行充分的市场调研和风险评估，确保名称与企业的业务和发展方向相符，避免潜在问题和纠纷。

8.1.4 企业怎样建立良好的口碑

企业建立良好的口碑需要从以下几个方面入手：[①]

1）理解口碑的价值

这是基础。口碑是消费者对企业的评价和看法，直接影响消费者的购买决策。在信息不对称的市场中，口碑成为消费者决策的重要依据。因此，企业需要重视口碑的建设和管理，以便更好地吸引和保留客户。[②]

2）提供高质量的产品和服务

这也是打造良好口碑的基础。当消费者对企业的产品和服务满意时，他们会积极地向亲朋好友推荐，从而为企业带来更多的客户和业务。企业需要不断提高产品质量和服务水平，以满足消费者的需求和期望。

3）建立良好的客户关系

这是关键。企业需要与消费者建立长期、稳定、互信的关系，以便更好地了解消费者的需求和反馈，提供个性化的产品和服务。同时，企业需要积极处理消费者的问题和投诉，及时解决问题，提高客户满意度。

4）利用社交媒体和网络营销

这是现代企业打造良好口碑的重要工具。[③]通过社交媒体和网络营销，企业可以与消费者进行更紧密的互动，传递品牌价值，提高品牌知名度。社交媒体和网络营销还可以帮助企业及时了解消费者的反馈和需求，从而调整产品和服务，提高客户满意度。

5）参与公益事业和社会责任

这是打造良好口碑的重要途径。通过参与公益事业和社会责任，企业可以展示自己的社会责任感和价值观，获得消费者的认可和支持；同时，可以提升品牌知名度和美誉度，在市场竞争中获得更大的优势。

6）培养员工的服务意识和能力

这是不可或缺的。员工是企业与消费者之间的桥梁，他们的服务态度和服务能力直接影响消费者的体验和评价。因此，企业需要加强对员工的培训和管理，增强员工的服务意识和能力，以便更好地满足消费者的需求和期望。

7）持续改进和创新

这是保障。在激烈的市场竞争中，企业需要不断改进和创新产品和服务，以满足消费者的需求和期望。同时，企业需要不断优化自身的运营和管理，以保持竞争的优势。

---

① 李玉海，朱红梅. 企业营销的有效举措：口碑营销［J］. 商场现代化，2006（8）：93.

② 施鹏程. 口碑营销在塑造企业形象中的运用［J］. 商，2013（4）：56-57.

③ 吕莉. 基于5T法则视角下的企业口碑营销策略［J］. 企业经济，2014（1）：79-84.

8.1.5　初创期的股权分配

股权是有限责任公司或者股份有限公司的股东对企业享有的人身和财产权益的一种综合性权利，即股权是股东基于其股东资格而享有的，从企业获得经济利益，并参与企业经营管理的权利。股权比例的大小直接影响股东对企业的话语权和控制权，也是确立股东分红比例的依据。

1）初创期的股权分配原则

企业初创期的股权分配原则主要包括保证核心创始人的控制权、调动各方资源为核心创始人所用、动态调整股权以吸引和淘汰人才。[①]

首先，保证核心创始人的控制权是至关重要的。在初创阶段，市场变化迅速，决策效率高是企业的生命线。因此，应当有一位在关键时刻能拍板的核心创始人，作为企业的决策核心与领导人物。通过合理的股权架构设计，确保核心创始人在创立初期持有最多的股份，从而掌握企业的话语权，主导企业的健康发展。

其次，调动各方资源为核心创始人所用也是重要的原则之一。初创企业的股权分配应旨在帮助企业获取更多资源，包括吸引有能力的创始团队成员和投资者，同时让员工感受到股权的价值，调动他们为企业服务的积极性。

最后，动态调整股权以吸引和淘汰人才是必要的。初创企业处于高速发展状态，股权架构应预留调整空间和灵活性，根据团队成员的实际贡献进行调整。处理好创始团队成员和离职员工的股权问题，确保企业的稳定发展。

2）初创期的股权分配方式

企业初创期的股权分配主要有两种方式：按照出资额比例分配和平均分配。

按照出资额比例分配是常见的股权分配方式。出资额是股权分配的依据，根据每位出资人出资额占总出资额的比例来确定股权比例。这种方式能够确保每位出资人的股权与其出资额相匹配，体现了公平和透明。

平均分配是指不考虑出资额的多少，所有股东均分股权。这种方式可能削弱企业创始人的控制力，因为每位股东的表决权相同，可能影响企业的决策效率。[②]

除了基本的分配方式，创业者还需要考虑一些额外的原则和因素。股权分配应有利于团结团队，群策群力把事业做好做大。股权结构应能够对接各种资源，如团队、技术、资本等。最后，创业者需要合理设置控制权和股权兑现机制，确保企业的稳定和发展。

创业名家雷军曾经说过，创业者最重要的是对公司百分之百的控制权和话语权。创业是个拼图游戏，需要去分享，如与优秀的工程师和销售人员分享，分享最好的资源。所以在初创期的股权分配就显得十分重要，如果你愿意拿15%和天使投资者分享，愿

---

① 朱文平. 初创公司要知道的那些事［J］. 黄金时代，2016（4）：67-69.

② WASSERMAN N，HELLMANN T. 初创企业要想成功，千万不要均分股权［J］. 王韵竹，译. 销售与管理，2016（8）：60-61.

意拿15%和工程师分享这是比较合理的；如果一上来就把50%的股权贱卖，之后再想换资源就不够了。如果你想把公司做大，就必须估计未来1%的股权价值。

8.1.6　如何为企业找钱

1）常见的融资渠道[①]

企业可以通过多种渠道来寻找资金，包括银行贷款、股权融资、债券融资、政策性贷款、众筹等。这些方法各有优缺点，适用于不同类型和阶段的企业。

银行贷款是最常见的融资方式之一，适合大多数企业。银行贷款通常利率较低，风险较小，但需要企业有良好的信用记录和足够的资产抵押或担保。股权融资通过发行股票等方式向投资者筹集资金，适合初创期和成长期的企业。这种方式可以引入战略投资者和合作伙伴，带来更多的资源和经验，但需要企业具有良好的发展前景和盈利能力。债券融资则是通过发行债券的方式向投资者筹集资金，相对稳定，风险较低，但需要企业有良好的信用记录和盈利能力。政策性贷款由政府设立的专门金融机构提供，通常用于支持中小企业的发展，符合条件的企业可以申请此类贷款。众筹是通过互联网平台向广大网友筹集资金，适合创意项目和初创企业，可以快速获得资金支持，同时让网友参与到项目的设计和开发过程中。

此外，企业还可以考虑租赁和外包，通过租赁设备和场地或外包非核心业务来降低运营成本和风险。

2）融资的基本原则

融资的基本原则包括收益与风险相匹配、融资规模量力而行、控制融资成本最低、资本结构合理、融资期限适宜、保持企业有控制权等。

第一，收益与风险相匹配原则强调企业在融资前应预测融资带来的收益，也要考虑相应的风险。收益越大，风险也越大，企业应根据自身的风险承受能力选择合适的融资方式。

第二，融资规模量力而行原则要求企业根据资金需求、自身条件以及融资成本和难度，合理确定融资规模。筹资过多可能导致资金闲置和负债过多，筹资不足则会影响企业的正常运营。

第三，控制融资成本最低原则指出企业应通过比较不同融资渠道的成本，选择成本最低的方式，以降低财务费用，提高资金使用效率。

第四，资本结构合理原则要求企业优化债务和权益的比例，确保资金结构的合理性，从而改善资本运营效果。

第五，融资期限适宜原则指出企业应根据融资用途和成本选择短期或长期融资，以确保资金的合理使用。

第六，保持企业有控制权原则强调在融资过程中，企业应保持对自身的控制权，确保企业的发展方向和决策不受外部资本过多干扰。

---

① 张朝元，梁雨. 中小企业融资渠道［M］. 北京：机械工业出版社，2009.

3）融资的注意事项

企业在融资时需要注意以下几点：

首先，未雨绸缪，提前准备，在不需要钱的时候去融资，避免临时抱佛脚导致的被动局面。

其次，选择适合自己的融资路径，不同阶段和类型的企业适合不同的融资方式。

最后，注重合法性和合规性，确保融资过程的合法性和透明度。

创业者们通过创新、坚韧和有效的融资策略，推动企业走向成功。他们的故事激励了其他创业者，为其他创业者提供了宝贵的经验和启示。

拓展阅读8-1 "饿了么"的融资历程

8.2 创业名家的创业观

8.2.1 创业观对企业发展的重要性

创业观对企业发展的重要性不可忽视，它不仅是企业发展的指导思想，更是企业成功的关键因素。创业观决定了企业的发展方向、战略选择和文化氛围，对企业的长期发展具有深远的影响。

首先，创业观影响企业的发展方向和战略选择。创业观反映了企业对于市场、客户和竞争的理解，决定了企业如何定位自己、选择进入哪些市场以及如何与其他企业竞争。明确的创业观可以帮助企业更好地把握市场趋势，制定合适的发展战略，从而在竞争中占据有利位置。

其次，创业观影响企业的文化氛围和员工行为。企业的文化是创业观的体现，它塑造了员工的行为模式和价值观。积极向上的创业观可以激发员工的积极性和创造力，形成良好的工作氛围，从而提高企业的整体绩效和员工的满意度。

再次，创业观对于企业的创新和持续发展至关重要。创新是企业发展的不竭动力，而创业观决定了企业对于创新的态度和行动。鼓励创新的创业观可以促使企业不断探索新技术、新市场，保持竞争优势。

最后，创业观影响企业的社会责任和可持续发展。一个清晰、积极且符合社会道德的创业观可以引导企业追求经济效益，兼顾社会责任和可持续发展，从而赢得社会的认可和支持。

8.2.2 用梦想和技术改变世界

用梦想和技术改变世界是很多高新技术领域的创业者的创业思想。下面我们以创业名家雷军和埃隆·马斯克的创业经历来阐述他们的创业观，以及他们如何用梦想和技术改变世界。

1）梦想的力量

梦想是指引创业者前行的明灯，激励创业者不断朝着心中的目标前进。创业者通过不断学习和进步，增强信心和能力，践行梦想的步伐就更加稳健了。

创业名家雷军曾经在武汉大学的毕业典礼上分享了自己学生时代的梦想，并畅谈要永远相信梦想的力量和相信坚持梦想的力量。梦想点燃了雷军心中的创业激情，从奠定人生梦想到践行梦想。小米后来经历了上市和造车等关键发展阶段，未来的路也一定充满了机遇和挑战。

拓展阅读8-2 永远相信梦想的力量

2）梦想、创新和技术

当今世界，在用梦想和技术改变世界的诸多企业家中，埃隆·马斯克是又一位拥有梦想并利用技术改变世界的创业名家。作为电动汽车及能源公司特斯拉、太空探索技术公司SpaceX、清洁能源公司SolarCity以及脑机接口公司Neuralink的创始人，他在科技、能源、太空等多个领域，用梦想、创新和技术改变了世界。[①]

马斯克在孩童时期就有梦想，热爱科幻小说和电影，对科技和太空抱有极大的热情，决心成为一位科学家和工程师，用自己的创新和技术改变世界。

创业之路充满了艰辛。马斯克在创建特斯拉和SpaceX时曾多次面临失败和破产。然而，他从不放弃。他坚信自己的想法和技术，不断地寻找新的投资和合作伙伴。他的毅力和决心最终得到了回报。他的公司在全球范围内取得了巨大的成功，让人们看到了更美好的未来。

作为创业名家的马斯克，他的影响力不仅在于他的科技成就，更在于他的社会责任和环保意识。他认为，科技和经济的发展必须与环保相结合，才能创造可持续发展的未来。他致力于推广太阳能和电动汽车，希望减少对环境的破坏。他的努力让更多人意识到保护环境的重要性，他成为一位真正的环保领袖。

梦想和技术成就了马斯克，他用科技创新改变了世界。他的成就不仅是科技方面的，更在于他对人类的贡献和社会责任。他是一位真正的英雄，值得我们学习和尊敬。

在一个充满创造力和想象力的世界里，每个灵魂都带着其独特的梦想和目标。对于

---

① 崔龙. 神迹创造者：艾隆·马斯克传［M］. 北京：同心出版社，2015.

许多人来说，这种梦想可能只是一闪而过，或者在现实的压力下逐渐消失，但是，有些人能够坚持自己的信念，用自己的才华和努力实现梦想。探索未来、挑战极限的旅程并不是一帆风顺的，但是马斯克始终保持着坚定的信念和决心。他用自己的行动告诉我们：只要我们勇敢地追求梦想、努力地实现目标，就一定能够取得成功。

在人生旅途中，我们也需要不断地寻找新的机会和挑战，以便更好地实现自己的梦想和目标。我们需要坚定自己的信念，勇敢地面对困难和挑战。同时，我们需要不断地学习和成长，以便更好地适应不断变化的世界。

8.2.3　创业是创造新的增量

创业是为了创造新的增量，而不是争夺他人的份额，强调兴趣和时代机遇的重要性，享受挑战极限的过程，保持热情和好奇心，坚持不懈。勤奋不是一种形式，而是一种心理状态，这就是今日头条及字节跳动的创始人张一鸣的创业观。[①]

1）兴趣和时代机遇的重要性

创业需要找到自己的兴趣所在，因为兴趣能够让人跨越行业或舆论的影响，坚持下去并取得成功。张一鸣大学毕业后在微软工作了一段时间后，因为觉得工作无聊而选择离开，去追求更有挑战性的事业。他的创业历程充满了挑战和尝试。他创办了字节跳动，并推出了今日头条等成功的产品。

时代机遇对创业也是十分重要的。虽然时代给了每个人机会，但只有那些能够抓住机遇并不断创新的人，才能真正取得成功。年轻人要有耐心，应该持续在一个领域深入，这样才能取得相应的成绩。张一鸣特别注重对技能和方法的改进。他刚开始创办字节跳动时，缺人、缺钱、缺资源，一切只能靠自己努力。他带领团队从零学起、快速迭代。他们在打造第一版"个性化推荐引擎"的时候，很多技术细节都要从头学起。

2）引入高效管理方法 OKR

除了在技术上追求精进之外，张一鸣也非常重视企业管理方法的高效。字节跳动是国内较早大规模引进 OKR（Objectives and Key Results）方法的公司之一。OKR 即目标与关键成果[②]，该方法由英特尔公司发明，让该公司扭转危机。而后 John Doerr 将 OKR 方法引入谷歌，OKR 方法再次发挥它的优势，使谷歌在困难时期的销售收入从 100 亿美元增长到 7 000 亿美元，一跃成为 2017 年《财富》最佳企业第一名。现在包括 Uber、LinkedIn、Oracle、Meta 在内的许多美国公司都在用这个方法，国内的华为、百度、美团等公司也在逐步实施。

在字节跳动，所有的 OKR 都是公开的，看到了 OKR 就知道了某人最近一段时间主要在做什么事情。如果你有什么项目需要同事支持，可以去找他沟通，合适就列入你的 OKR。在每两个月的"CEO 面对面"、部门业务沟通双月会上，张一鸣会公开讲自己的 OKR 进度。他会打分和自我分析哪里做得不错、哪里做得不好。张一鸣会对公司的重

---

① 赵东山. 张一鸣：惰性是万恶之源 [J]. 企业观察家，2021（3）：36-37.

② 周晶. 浅谈 OKR 绩效管理法 [J]. 财讯，2019（9）：73-74.

要决策、战略方向，甚至遇到的危机作出梳理和解释。OKR 在字节跳动不仅是个人的事情，还和工作网络中的每个人有关。在结果评价方面，字节跳动选择"360 度测评"，即你可以对任何人作出评定，别人也是一样，所有的评价都是公开的。

3）务实的浪漫主义

技术出身的张一鸣曾感悟自己是务实的浪漫主义者，其中浪漫是指理想主义，而务实是将这些理想主义转化为实际行动。举例来说，由于对工具和技能的优化有着近乎偏执的狂热，一个最开始在公司内部使用的办公协同软件"飞书"，硬是被这帮极客们打磨成了产品级应用，并成为办公软件领域的前三名。

很多时候人们试图绕过困难，但好的问题本身就是答案的一半，剩下的则需要通过努力去实现。在面对复杂多变的环境时，张一鸣提倡保持"平常心"，认为这是应对变化的重要态度。他指出，保持平常心的人能够更好地观察事物、实事求是，并且在面对成功和失败时保持冷静和耐心。对于经营理念，他强调"用户""创新"两个关键词。他始终以用户为中心，认为只有满足用户需求才能实现商业成功。同时，他强调创新是驱动企业发展的核心动力，认为只有不断创新才能领先竞争对手。在强调效率和竞争的同时，张一鸣也提醒人们要保留一份洒脱，不要让职业和性格被精确、严谨所束缚，要保持一份人性的温度，提倡有长远的眼光，不要急于求成。他认为，有时候需要放弃对短期成效的追求，思考如何将目标定得更高。对事情的认知是关键，理解就是竞争力。他强调理解和认知的重要性，认为这是个人或企业在市场中的立足之本。

这些不仅反映了张一鸣的个人哲学和管理理念，也为他在商业上的成功提供了指导。

8.2.4 创业是为了使人们更幸福

创业的初心是什么？创业的最终目的是什么？如果创业是为了让人们更幸福，为了自由和爱，那么具有这样的创业理念的企业一定会受到人们欢迎并造福社会。在诸多的创业名家中，有这样一位企业家，他的创业领域并不涉及轰轰烈烈的能够引领国际前沿的高科技，但始终围绕老百姓的生活，以润物细无声的方式将诚信和服务做到极致，将幸福、爱和尊重带给当地的百姓，深受大家的欢迎。由于口碑极佳，有人特意从外地来这里打卡买黄金等贵重商品，只是因为相信在这里不会买到假货。新华社这样形容这家企业："它地处中原小城，却让大城市的人心生向往；它体量不大，却是众多企业的效仿对象；它出身'草根'，却有成为中国零售业标杆的雄心"，被网友称为"没有淡季的6A 级景区"，这家企业就是胖东来。[①]

1）胖东来的前身

胖东来的创始人于东来，祖籍是河南许昌。1995 年，他在老家做起了第一家小本

① 张兴军，孙清清，刘振坤. 何以胖东来：一家"网红"商超的坚守与嬗变 [N]. 新华每日电讯，2024-10-09（7）.

生意——望月楼胖子店，专做烟酒糖批发。于东来凭借多年的从业经验和独到的经营理念，生意很快就遍地开花，当年就赚了50万元，彻底扭转了贫穷的命运。1997年，他正式成立了胖东来烟酒有限公司，不久之后更是大举扩张，在当地开设了连锁店。而助于东来事业腾飞的，就是他"卖真品换真心"的经营之道。他深知商场如战场般残酷无情，唯有用心良苦、诚信经营，赢得顾客和员工的真心才是立足之本。

然而，1998年，胖东来名烟名酒购物中心惨遭纵火，楼上的望月楼宾馆的8条无辜生命就这么离去。于东来主动承诺全额赔付，并亲自上门安抚顾客。出乎意料的是，没有一个人前来讨债，反而是老主顾们主动伸出援手，资助他渡过难关。这就是于东来经营理念的魅力所在——他每时每刻以顾客至上为宗旨，用实至名归的诚意感化着每个人的心，因此才会在最困难的时候得到这么多的老主顾真心相助。面对这些，于东来当时便下定决心，要以最诚恳的态度来经营企业，把诚信深深地植根于企业文化之中。

2）胖东来的核心竞争力

今日的胖东来已然成为当地的零售连锁企业巨头。而其核心竞争力，除了产品质优价廉外，就是贴心周到的服务。比如，于东来为员工制定了十分人性化的"规划手册"，从住房到职级晋升，无一不体现着对员工的关怀。最低月薪已达7 000元，全员更有135天的综合休假待遇，可谓高于一线城市的福利水平。员工们得到如此优厚的薪酬和保障，工作自然是铆足了劲、兢兢业业。反过来，胖东来的发展也就愈加壮大。如今的于东来已经是亿万富翁，可他从未因此而骄横自大，反而时刻惦记着如何将这番成功之道传递给更多人。

1996年，当美国航母编队驶入我国台湾海峡的消息传来时，于东来和朋友们感到非常愤慨。他们决定为国家做点什么，于是连夜赶到北京，向中国航天基金会捐款2万元，以支持国家建造航母。于东来捐款捐物总计高达上千万元。他还曾亲率员工前往灾区，参与救灾工作。郑州暴雨，胖东来也是首批捐赠1 000万元的企业，并以成本价销售生鲜蔬果。

3）胖东来的企业理念

有人说过，企业家的社会责任就是创造就业、纳税、回报社会。而于东来用自己的实际行动诠释了这句话的真谛。他不仅为当地人们创造了大量就业岗位，而且用自己的善举诠释了"有钱人的富有之道"。他的故事也昭示我们一个道理——书本知识固然重要，但人性的大智慧往往更为高明。

于东来自己曾经说过，做事业到底是为了什么？当初开始做的时候都是想挣钱，想要把生活过得好一点；随着企业越做越大，慢慢地不只是在挣钱，而是在竞争、比面子、嫉妒，在证明自己，忘记自己的生命需要休闲、享受、健康，忘记自己要快乐、真诚、友善，导致我们彼此之间失去信任，更多的是忌恨之心，而不是成人之美的心。[①]

---

① 闻卫武，陈辉. 胖东来决胜文化力 [J]. 理财杂志，2008（3）：69-71.

如果人性当中没有真诚、友善、成人之美的心，会幸福吗？没有轻松、快乐，何来美丽？我们不知不觉就成了时代的牺牲品，表面上挣到钱感觉挺幸福、有成就感，但更多的时候是辛苦、心酸、无奈、沮丧、失落，不知不觉地精神抑郁，头发也变白了，甚至很多企业家不仅牺牲、伤害了自己，而且对家人、员工、企业、社会带来了伤害。

4）创业的终极目标

通过以上的介绍，我们发现于东来在个人创业的过程中，不断思考生命的真谛，在要与不要之间作出自己的选择。正是由于这样的思考，胖东来提出企业文化要以自由和爱为核心，强调尊重、信任、真诚和公平；同时，提出"创造爱、分享爱、传播爱"的核心理念，并将"爱在胖东来"作为最响亮的品牌口号。胖东来不仅将顾客视为亲人，还通过人性化的服务和高质量的商品满足消费者需求。此外，胖东来注重员工的幸福和成长，通过提供高收入、闭店、年休假制度，以及公平、自由、快乐和博爱的企业文化，让员工感受到家的温暖。[①]

如果世界上所有企业家都能像于东来那样，用最为平实的胸怀和诚意去对待员工、客户，去回馈社会，那么这个世界会变得多么美好啊！也许创业的终极目标就是创造幸福，让更多的人感受到幸福，让这个世界因为创业者的存在而充满爱。

8.3 企业家精神

党的二十大报告指出："深化国资国企改革，加快国有经济布局优化和结构调整，推动国有资本和国有企业做强做优做大，提升企业核心竞争力。优化民营企业发展环境，依法保护民营企业产权和企业家权益，促进民营经济发展壮大。完善中国特色现代企业制度，弘扬企业家精神，加快建设世界一流企业。"

企业家是新时代发展创新型经济、建设创新型国家和世界科技强国的重要力量。当前，经济全球化遭遇逆流。面对复杂多变的国际形势，我们更要大力弘扬企业家精神，增强企业家爱国情怀，把企业发展同国家繁荣、民族兴盛、人民幸福紧密结合在一起。企业家是一种稀缺资源，是决定企业发展的少数人。企业家精神是这种稀缺资源下更加重要且特殊的无形生产要素，是增强企业核心竞争力的灵魂。

企业家精神是企业家才能和特质的集合，是企业家群体的共性特征。企业家精神是具体的市场环境与制度架构共同作用下的产物。它不仅在不同所有制企业中展现的侧重点有所不同，在不同时代和制度条件下的表现形式也存在显著差异。美国学者卡尔·施拉姆指出："在理解企业家精神时，历史的重要性不容低估。"[②]西方学术界关于企业家精神与资本主义市场经济互动的典型研究，来自韦伯的观察和见解，他将敬业、节俭等

---

① 王慧中. 胖东来，你要怎么学？[M]. 北京：龙门书局，2014.
② 兰德斯，莫克尔，鲍莫尔. 历史上的企业家精神：从古代美索不达米亚到现代 [M]. 姜井勇，译. 2版. 北京：中信出版社，2021.

品格归结为企业兴起的重要精神力量。我国自改革开放以来，企业家精神也从所谓的"草莽创业"时代的不循常规、大胆突破，逐渐转向了市场经济制度日趋完善背景下的全局意识和战略眼光，特别是在如今快速创新发展的数字经济时代，企业家精神更是被赋予全新的内涵和更加突出的定位。

企业家精神包含多个核心要素，其中企业家精神的精髓内核是创新进取精神。评价一位企业领导者是否优秀，是否具有企业家精神，应该看他是否具有创新进取精神、带领企业持续创造优异业绩；是否具有超越平凡的伟大理想愿景；是否具有厚德修身的品格而值得人们尊敬和追随；是否能身处逆境却坚韧不拔，带领企业渡过难关；是否具备责任担当，在关键时刻勇于担责；是否具有家国情怀，以民族复兴为己任。

企业家精神的核心要素可以从以下8个方面进行概括说明。

8.3.1 创新发展，改变世界

1）创新精神

创新精神是企业家精神的核心，它推动企业不断追求新技术、新市场和新管理模式的突破。[①]

创新是推动经济快速发展的重要引擎。党的二十大报告提出："加快实施创新驱动发展战略。""加快实现高水平科技自立自强。以国家战略需求为导向，集聚力量进行原创性引领性科技攻关，坚决打赢关键核心技术攻坚战。加快实施一批具有战略性全局性前瞻性的国家重大科技项目，增强自主创新能力。"要加快创新发展的步伐就必然离不开企业家精神。在当下激烈的市场竞争中，创新已不再是一种选择，而是企业发展的必然要求。企业家是新时代发展创新型经济、建设创新型国家和世界科技强国的重要力量。[②]企业家作为创新发展的探索者、组织者和引领者，其内核就必然离不开追求卓越、敢闯敢试、敢于承担风险，推动生产组织创新、技术创新、市场创新这些精神要素。

创新的魅力在于它对自身的不断超越、重置，没有最新，只有更新。因为创新，社会才会进步。大的创新可以开启一个时代，小的创新可以改善我们的生活。创新不是标新立异，它需要突破常规、质疑权威和持之以恒，需要打破常规，进行心智上的更新与改革。

熊彼特是第一位系统阐述企业家精神的经济学家。他在《经济发展理论》一书中提出：企业家的创新精神是决定企业兴衰的关键。[③]企业家精神的关键作用是实现创新，引进新组合（生产要素和生产条件的重新组合），并将其引入生产体系来改革生

---

① 榆林市未来企业联合会. 企业家视野：企业家精神是如何影响企业文化的［EB/OL］.（2020-07-21）［2024-12-09］. https://mp.weixin.qq.com/s?__biz=MzA3OTQzOTM1OQ==&mid=2651397880&idx=1&sn=442d9248eef64114361fa91674f07147&chksm=8549384adf78e0d488eeff2992e154df1dc0d0b3cf71b647996414f408e606e400b0332b2e80&scene=27.

② 黎友焕. 人民日报新论：大力弘扬企业家精神［EB/OL］.（2020-12-09）［2024-12-09］. http://opinion.people.com.cn/GB/n1/2020/1209/c1003-31959823.html.

③ 熊彼特. 经济发展理论［M］. 魏媛，徐霖，译. 北京：地震出版社，2021.

产。企业家是富有远见、信心、胆识、组织能力的创新者。企业家的任务是"创造性地破坏"。

创新精神作为企业家精神的核心要素，不仅体现在对新技术、新市场或者商业模式的探索和开发上，还包括创新与应用管理模式。这种创新精神促使企业家带领企业不断适应变化的市场环境，整合各种创新资源，寻求突破和发展，最终创新客户的价值，实现客户的价值成长，从而实现企业的长期成功和持续发展。因此，创新精神不仅是企业家精神的核心，也是推动企业和整个社会向前发展的重要动力。

企业家的创新精神还体现在企业家独特的个性、与众不同的商业天赋与直觉上。企业家首先要有先知先觉，洞见和把握别人未能看到和抓住的机会。在机会面前他又敢于选择，一旦选择了，就能够突破已有资源的能力的局限，创造条件去把这事干成功，最终成就一番伟大的事业。

此外，企业家的创新精神还体现在企业家自我批判和自我超越上。如果一位企业家没有自我批判精神、自我超越精神，企业家就会过于自大和自负，进而走向自我膨胀，最后控制不住内心的欲望而自我毁灭。因此，优秀的企业家必须具备不断突破自我的素质，有超越常人的格局和胸怀，能够突破小我，成就他人，最后成就大我，只有这样才能够真正率领一批人才去从事伟大的事业，去实现自己心中宏伟的蓝图梦想。

2）苹果公司的企业家创新精神

苹果公司被誉为当今世界上最具创新能力的企业之一。该企业的创新成果和创新行为成为区别其他企业和行业追随者的一个显著标志。无论是iMac，还是iPad和iPhone，苹果公司都不断以其卓越的创新能力改变了行业的发展轨迹和方向。之所以能够获得这样的殊荣，这无疑和苹果公司的创始人史蒂夫·乔布斯的企业家精神有着密不可分的关系。

乔布斯在1976年创建了苹果公司，凭借自己敏锐的触觉和过人的智慧，不断创新探索，促使公司一路发展壮大，于1985年获得了总统授予的国家技术勋章。1997年，他成为《时代》周刊的封面人物，在同一年又被评为最成功的管理者；在2007年和2009年，他分别被《财富》杂志评为年度最有影响力的商人和十年间美国最佳的CEO。

作为苹果公司的灵魂人物，乔布斯的创新精神深刻地影响了苹果公司的企业文化。乔布斯始终强调"创新是区分领导者和追随者的唯一标准"，他不断推动苹果在产品设计、技术创新和市场营销等多个方面实现新的创造和突破。这种创新精神不仅塑造了苹果公司独特的品牌形象，也激发了员工的创新热情，使得苹果公司在全球科技领域保持领先地位。

"活着就是为了改变世界"是乔布斯先生关于创新的名言。[①]乔布斯透过他一个人的力量，颠覆了手机、电脑、音乐、电视产业，颠覆了书店、软件、摄影以及商业实体。

乔布斯作为一名企业家的创新精神，在以下方面得到了充分的体现：

---

① 朱甫. 乔布斯说：活着就为改变世界［M］. 深圳：海天出版社，2012.

（1）让创新的理念成为公司的灵魂

乔布斯一直坚信，科技产品不应该仅仅是一个简单的实用工具，更应该成为具有艺术价值的艺术品。他创新地将设计和美学的内容融入了苹果公司的新产品中，这种崭新的理念为消费者带来了一种全新的感受和体验。苹果公司的创新产品充分体现出注重细节，追求简洁、优雅的设计，这种理念很快使得苹果公司的产品在同类产品的市场上获得了独树一帜的地位。

（2）用创新的产品开拓和占有市场

乔布斯在苹果公司挂帅期间，曾先后推出了一系列具有革命性意义的创新产品，其中最著名的便是iPod、iPhone和iPad，它们后来很快都成为创新引领市场的风向标。iPhone的推出更是引发了智能手机的革命，将手机从简单的通信工具转变为功能强大的移动计算机，使手机革命性地跨入了智能时代。而iPod的出现彻底改变了音乐播放器的市场，将数千首歌曲完全集中存储于一款设备之中。iPad则引领了平板电脑的发展趋势，开创了一个全新的市场舞台。

（3）以创新的体验来驾驭用户的身心

苹果公司在产品创新上非常注重用户体验。乔布斯深信任何技术都应该为用户提供简单、直观且愉悦的体验。他亲自参与产品设计，完美地将人性化的界面和操作系统融入苹果公司的产品中。石破天惊的创新触控技术使得用户可以通过触摸屏幕进行操作，极大地提升了产品的易用性和便捷性。

（4）使与众不同的营销策略大行其道

除了在产品方面的创新之外，乔布斯还以独特的营销策略而业内闻名。他善于制造一个个触动人心的话题，通过苹果公司的新产品发布会和广告营销来不断吸引公众和媒体的热评和关注。他通过精心设计和控制每一个产品发布的细节，将新产品的发布变成一种期待并同时充满神秘感。这种与众不同的营销手法使得苹果公司的产品成为一种社会现象，并同时提升了品牌的价值。

（5）令永不满足的创新精神成为毕生的追求

乔布斯的创新才能不仅体现在苹果公司的产品和设计上，他的永不满足的创新精神更是成为他的一面旗帜。他在苹果公司任职期间始终推动创新，不断挑战自己和团队的创新极限。他鼓励公司的员工勇于冒险开拓和尝试失败，相信失败是成功之母。正是这种敢于冒险的创新精神以及坚持创新的意志，使得苹果公司最终能够在乔布斯的带领下不断推陈出新，保持了在全球科技行业激烈竞争中的领先地位。

乔布斯通过其独特的理念、产品、用户体验以及营销策略，将苹果公司最终打造成为全球知名的科技企业巨头。他卓越超群的创新思维和对细节完美的追求，对于整个科技行业都产生了极其深远的影响。乔布斯创造的辉煌充分说明了他不仅是一位商业领袖，更是一位激励人心的杰出创造者和思想家。他的企业家精神无疑会给后来者带来宝贵的精神财富，并会激励他们不断追求创新、突破和卓越。

3）华为公司的企业家创新精神

华为从2万元起家，用25年时间，从名不见经传的民营科技企业发展成为世界500

强和全球最大的通信设备制造商，创造了中国乃至世界企业发展史上的奇迹。

华为成功的秘密就在于创新。创新无疑是提升企业竞争力的法宝，也是一条充满风险和挑战的成长之路。尤其在高新技术产业领域，创新更被视为一家企业的生存之本和一个品牌的价值核心。

作为华为的创始人，任正非的领导力和企业家精神对华为的企业文化产生了深远影响。任正非鼓励员工敢于挑战自我，勇于突破常规，不断追求卓越。在他的带领下，华为形成了一种"狼性文化"，概括来说就是强调持续的创新精神、团队合作和敏锐的市场洞察力。这种文化激发了华为员工的潜能和创造力，使得华为在全球通信领域取得了显著成就。

"不创新才是华为最大的风险。"任正非的这句话道出了华为骨子里的创新精神。"没有创新，要在高科技行业中生存下去几乎是不可能的。在这个领域，没有喘息的时机，哪怕只落后一点点，就意味着逐渐死亡。"正是这种强烈的紧迫感驱使华为持续创新。华为的创新精神体现在多个方面，包括自主研发、技术创新、知识产权的积累和应用以及先进的企业内部管理体系。

（1）自主研发和技术创新

华为公司早期的创立和发展，虽然和许多民营企业一样也是从做贸易起步，但是在后期的成长过程中，华为并没有像其他企业那样，继续沿着"贸易"的路线发展，而是另辟蹊径地选择了一条最为艰难的路——踏踏实实地进行自主研发。华为把每年销售收入的10%甚至更多投入到新产品的研发之中，数十年来从未改变。2023年，华为的研发投入达到1 647亿元人民币，占华为全年收入的23.4%。为了能够保持在行业激烈竞争中的技术领先优势，华为在招揽人才时所提供的薪资常常比很多外资企业还要高。

企业家的创新精神在华为中体现在方方面面，并且聚焦在各个细节之中。但是华为又不只是为创新而创新，它打造的是一种相机而动、针对目标的创新力，那就是以客户需求、市场趋势为导向，紧紧沿着技术市场化路线行进的创新。这是一种可以不断自我完善与自我超越的创新力，恰恰成为一家企业可持续发展的基石。

华为通过自己的创新研发，在智能手机、智能汽车、操作系统等领域均取得了重大突破。其中，华为发布的麒麟9000 SAI芯片，是华为自主研发的第一款芯片，其出色的性能标志着华为已经完全摆脱了对国外技术的依赖，这无疑为我国的半导体工业注入了强大的民族自信。

在通信设备领域，华为也凭借敏锐的市场洞察力和锐意进取的创新精神，不断引领着行业的发展。无论是5G技术、人工智能还是物联网，华为都积极探索和应用新的创新技术，不断推出领先行业的创新产品和解决方案。

技术创新对于一家企业的国际化是非常重要的，但这绝不意味着只有在完成技术创新之后才能够进行国际化的步伐。在完全掌握核心技术后再进行国际化，这是一种过于理想化的想法和模式。因为国际化的过程本身就是提高企业技术能力的过程，在"在游泳中学会游泳"也是一种相机而动的进取思维。因此，在1996年，华为就尝试把触角伸到国门之外，步入了竞争激烈的国际市场，在国际竞争这个不见硝烟的战场促进和提升自身的技术创新。

（2）知识产权的积累和应用

华为在创新和知识产权两个方面都作出了显著贡献。2023年，华为新公开的专利数目达到3.6万件，这也成为华为历史上新公开专利数目最多的一年。截至2023年年底，华为在全球范围内一共持有有效授权专利数目超过14万件。这些创新成果通过专利的方式向业界公开，助力全球科技创新。

华为还通过构建全球化的研发和生产网络体系，拓展在国际市场的份额。华为的技术和解决方案日益改变人们的生活和工作方式，也为社会带来积极的影响。华为在全球范围内建立了广泛的研究合作和产业生态系统，与合作伙伴共同推动行业的创新和发展。

（3）先进的企业内部管理体系

产业升级仅有技术的创新升级也是不够的，还需要管理模式的同步创新升级。众所周知，华为与其他国内的企业类似，在创业之初也曾经经过一个阶段的粗放式管理时期。但是在企业快速发展壮大的同时，华为及时认识到管理创新的重要性，下大力气进行脱胎换骨的变革和提升。

在进行国际化的进程中，华为很快认识到先进的企业内部管理体系的重要基础作用，为此，先后与IBM、Hay、Mercer、PWC等国际著名公司进行合作，投入数十亿元资金，引进崭新的管理理念和方法，在集成产品的开发、业务流程、组织、品质控制、人力资源、财务管理、客户满意度等方面都进行了系统变革，把公司业务管理体系充分聚焦到创造客户价值的这个核心之上。

经过10多年的不断改进，华为在管理上完全实现了与国际的接轨。此后，华为不但承受住了公司业务持续高速增长的考验，而且赢得了国内外客户与全球合作伙伴的普遍认可，从而有效支撑了公司的全球化战略。

在产品的研发方面，华为坚持"以客户需求为导向"的宗旨，坚持以客户需求驱动研发流程，围绕提升客户价值进行技术、产品、解决方案及业务管理的持续创新，快速响应客户需求。与此同时，华为还坚持开放式创新的理念，先后在德国、美国、瑞典、英国、法国等设立了20多个研究所，与世界领先的运营商成立了30多个联合创新中心，从而实现了在全球范围的同步研发，不仅把领先的技术转化为对客户群体的竞争优势、帮助客户成功，还为华为赢得了大量的高素质创新技术人才。

华为专门为客户量身打造的"客户创新中心""诺亚方舟实验室"就是用于创新研究的机构。通过对客户个性化需求的解读与研判，华为创造性地为客户进行"量体裁衣"式的个性化服务，尽可能满足各个国家和地区的客户群体不同的需求，这也成为华为进行创新的不竭动力。抓客户的"痛点"而不是竞争对手的"痛点"，抓客户价值而不是抓产品成本，这些就是华为产品跻身国际的成功经验。

8.3.2 理想丰满，梦想超越平凡

企业家精神是伟大愿景。愿景伟大，就能够造就巨大的发展空间，驱动一往无前的气魄和势能。企业家应该是最具理想的一群人，天地宽广，世界有我。与一般人不同，企业家应该是不安分的，因为他们怀揣梦想，需要创立自己的企业，通过汇聚更多的

人，来实现单靠自己的双手无法实现的梦想。

真正想要创立一个属于自己的卓越企业的企业家，都会体现出共同的特征：理想丰满，梦想超越平凡，充满信念。

一个人可以选择改变自己和家族的命运。而作为一个理想丰满的企业家，最先选择的应该就是改变企业和行业的命运，进而改变国家和民族的命运。

乔布斯就是一个理想主义者，他通过自己的传奇一生，实现了"我的使命是改变世界"这样一个超凡的梦想。乔布斯在传记里这样描述：他曾经只生活在自己想象的世界，信奉"做每一件事并不是为了赚钱，而是为了要改变世界"。对创新的完美追求在乔布斯身上体现得淋漓尽致。从乔布斯的身上可以看到，无论其身份是一位企业家或一个创造者，他都一直做自己想要做的事情，谨记自己的理想。

知名投资者段永平说：好的企业和企业家都是理想主义和现实主义的结合。没有理想主义做不大，不理解现实走不远。①

一艘船没有明确的航向，它将在茫茫大海中何去何从？同样，一家缺乏明确愿景的企业，也难以激发员工的内在动力。企业家的宏伟理想和愿景，如灯塔般照亮前行的道路，能够用远大的愿景凝聚人心，让每一个团队成员都能感受到自己工作的意义与价值。

8.3.3 超强的领导力，凝聚精英人才

领导力是企业家最核心的能力之一，它关乎企业愿景的制定与执行。一个优秀的企业家能够清晰地描绘出企业的未来蓝图，通过愿景的引领，激发团队成员的共同信念与追求。这种领导力不仅能够凝聚人心，还能在关键时刻为团队指明方向，确保企业在复杂多变的市场环境中稳健前行。一个优秀的企业家应具备激励团队、协调各方、促进组织成长和创新的领导能力。通过良好的领导力，企业家能够引导团队共同面对挑战，推动企业向前发展。

一个优秀企业家的领导力主要体现在如下几个方面：

第一，具有强大的影响力。如果要改革、推进新的管理措施和创新举措，就会涉及利益的重新划分和平衡被打破，这必然招致强大的阻力或者不支持的声音。这时，企业家如果缺乏对他人的强大影响力，就必将使改革受阻，或者是良好的管理措施不能得到有效的贯彻和实施。

第二，具有吸引人、感召人的指挥能力和领导魅力。企业在发展过程中毫无疑问会遇到各种挑战与困难。这时，企业家的领导力就显得尤为重要。他们需要具备敏锐的洞察力、果断的决策力和强大的抗压能力，带领团队迎难而上，找到问题的根源并制订有效的解决方案。通过不断提升领导力，企业家可以更好地应对各种挑战，推动企业实现可持续发展。

第三，具有能够带领团队实现目标的能力。美国前国务卿基辛格博士说："领导就是要让他的人们，从他们现在的地方，带领他们去还没有去过的地方。"一个卓越的企

---

① 孙力科. 段永平传［M］. 杭州：浙江人民出版社，2023.

业家必然会有效认清现在，同时制定切实可行的目标，并且能够带领团队有效达到目标，这也是企业家领导力的三个核心要素。优秀的管理者既需要具备制定长期战略规划的能力，又要能够有效地实施和执行这些计划。这需要他们分析信息、理解组织目标和策略，以及制订切实可行的计划。

第四，具有丰富的管理经验、娴熟的管理技能、充分的世界经济和跨国经营的知识。在复杂的环境中，企业家需要作出明智的决策，并且在执行决策时具备高效的执行力。这需要他们具有分析问题、评估选项以及解决问题和应对挑战的能力。企业家需要善于协调内部和外部的资源，以推动团队的目标实现。这包括建立有效的团队合作、管理资源以及与各个利益相关者建立和维护积极的关系。

第五，具有强烈的经营竞争意识，有超前预测市场的能力，对宏观调控及市场信息能作出快速反应。

第六，具有高超的协调和控制能力，善于通过交流、沟通，建立高效团队。

8.3.4 逆境坚韧，不懈追求

企业家精神是不屈的精神力。这是时代发展对企业家的要求。在商业的道路上，挫折和困难是难以避免的。优秀的企业家具备坚韧不拔的毅力，能够在逆境中保持积极的态度，不屈不挠地克服困难，勇于担当，直面挑战，最终实现目标。

做企业家要执着和有韧性，做企业不可能不遭受挫折，不可能不经受失败的痛苦和煎熬，我们经常讲伟大都是煎熬出来的，面临困难和挫折没有超出常人的坚定的意志与执着很难在逆境之中奋发图强。此外，企业家都具有顽强的生命力，具有求活求胜的内在欲望；否则，很难在经济下行时期、在企业遇到挫折和困难的时候逆势成长。尤其中国企业发展到今天，过去都是在顺风顺水之中成长的，那么现在需要提升企业的抗逆周期能力，这种能力的背后就需要企业家有战略定力和坚韧不拔的意志力。

在逆境中，不管因为什么原因，企业家最需要的就是坚守。它不是简单地坚守产业方向的问题，而是涉及目标的问题、产品的问题、制度的问题、文化的问题等。坚守可以概括为坚定的信念和信心、坚强的意志和坚守的勇气。

经济低谷时期是企业家精神的试金石。面对低增长、消费信心不振和复杂的国际形势，企业家不仅要有逆周期投资的勇气和智慧，还要善于在不确定性中识别机会，并通过创新引导消费，最终实现企业的可持续发展。

面对人生的起起落落，俞敏洪曾经以一句"抱怨不是企业家的本色"道出了坚韧与乐观的精神内核。他坦率承认，每一位企业家都曾在某些困难面前痛哭过，但真正的强者懂得如何在艰难困苦中寻找新的出路，而非沉溺于抱怨和消沉之中。[1]在俞敏洪身上，我们看到了一位企业家的成熟与智慧，也看到了他们在舆论风暴中坚守初心、稳步前行的定力与韧性。

正如宫玉振所说："没有经历过失败的将军，很难真正理解战争。没有经历过逆境的企业家，也很难真正理解竞争。"逆境是企业和企业家走向成熟的成人礼，伟大的企

---

[1] 俞敏洪. 永不言败［M］. 北京：群言出版社，2006.

业往往是在逆境之中成长起来的，逆境最能检验决定组织生死的底层逻辑。①

伟大的企业必定会经受经济周期、政治周期和产业周期等的洗礼，只有用战略的确定性去应对未来的不确定性，才能够让企业和企业家走向成熟。

8.3.5 厚德载物，家国情怀

企业家精神是厚德载物的家国追求。企业家关注的是国家经济和百姓民生，并为此不遗余力、艰苦奋斗、百般求索、不断开拓。他们不仅承担着员工的家庭幸福和社会安定团结，更是经济创新发展的主要承载者、达成者。

真正优秀的企业家不仅是商业领域的成功者，更是社会的领军人物和价值的创造者。他们具备高瞻远瞩、创新、坚韧、决策、领导力、社会责任、学习和影响力等多方面的特质。通过在商业活动中体现这些品质，他们能够引领产业发展、创造经济价值，同时在社会中发挥重要作用。优秀的企业家不仅创造了企业的成功，更塑造了社会的未来。

企业营销虽然无国界，但是优秀的企业家必然心怀祖国。一位优秀的企业家对国家和民族一定怀有崇高使命感和强烈责任感，他会自觉把企业发展同国家繁荣、民族兴盛、人民幸福紧密结合在一起，主动为国担当、为国分忧。爱国是近代以来我国优秀企业家的光荣传统。从清末民初的张謇，到抗战时期的卢作孚、陈嘉庚，再到中华人民共和国成立后的荣毅仁、王光英等，他们都是爱国企业家的典范。自改革开放以来，我国更是涌现出一大批爱国企业家。企业家爱国有多种实现形式，但首先是办好一流企业，带领企业奋力拼搏，实现质量更好、效益更高、竞争力更强、影响力更大的发展。

曹德旺是福耀集团创始人、董事长。他带领福耀从乡镇小厂成长为大型跨国工业集团，在全球建立数十个并联协同的产销研基地，产品被全球汽车品牌选用，市场份额居全球第一，是世界第一大汽车玻璃制造商。曹德旺是中国首个人才交流市场的提出和促成者。为盘活人才资源、促进民营企业良性发展，他在中国最早引进独立董事制度。他是中国入世反倾销胜诉第一人，为中国企业追求商业公平树立榜样。曹德旺累计捐款160亿元人民币，荣获"改革开放40年杰出民营企业家""中国消除贫困捐赠奖"等荣誉，被社会称为"中国企业家精神的代表"和公认的中国首善。②

8.3.6 敢于冒险，勇于担当

商业世界充满风险，而优秀的企业家敢于冒险并作出关键决策。他们能够理性分析风险与回报，果断地作出决策，勇往直前，不畏困难。

在创业的过程中，冒险意味着敢于承担选择所带来的风险与后果。创业过程像是一次不断冲高的登顶过程。创业不仅需要勇气，更需要冒险精神，风光往往在险峰。一个创业者如果没有冒险精神，没有敢于决断的胆识与魄力，往往会错失各种机遇。其实，企业家精神的本质之一就是冒险精神，但冒险精神并不是冒进。企业家冒险是有智谋地突破和前行。

---

① 宫玉振. 定力：变局时代管理的底层逻辑 [M]. 北京：中信出版社，2023.
② 曹德旺. 心若菩提 [M]. 北京：人民出版社，2014.

在比尔·盖茨看来，成功的首要因素就是冒险，冒险是企业家区别于其他人群的显著特征之一。如果一个人不敢冒险，那么他肯定是一个不适合创业的人。

如今，我国的制造业已经走到了跃升的关键时期。在这种时代背景下，一方面，"开创"已是企业安身立命的必由之路，另一方面"闯劲"更是成为企业打破藩篱的必然之选。"开创"和"闯劲"都是企业进步的强大助推引擎，同时是在新时代企业谋求发展的不竭动力源泉。要形成新质生产力，既要创新、创造、创大业，也要敢闯、敢试、敢担当。

8.3.7　诚信守法，承担社会责任

企业家要带领企业战胜当前的困难，走向更辉煌的未来，就要在爱国、创新、诚信、社会责任和国际视野等方面不断提升自己，努力成为新时代构建新发展格局、建设现代化经济体系、推动高质量发展的生力军。

企业既有经济责任、法律责任，也有社会责任、道德责任。企业家应增强履行社会责任的荣誉感和使命感，先富带动后富，创造更多经济效益和社会效益。企业家要有服务国家、服务人民的担当精神，回应社会对企业家的殷切期望，热心参与社会公益事业，努力稳定就业岗位。

人无信不立，企业和企业家更是如此。翻看我国任何一家优秀企业的成长史，一定都离不开"诚信"二字。"诚者，天之道也；思诚者，人之道也。"①人无信不立，企业和企业家更是如此。社会主义市场经济是信用经济、法治经济。企业家要同方方面面打交道，调动人、财、物等各种资源，没有诚信寸步难行。由于种种原因，一些企业在经营活动中还存在不少不讲诚信甚至违规违法的现象。法治意识、契约精神是现代经济活动的重要意识规范，也是信用经济、法治经济的重要要求。企业家要作诚信守法的表率，带动全社会道德素质和文明程度提升。

社会是企业家施展才华的舞台。只有真诚回报社会、切实履行社会责任的企业家，才能真正得到社会认可，才是符合时代要求的企业家。

8.3.8　心怀天下，放眼世界

目前，企业家精神的"国际视野"这一全新要素越来越显得重要。企业家要心怀天下，放眼世界，这既是一种着眼未来的认知要素，也是一种极为重要的能力要素。②

自改革开放以来，我国企业家在国际市场上得到了锻炼成长，驾驭国际国内两个市场、利用两种资源的能力在不断提升。我国企业走出国门的步伐明显加快，从更广、更深两个方向积极参与国际市场的开拓，产生了越来越多世界级的知名企业。如今，经济全球化遭遇逆流，经贸摩擦不断加剧，一些企业基于要素成本和贸易环境等方面的考虑，调整了产业布局和全球资源配置，这也是正常的生产经营调整。但同时，我们应该

---

① 出自《孟子·离娄章句上》。《中庸》中亦有类似表述："诚者，天之道也；诚之者，人之道也。"意思是说，诚信是自然的规律，追求诚信是做人的必备品质。"诚信"一词最早出自《管子》："诚信者，天下之结也。"意思是诚信是天下行为准则的关键。

② 易银. 新时代企业家精神基本内涵解读［J］. 国资报告，2023（11）：67-69.

看到，中国作为全世界最有潜力的庞大市场，已经具有最完备的产业配套条件。企业家首先要立足中国，然后放眼世界，不断增强把握国际市场动向和需求特点、把握国际规则、开拓国际市场、防范国际市场风险的能力，这样才能带动企业在更高水平的对外开放中实现更好的发展，从而促进国内国际的双循环。①

当前，我们正身处一个经济全球化的崭新时代，面临的挑战来自四面八方，企业家能否紧紧跟随国际步伐、适时抓住时机，必然和企业的发展有着重大关联。因此，对于各行各业的企业家来说，具有国际化的思维和视野是至关重要的。

拥有国际化的思维意味着企业家要有开阔的心胸，能够放眼世界，不仅要在前期就对国际市场有所了解，拥有满足国际需求的产品，还要尽力打造国际化的品牌和影响力。拥有国际化的视野则意味着企业家除了需要关注自己所从事的行业以外，还要对全球的经济、政治和文化都有深入了解和体察；即使拥有同样的国际视野，从不同的视角出发往往也会得出不同结论。企业家要优先增强开放意识、冒险意识、竞争意识等，发扬"海纳百川，有容乃大"的精神，在世界范围内切实做到"择其善者而从之，其不善者而改之"。

综上所述，企业家精神是一种包含创新意识、社会责任感、冒险精神、心胸宽广、果断决策、坚韧不拔、创造利润、奉献爱心、回报社会、广博知识和高尚道德情操的综合能力。

素养园地

创业既要仰望星空又要脚踏实地

一般的企业只会做到迎合市场、追求利润，而最优秀的企业是创造市场需求、创新理想。企业家不能没有理想，否则企业将不清楚走向，企业员工也不可能有更好的作为。

沃尔特·迪士尼是一个通过自己的梦想给人们（尤其是小孩子）带来快乐的人，作为企业家的他肯定不容易为世人所忘记。

迪士尼从小就特别喜欢火车，长大后他还专门请人制造了有实物一半大小的蒸汽机车模型，摆放在自己居住的山庄内，闲暇时经常赏玩。1947年，他参加了在美国芝加哥市举办的火车博览会。这个博览会集中了全世界各种类型的火车。迪士尼从早到晚一直不停地沉浸在博览会中，乐此不疲。一天中午，在迪士尼的恳求下，在博览会上值班的机车司机允许他用手抚摸了一台著名火车的火车头。当时，迪士尼脑海中突然产生了一个梦想，就是搞一个集刺激与轻松、教育与娱乐于一身的乐园，建造一条铁路和一列火车，其中有灰姑娘城堡、理想国、非洲丛林等。迪士尼渐渐被自己的梦想所陶醉。随

---

① 习近平．在企业家座谈会上的讲话［EB/OL］．（2020-07-21）［2024-12-21］．https://www.gov.cn/xinwen/2020-07/21/content_5528791.htm.

后，他的这些梦想就变成了他未来的创业目标——迪士尼乐园。

迪士尼创作了《白雪公主》《木偶奇遇记》《小鹿斑比》等大型动画故事片，然后凭借米老鼠俱乐部进军电视业，接着打造了如今依然为很多人所着迷的迪士尼世界。迪士尼乐园为无数人带来了欢乐、勇气和创造力。

无论做什么，迪士尼一直致力于一种理想：将幸福带给人们，尤其是孩子们。尽管后来也有人质疑，他并非只想带给孩子欢乐而不考虑公司的利润和赚钱问题，但是迪士尼的所有作品，从动画片到迪士尼乐园，都让人们看到他在这方面不变的信念和坚持，这无疑也是一种理想主义的体现。

像这样卓有成就的世界级大企业家还有很多。他们开口谈及的目标都并非如何做大企业、如何赚钱，取而代之的是实现他们自身所拥有的梦想、愿望，或想要改变的世界和远大目标。从这些企业家身上我们可以看到，实际的功利追求虽然是一家企业生存的必需条件，但绝不会成为终极目标。而理想往往是推动一家企业乃至整个社会不断向前迈进的动力。

如今，迪士尼公司的业务范围非常广泛，涵盖了媒体网络、电影制作、消费品及互动媒体、度假村和主题公园等多个领域。其媒体网络包括诸如美国广播公司、ESPN和迪士尼频道等广播电视网络。在电影制作方面，迪士尼公司出品了众多经典动画电影和真人电影，如《狮子王》《星球大战》等系列，都获得了非常高的收视率。在度假村和主题公园方面，迪士尼在全球运营多个知名乐园。

迪士尼公司的成功不仅在于其丰富的产品线，还在于其独特的品牌文化和商业模式。迪士尼始终坚持创新和高品质的标准，注重家庭娱乐和积极向上的价值观传播。迪士尼的商业模式以IP为核心，通过内容生产、渠道分发和产品衍生，建立了强大的商业帝国，成为全球娱乐行业的标杆。

【价值塑造】我们通过迪士尼创立迪士尼乐园的故事，来说明创业是一件兼顾理想与现实的事情。创业者既要有雄心壮志，也要具有高尚的理想，并且创业要从踏踏实实做事、做人开始。

资料来源：罗仁全. 发明与创新：L发明法助你成为发明家［M］. 北京：科学普及出版社，2010.

本章小结

本章主要讲述了创业名家谈创业、创业名家的创业观以及企业家精神等内容。创业名家谈创业，使读者能够了解创业初期需要考虑的诸多问题，如创业领域的选择、创业目标的建立以及股权如何分配等。创业名家的创业观使人们认识到梦想和技术在改变世界、推动社会发展方面发挥的作用。企业家精神让我们看到了人类的创新、坚韧、不惧风险、承担责任等诸多的优秀品质。通过本章的学习，读者能够对创业有更深的理解，同时能够激发创业精神。

基础训练

❖ **单选题**

第8章单选题

1.创业名家雷军在谈创业领域的选择时候提到，在创业的时候，要选择自己能力覆盖的、喜欢做的、_____的领域。

    A.市场规模适中   B.市场规模越大越好   C.与市场规模无关

2.1996年，当美国航母编队驶入我国台湾海峡的消息传来时，企业家_____和朋友们感到非常愤慨。他们决定为国家做点什么，于是连夜赶到北京，向中国航天基金会捐款2万元，以支持国家建造航母。

    A.于东来   B.宗庆后   C.张伟

3.新华社这样形容这家企业："它地处中原小城，却让大城市的人心生向往；它体量不大，却是众多企业的效仿对象；它出身'草根'，却有成为中国零售业标杆的雄心"，被网友称为"没有淡季的6A级景区"，这家企业就是_____。

    A.海底捞   B.老干妈   C.胖东来

4.党的二十大报告提到："完善中国特色现代企业制度，弘扬_____，加快建设世界一流企业。"

    A.爱国主义精神   B.创新精神   C.企业家精神

5._____是企业家精神的核心，它推动企业不断追求新技术、新市场和新管理模式的突破。

    A.逆境坚韧   B.创新精神   C.家国情怀

6."活着就是为了改变世界"，这是_____关于创新的名言。

    A.任正非   B.马斯克   C.乔布斯

7.习近平总书记于2020年7月21日在企业家座谈会上的讲话中首次提出"_____"这一全新要素，强调企业家要心怀天下，放眼世界，有多大的视野，就有多大的胸怀。

    A.国际情怀   B.国际市场   C.国际视野

8.杰克·韦尔奇说："管理的秘诀在于把人放在适当的位置，而_____的秘诀在于确保他们爱那个位置。"

    A.领导力   B.企业   C.团队

9.熊彼特在《经济发展理论》一书中认为：企业家的创新精神是决定企业兴衰的关

键。企业家的任务是"_____"。

 A.创新开拓   B.创造性地破坏   C.改变世界

❖ **简答题**

1.阐述胖东来的创业思想。

2.简述企业家精神的八大要素。

❖ **阅读资料**

我们通过创业名家任正非的创业观和亚瑟士的创立的资料,理解企业家精神。

资料一   **创业名家任正非的创业观**

华为的创始人任正非是一位知名的企业家,作为创业名家,他具备专注、坚韧不拔、创新精神、避险与冒险统一的精神、求实精神等品质,他的创业观值得创业者学习。下面,我们就以任正非的创业观为例,给大家谈谈他的企业家精神。

任正非的创业观主要体现在以下几个方面:

首先,任正非强调专注和坚韧不拔。他指出,企业需要专注自己的"小产品",才能在竞争中生存。这种专注和坚韧不拔的精神,使得华为能够在逆境中前行,即使面临巨大的外部压力,也能保持前进的步伐。

其次,任正非非常注重创新精神。他认为,企业家精神的核心是创新精神,推动企业不断追求新技术、新市场和新管理模式的突破。华为在技术研发上的投入和成果,如5G技术的研发,都是这种创新精神的体现。任正非提到,华为的5G技术灵感来源于全球的资源整合,这表明了他在资源配置上的远见和决心。

再次,任正非还强调避险与冒险的统一精神。企业家需要在波涛汹涌的市场中稳步前行,同时要勇于抓住机遇,推动企业进一步发展。这种平衡风险与机遇的能力使得华为能够在复杂多变的市场环境中保持竞争力。

最后,任正非的创业观中还包含了求实精神,强调脚踏实地、务实进取的工作态度。这种精神使得华为能够稳步前行,通过实际行动推动企业的发展。

任正非的企业家精神对企业文化的影响主要体现在以下几个方面:

创新精神:任正非认为企业家精神的核心是创新精神,推动企业不断追求新技术、新市场和新管理模式的突破。这种精神不仅影响了华为的技术研发,也塑造了企业文化的创新氛围。

避险与冒险统一的精神:企业家需要在避险与冒险之间找到平衡点,既降低风险,又抓住机遇。这种精神使得华为在复杂多变的市场环境中保持稳健发展。

求实精神:强调脚踏实地、务实进取的工作态度,通过实际行动推动企业稳步前行。这种精神使得华为能够稳步发展,赢得客户的信任和支持。

综上所述,任正非的创业观和企业家精神主要体现在专注、坚韧不拔、创新精神、避险与冒险的统一精神以及求实精神等方面,这些精神不仅推动了华为的发展,也对华为的企业文化产生了深远的影响。

资料来源:李英羽. 华为三十年:从中国出发的全球化 [M]. 北京:中国人民大学出版社,2023.

资料二 ASICS（亚瑟士）

ASICS 是世界著名的运动鞋品牌，风靡世界的凹底篮球鞋就是该公司研制出来的。这种运动鞋之所以能够问世，在很大程度上得益于企业家的创新精神——对传统运动鞋突破和创新。

1949 年，鬼冢喜八郎在日本神户创立了 ASICS 的前身公司。一天，鬼冢喜八郎在和朋友的交谈中听说，今后体育运动将得到大发展，运动鞋无疑会有很好的发展前景，他下定决心加入运动鞋制造行业中来。他想，如果要在竞争激烈的运动鞋制造业中打开局面并独树一帜，就一定要创新推出其他厂家所没有的新型运动鞋。然而当时他刚刚创业不久，研究人员几乎没有，用于研发的资金又非常缺乏，因此也就不可能像当时的那些大企业那样投入大量的人力和资金去研制新产品。但是他的创新精神推动他寻找创新的突破口。他认为，任何商品都不会是完美无缺的，如果能抓住现有产品存在的缺陷和不足，哪怕只是很微小的缺点，或者是尚未显露出来的隐性缺点进行创新改进，就能研制出新的运动鞋款式。

基于这种创新思维，他选了一种篮球运动鞋来进行考察和研究。他先访问了很多优秀的篮球运动员，请他们谈一谈现有篮球运动鞋存在的缺点和不足。几乎所有的运动员都抱怨说，球鞋容易打滑，止步不稳，影响技术水平的发挥，还容易受伤。为了进一步体验运动鞋的缺点，找到创新的发力点，鬼冢喜八郎与运动员一起打篮球来感受运动鞋的问题。之后他敏锐地找到创新的突破点，并最终确定针对篮球运动鞋容易打滑这一缺点进行创新。

不久后的一天，鬼冢喜八郎在吃鱿鱼时，注意到鱿鱼的触角上长着一个个小吸盘，这些吸盘触发了他的创新灵感。他想，如果能够把运动鞋底做成类似吸盘的形状，不就可以像鱿鱼的触角抓住物体那样来防止打滑了吗？基于这种想法，他把运动鞋原来的平底形状改成凹底的样式。运动员试穿后的结果证明，在运动中，这种凹底鞋比平底鞋止步时更稳。鬼冢喜八郎创新发明的这种新型凹底篮球鞋一经面世，就挤占了运动鞋市场，快速成为市场中独树一帜的运动鞋新宠。而该公司的其他运动鞋，在他的创新精神指引下推陈出新，同样受到了运动员的喜爱。

1977 年，随着几家小公司的合并，ASICS 公司正式成立了。近年来，ASICS 公司通过联名款系列产品来进军国际潮流圈，获得了可喜的发展。例如，ASICS 通过与保加利亚设计师 Kiko Kostadinov 进行合作推出的联名系列，以及与丹麦品牌 Wood Wood联名合作推出的 GT-2160 款鞋子，都在国际市场得到了热烈反响。此外，ASICS 通过与法国品牌 KENZO 合作，推出 GEL-KAYANO 20 联名系列，展现了大胆的创新设计理念。

资料来源：罗仁全. 发明与创新：L发明法助你成为发明家 [M]. 北京：科学普及出版社，2010.

主要参考文献

［1］邓汉慧．创未来——创业基础（慕课版）［M］．北京：中国民主法制出版社，2023．

［2］德鲁克．创新与企业家精神［M］．魏江，陈侠飞，译．北京：机械工业出版社，2023．

［3］宫玉振．定力：变局时代管理的底层逻辑［M］．北京：中信出版社，2023．

［4］李英羽．华为三十年［M］．北京：中国人民大学出版社，2023．

［5］孙力科．段永平传［M］．杭州：浙江人民出版社，2023．

［6］刘国华，陈云勇．商业模式创新与重构：数字化时代企业如何高效经营，提高利润［M］．北京：人民邮电出版社，2022．

［7］兰德斯，莫克尔，鲍莫尔．历史上的企业家精神：从古代美索不达米亚到现代［M］．姜井勇，译．2版．北京：中信出版社，2021．

［8］冯仑．扛住就是本事［M］．北京：北京联合出版公司，2020．

［9］谢巍．商业模式创新与出版业转型升级研究［M］．北京：文化发展出版社，2020．

［10］陈禹安．互联网商业的下半场［M］．北京：中国人民大学出版社，2017．

［11］荆涛．商业模式［M］．北京：中华工商联合出版社，2017．

［12］刘磊，黄小娥．大学生创业指导［M］．北京：中国水利水电出版社，2017．

［13］吴满琳．大学生创业基础：知行合一学创业［M］．上海：复旦大学出版社，2017．

［14］孙陶然．创业36条军规［M］．2版．北京：中信出版社，2015．

［15］曹德旺．心若菩提［M］．北京：人民出版社，2014．

［16］蒂蒙斯，斯皮内利．创业学——21世纪的创业精神［M］．英文版．北京：人民邮电出版社，2014．

［17］王慧中．胖东来，你要怎么学？［M］．北京：龙门书局，2014．

［18］柯兹纳．竞争与企业家精神［M］．刘业进，译．杭州：浙江大学出版社，2013．

［19］刘沁玲，陈文华．创业学［M］．2版．北京：北京大学出版社，2019．

［20］张志前，等．柯达兴衰启示录［M］．北京：社会科学文献出版社，2012．

［21］朱甫．乔布斯说：活着就为改变世界［M］．深圳：海天出版社，2012．

［22］罗仁全．发明与创新：L发明法助你成为发明家［M］．北京：科学普及出版

社，2010.

[23] 熊彼特. 经济发展理论 [M]. 孔伟艳，朱攀峰，娄季芳，译. 北京：北京出版社，2008.

[24] 郭毅. 市场营销学原理 [M]. 北京：电子工业出版社，2008.

[25] 冀学锋. 大学生求职择业指导 [M]. 长沙：湖南师范大学出版社，2008.

[26] 斯卡泊莱，齐曼拉. 小企业的有效管理：创业实务 [M]. 楼尊，译. 北京：清华大学出版社，2006.

[27] 王石，缪川. 道路与梦想：我与万科20年 [M]. 北京：中信出版社，2006.

[28] 俞敏洪. 永不言败 [M]. 北京：群言出版社，2006.

[29] 蒂蒙斯. 战略与商业机会 [M]. 周伟民，译. 北京：华夏出版社，2002.

[30] 坎蒂隆. 商业性质概论 [M]. 余永定，徐寿冠，译. 北京：商务印书馆，1997.

[31] 杨涛源. 物流平台对国有企业供应链效率和商业模式的影响 [J]. 中国集体经济，2024，3（28）：121-124.

[32] 钟元生，彭文莉. 从0到1创新创业思维训练问题框架设计研究 [J]. 中国教育技术装备，2024（23）：140-144.

[33] 孟昭君. 数字经济背景下企业商业模式创新发展研究 [J]. 商场现代化，2024（21）：4-6.

[34] 杨贤武. 关于风险投资对企业发展的影响分析 [J]. 商场现代化，2024（16）：142-145.

[35] 丁瑞赞. 基于创业孵化器的高职院校学生创新创业能力培养探究 [J]. 投资与创业，2024，35（9）：13-15.

[36] 张真. 什么是风险投资 [J]. 农机市场，2024（9）：15.

[37] 李宜霖. 中国私募股权基金投资策略研究 [J]. 投资与合作，2024（8）：44-46.

[38] 李雅琪. 从Waymo最大单笔融资看当前全球自动驾驶产业发展 [J]. 智能网联汽车，2024（6）：6-7.

[39] 罗瑶瑶，许明强，蒋雨玲. 创业孵化器盈利模式研究——以创新工场孵化器为例 [J]. 四川冶金，2024，46（4）：1-5.

[40] 冯晓青，高源. 试论专利制度变迁与产业发展的关系——写在《中华人民共和国专利法》颁布四十周年之际 [J]. 黑龙江社会科学，2024（3）：40-49；144；153.

[41] 胡应坤，胡卓玲. 大学生创业团队建设的分析及组建路径探讨 [J]. 太原城市职业技术学院学报，2024（3）：164-167.

[42] 韩鑫圆. 伟大建党精神对大学生创新创业精神培养的启示研究 [J]. 鄂州大学学报，2024，31（2）：11-13.

[43] 母晓培. 科技型初创企业融资路径选择、比较与探析 [J]. 中国中小企业，2024（2）：171-173.

[44] 俞灵琦. 马斯克的"科技帝国" [J]. 华东科技，2024（2）：10-15.

[45] 彭剑锋，梁荣成．基于企业成长历程的中国卓越企业家领导力研究——一个新框架 [J]．福州大学学报（哲学社会科学版），2023，37（5）：65-77．

[46] 陈秀娟．比亚迪首进全球车企TOP10 [J]．汽车观察，2023（5）：94-95．

[47] 李红．探析乐高品牌文化塑造 [J]．品牌与标准化，2023（1）：46-49．

[48] 邓彦敏，曹加文，罗纯．论培养当代大学生创新创业思维的重要性 [J]．创新创业理论研究与实践，2022，5（2）：99-101．

[49] 周媛媛，夏青．"双创"背景下提升大学生创业执行力的环节与机制研究 [J]．大学，2021（52）：1-3．

[50] 李一凰．科技创新成果转化推进机制分析 [J]．商业文化，2021（10）：24-25．

[51] 张鲲．大学生商业计划书教学设计重点和路演核心要素分析 [J]．科教文汇（下旬刊），2021（9）：27-28．

[52] 李阳林．字节跳动无法复制，但每个领域都可以有自己的字节跳动 [J]．中国商人，2021（7）：34-35．

[53] 王斌，刘一寒．论战略投资者 [J]．财务研究，2021（5）：3-14．

[54] 王珊珊，周鸿岩．企业专利国际化的行为特征与启示 [J]．科学学研究，2021，39（4）：662-672．

[55] 孙明贵．创业团队的形成模式及其对创业绩效的影响 [J]．创新科技，2021，21（4）：77-84．

[56] 赵东山．张一鸣：惰性是万恶之源 [J]．企业观察家，2021（3）：36-37．

[57] 王歆，聂艳萍．基于财务视角的大学生创业商业计划书探究 [J]．科技创业月刊，2020，33（12）：98-102．

[58] 孟繁玲．商业计划书里必备的"2H6W" [J]．成才与就业，2020（10）：36-37．

[59] 吴静，周嘉南．"中国合伙人"为何"分手"：创业团队冲突演化路径分析 [J]．管理评论，2020，32（10）：181-193．

[60] 肖红军，阳镇．可持续性商业模式创新：研究回顾与展望 [J]．外国经济与管理，2020，42（9）：3-18．

[61] 陈西．创业团队的五项底层能力 [J]．人力资源，2019（10）：31．

[62] 周晶．浅谈OKR绩效管理法 [J]．财讯，2019（9）：73-74．

[63] 陈佳，孔令瑶．德国高技术战略的制定实施过程及启示 [J]．全球科技经济瞭望，2019，34（3）：40-45；53．

[64] 方富贵．设计一份好的商业计划书 [J]．大众理财顾问，2019（3）：50-54．

[65] 宋洋．苹果公司创新发展启示录 [J]．企业研究，2018（12）：40-43．

[66] 赵静，袁霞光．商业计划书对于企业融资的重大意义 [J]．经贸实践，2018（1）：110-111．

[67] 莫静玲．高校学生商业计划书编写技能培训综述 [J]．现代经济信息，2017（13）：383-384．

[68] 韩志鹏，曹宇曦. 浅析大学生创业团队的组建 [J]. 当代教育实践与教学研究，2017（8）：135.

[69] WASSERMAN N，HELLMANN T. 初创企业要想成功，千万不要均分股权 [J]. 王韵竹，译. 销售与管理，2016（8）：60-61.

[70] ANDRUSS P. 创业公司须避免10个致命错误 [J]. 译者不详. 中外管理，2016（4）：18.

[71] LESLIE M. 经济不景气为何是创业好时机 [J]. 译者不详. 中外管理，2016（4）：18.

[72] 朱文平. 初创公司要知道的那些事 [J]. 黄金时代，2016（4）：67-69.

[73] 邓全淑. 浅析创业者应具备的基本素质 [J]. 科学咨询（科技·管理），2015（11）：18-19.

[74] 叶东东. 创业起步，该如何选择适合自己的天使投资人？[J]. 杭州科技，2015（5）：40-44.

[75] 洪涛，陆陈波，陈涛. 大学生创业计划书撰写要点与原则 [J]. 文教资料，2014（17）：122-123.

[76] 佚名. 诺基亚兴衰史 [J]. 经营与管理，2014（2）：7.

[77] 王同岭. 组建大学生创业团队的研究 [J]. 无线互联科技，2014（2）：153.

[78] 冯珊珊. 天使的抉择——来自天使投资人的创业观察和自我审视 [J]. 投资与合作，2014（19）：44-53.

[79] 曹新英. 中小企业私募股权融资中如何选择投资人分析 [J]. 中国证券期货，2013（4）：49.

[80] 施鹏程. 口碑营销在塑造企业形象中的运用 [J]. 商，2013（4）：56-57.

[81] 雷军. 大道至简的互联网创业 [J]. 中国企业家，2012，406（8）：49-51.

[82] 佚名. 诺基亚品牌兴衰小史 [J]. 市场观察，2011（8）：34.

[83] 王东翔. 撰写商业计划书的注意事项 [J]. 中国科技财富，2009（17）：20.

[84] 王仙婷. 知识产权未来国际贸易发展的战略储备 [J]. 商场现代化，2008（5）：278-279.

[85] 周勇. 商业计划书写作刍议 [J]. 应用写作，2008（4）：18-20.

[86] 张玉春. 商业计划书写作相关概念论析 [J]. 商场现代化，2007（24）：65.

[87] 李字庆. SMART 原则及其与绩效管理关系研究 [J]. 商场现代化，2007（7S）：148-149.

[88] 姜宝山，郑策. 商业计划书的写作与高科技中小企业融资 [J]. 技术经济，2002（8）：24-26.

[89] 步少芳. 如意小面商业计划书 [D]. 成都：电子科技大学，2024.

[90] 蓝荣. 中创科技公司商业计划书 [D]. 广州：华南理工大学，2023.

[91] 彭雪婷. 大学生创新创业意志培养研究 [D]. 哈尔滨：哈尔滨理工大学，2023.

[92] 王戈. 精酿啤酒项目商业计划书 [D]. 成都：电子科技大学，2022.

［93］岳小越. S-Green轻食项目商业计划书［D］. 大连：大连理工大学，2022.

［94］丁莉. 大学生创新创业能力现状调查及提升策略——以Z大学为例［D］. 郑州：郑州大学，2021.

［95］葛乐. 创新对创业的作用机制及实证研究［D］. 长沙：湖南大学，2020.

［96］王贝姿. "马上创业"项目商业计划书［D］. 广州：华南理工大学，2020.

［97］文科. JH射频功率放大器芯片商业计划书［D］. 广州：华南理工大学，2017.

［98］姜杉. 游戏型虚拟现实体验馆商业计划书［D］. 上海：东华大学，2017.

［99］冯国涛. 商业计划书执行摘要的体裁分析［D］. 哈尔滨：黑龙江大学，2012.

［100］王仕达. 商业计划书写作研究［D］. 长春：长春理工大学，2012.

［101］李震. 案例：LR公司创业过程的思考［D］. 成都：电子科技大学，2005.

［102］王婧. 谷歌发布新一代人工智能技术［N］. 经济参考报，2024-12-13（4）.

［103］叶伟. 我国专利密集型产业创新能力强［N］. 中国高新技术产业导报，2024-10-21（1）.

［104］张兴军，孙清清，刘振坤. 何以胖东来：一家"网红"商超的坚守与嬗变［N］. 新华每日电讯，2024-10-09（7）.

［105］邬贺铨，彭科峰. 互联网创新永远在路上中国科学报，2017-09-12（1）.

［106］佚名. 什么是创业？［EB/OL］.（2020-09-06）［2024-12-13］. https://xxgk.nwu.edu.cn/info/1075/1162.htm.

［107］SHAMS R S，VRONTIS D，WEBER Y，et al. Business model innovation：new frontiers and perspectives［M］. Oxford：Taylor and Francis，2021.

［108］SINHA N，PAUL J，SINGH N. Mobile payments for bottom of the pyramid：towards a positive social change［J］. Technological Forecasting and Social Change，2024，202.

［109］GEISSDOERFER M，SANTAMARIA T，KIRCHHERR J，et al. Drivers and barriers for circular business model innovation［J］. Business Strategy and the Environment，2022，32（6）：3814-3832.

［110］ROSATI F，RODRIGUES P V，COSENZ F，et al. Business model innovation for the sustainable development goals［J］. Business Strategy and the Environment，2022，32（6）：3752-3765.

附录 期中和期末测试题

期中测试题（A）

学号：_____ 姓名：_____

一、选择题

1.创新是企业的灵魂和关键。创业者需要具备创新能力，促使企业不断采用新的思想、产品、技术等增强企业的竞争力。创新属于创业者的_____。

    A.身体素质   B.知识素质   C.能力素质

2.皇家"同花顺"10、J、Q、K、A是最大的牌型，可以比喻为一个优秀的团队。10、J、Q、K、A代表创业团队中不同的成员角色。"同花顺"之A代表_____。

    A.创始人   B.联合创始人   C.核心员工

3.在企业获得A轮融资，拥有了更多的资金后，通常会吸纳更有能力的人才，借助外部高管，有效推动公司的发展与转型。这种方式引入的全新管理者又被称为_____。

    A.空降兵   B.合作者   C.投资者

4.当创业团队组建好后，合理分配股权是必不可少的。通常情况下，大股东或核心人物应持有超过_____的股权，预留股权的比例大约为_____。

    A.30%；10%~15%   B.40%；20%~25%   C.50%；10%~15%

5.执行力是企业最重要的竞争力之一，其强弱直接影响企业发展的成功与否。企业的执行力是一种_____。没有执行力，企业就缺少竞争力。

    A.系统化流程   B.单一的行动   C.概念

6.商业模式的构成要素是多方面的，_____不是商业模式的构成要素之一。

    A.盈利模式   B.客户细分   C.商品分类

7.商业模式的构成要素包括定位、资源与能力、业务系统、盈利模式、现金流结构、客户细分、价值主张、渠道通路、客户关系、成本结构、关键资源和重要伙伴等多个方面，其中，_____是商业模式的核心。

    A.业务系统   B.盈利模式   C.现金流结构

8.在商业模式的构成要素中，_____反映了企业的资金流动情况。

    A.价值主张   B.现金流结构   C.重要伙伴

9.商业模式分类多样化，其中_____商业模式相较于其他模式，是一种比较新的模式。

    A.B2B   B.B2C   C.B2T

10.商业模式B2B的流程包括用户订单、_____、返回订单查询等一系列步骤。

    A.订单查询   B.运输查询   C.发货通知

二、论述题

简述B2B、B2C、B2T以及O2O商业模式的区别。

（提交要求：300字左右）

期中测试题（B）

学号：_____　　　　　姓名：_____

一、选择题

1.创业与诸多因素有关，最重要的因素是_____。

　　A.时机（timing）　　　　B.商业模式（business model）　　C.理念（idea）

2.创业成功最重要的因素包括时机、团队和执行力、创意理念、_____和资金。

　　A.融资　　　　　　　　B.商业模式　　　　　　　　C.并购

3.如果一个创业的业务创意具备了以下要素，我们就可以说它是有发展前途的：明确的客户价值、_____、足够的创新程度、可行性和盈利性。

　　A.足够多的资金支持　　B.足够好的评价　　　　　　C.足够大的市场规模

4.早在1975年，_____的工程师史蒂夫·萨松就开发出世界上第一台数码相机，它是以磁带作为存储介质的。尽管这台相机体型大、拍照时间长、画质感差，但它的出现彻底颠覆了之前摄影的物理本质。

　　A.佳能　　　　　　　　B.索尼　　　　　　　　　　C.柯达

5.早在2004年，_____公司就已经开发出触控技术，但他们认为这个是小众市场，并没有大力开发。

　　A.三星　　　　　　　　B.诺基亚　　　　　　　　　C.苹果

6.创业名家雷军在谈创业领域的选择时提到，在创业的时候，要选择自己能力覆盖的、喜欢干的、_____的领域。

　　A.市场规模适中　　　　B.市场规模越大越好　　　　C.与市场规模无关

7.创新是企业的灵魂和关键，创业者需要具备创新能力，促使企业不断采用新的思想、产品、技术等增强企业的竞争力。创新属于创业者的_____。

　　A.身体素质　　　　　　B.知识素质　　　　　　　　C.能力素质

8.早在1996年，当美国航母编队驶入我国台湾海峡的消息传来时，企业家_____和朋友们感到非常愤慨。他们决定为国家做点什么，于是连夜赶到北京，向中国航天基金会捐款2万元，以支持国家建造航母。

　　A.于东来　　　　　　　B.宗庆后　　　　　　　　　C.张伟

9.新华社报道中这样形容这家企业："它地处中原小城，却让大城市的人心生向往；它体量不大，却是众多企业的效仿对象；它出身'草根'，却有成为中国零售业标杆的雄心。"其被网友称为"没有淡季的6A级景区",这家企业就是_____。

　　A.海底捞　　　　　　B.老干妈　　　　　　C.胖东来

10._____是企业家精神的核心,它推动企业不断追求新技术、新市场和新管理模式的突破。

　　A.逆境坚韧　　　　　B.创新精神　　　　　C.家国情怀

二、论述题

简述胖东来的创始人于东来的创业思想。

（提交要求：300字左右）

期末测试题（A）

学号：_____   姓名：_____

一、选择题

1.创业者的基本素质是创业者在创业过程中展现出的独特品质和技能能力，包括身体素质、心理素质、知识素质和能力素质等。创业者的心理素质不包括_____。

A.洞察风险   B.坚韧不拔   C.轻言放弃

2.《论语》有言："人而无信，不知其可也。"创业者需要具备诚实可信的品质，诚信不仅是个人立身处世的法宝，也是创业的根本法则。"信"指的是创业者的_____。

A.心理素质   B.知识素质   C.能力素质

3.提升企业团队执行力，需要营造企业_____，把执行变成团队成员的自觉行为习惯，高效的执行力才有持久的生命力。

A.创新精神   B.执行文化   C.学习氛围

4.商业模式包括企业对企业等多种形式，以下商业模式，属于企业对个人的是_____。

A.B2B   B.B2C   C.B2T

5.企业所采用的B2B商业模式，具体可分为两种模式：垂直B2B和_____。

A.区域性B2B   B.双向B2B   C.横向B2B

6.产品介绍是创业计划书中重要的一部分，通过描述产品的基本概念及性能指标等，帮助投资者清楚了解项目的产品与服务在市场中的定位和竞争优势，进而评估项目的市场潜力。那么产品介绍部分主要涉及产品的定位、价格策略和_____等。

A.生产日期   B.利润水平   C.风格种类

7.稳定合理的资金来源是初创企业获得成功的关键。初创企业通过以下_____方式更容易获得资金的支持。

A.天使投资   B.银行贷款   C.私募股权投资基金

8.融资时机，也就是什么时候应该融资，以下_____种情况是企业的最佳融资时机。

A.企业账上没钱了的时候

B.企业需要进一步发展的时候

C.企业欠债了的时候

9.以"团购+预购"的形式进行，投资者对项目或公司进行投资，获得项目完成后制作的产品或服务作为回报的众筹属于_____。

    A.债券众筹   B.捐赠众筹   C.奖励众筹

10.选择合适的投资者对企业至关重要，企业通常要综合考虑多种因素，选择合适的投资者。在企业已经获得了一定发展的中后期阶段，企业通常选择_____类型的投资者。

    A.战略投资者   B.天使投资者   C.家人和朋友

二、实务题

请按照你的创业理想，书写一份自己未来的创业计划书，以表述清晰、读者能看懂为最低要求。创业计划书具体内容需包含：

1.企业概述：企业使命、Logo。

2.产品或服务：清晰易懂，描述典型应用场景。

3.行业分析：行业历史、现状、发展趋势。

4.目标市场分析：目标客户（人口特征、生活方式和购买习惯等）、目标市场（规模和发展趋势）。

5.竞争分析：主要竞争对手、进入壁垒、未来竞争、企业竞争地位。

6.营销计划、营销组合：产品、价格、促销、渠道、销售预测。

7.创业团队：创业团队成员介绍、早期核心员工介绍、外部专家支持介绍（如果有的话）。

8.重要里程碑：企业长期目标、成长阶段。

9.关键风险：2~3种关键风险以及应对策略。

10.融资需求：启动资金需求、自有资金、融资需求。

（提交要求：1 000~3 000字。请采用A4纸张，书写或者打印均可；如果书写，需要清晰工整，不要用草体）

【特别提醒：请在本页后附纸质创业计划书】

期末测试题（B）

学号：_____　　　　　　姓名：_____

一、选择题

1.从一家全球知名的大企业、行业中的霸主到最后被时代淹没在历史的长河中，柯达的兴衰向人们揭示_____对企业发展的重要性。

A.时机　　　　　　　B.商业模式　　　　　　C.资金

2.如果创业的业务创意具备了以下四个要素，我们就可以说它是有发展前途的：明确的客户价值、足够大的市场规模、_____、可行性和盈利性。

A.足够多的资金支持　　B.足够的创新程度　　　C.足够好的评价

3.下列_____项不是创业时机的性质。

A.偶然性　　　　　　　B.可靠性　　　　　　　C.动态性

4._____是通过创业者预先设定权值的选项式问卷的方式，来快捷地得到创业机会、成功潜力的一种定量评价方法。

A.标准打分矩阵法　　　B.选择因素法　　　　　C.普坦辛米特法

5.从整体和全局的角度出发，某创业者综合考虑了各种因素之间的相互关系和影响，建立了分析框架，收集和分析市场信息、技术动态、政策法规等方面的数据，对创业机会进行全面、客观的评估。以上创业者的表现体现了其在创业时机识别过程中遵循的原则是_____。

A.可持续性原则　　　　B.系统性原则　　　　　C.资源与能力匹配原则

6.创新是社会发展的重要动力源泉，是推动日常生活进步的关键因素。创新的核心在于_____。

A.变化　　　　　　　　B.固定的市场策略　　　C.单一的技术革新

7._____提出了一套包含八大类评价指标的系统框架，用于定性评估创业机会的可行性和价值性，是目前较为全面的代表性评价体系。其适用于具有行业经验的投资者或资深创业者对创业企业的整体评价。

A.蒂蒙斯　　　　　　　B.熊彼特　　　　　　　C.斯卡伯勒

8.随着人口老龄化趋势的增长，养老服务市场逐步扩大，推动了各种养老服务项目的发展，这属于创业时机类型中的_____。

A.技术创新型机会　　　B.环境变化型机会　　　C.产业链延伸型机会

9.法国著名思想家笛卡尔说：机会总是垂青那些有准备的人。创业者需要能够快速识别机会，这是创业者_____的体现。

　　A.心理素质　　　　　　　B.知识素质　　　　　　　C.能力素质

二、论述题

请选取一位课外或课内创业名家，通过讲述和分析其创业经历和创业观点，并结合自己学习心得，谈一谈你对创业以及如何成为成功创业者的理解。

（提交要求：1 000~3 000字。请采用A4纸张，书写或者打印均可；如果书写，需要清晰工整，不要用草体）